유아교육기관에서의 영유아 평가:

발달과 교육적 지원을 위한 첫걸음

김희진 지음

도서출판 피란마음

머리말

평가가 일상이 된 시대에 살고 있지만 평가를 좋아하는 교사는 거의 없을 듯합니다. 근무하는 기관의 유형에 따라 교사는 유치원 평가, 어린이집 평가인증, 누리과정 프로그램 평가, 유치원 교원능력개발 평가에 참여해야 합니다. 평가의 대상이 되는 것도 부담스럽고, 평가에 필요한 수많은 자료를 모으고 정리하는 것도 힘들고, 평가 결과를 직면하고 받아들이는 것도 쉽지 않습니다. 평가의 목적이 현재의 상태를 파악하고 미래를 위한 발전 방향을 설정하는 것임에도 평가의 좋은 취지보다는 과정에서의 육체적, 정신적, 정서적 어려움에 압도당하게 됩니다. 그래서 발전을 위한 출발점으로 이해하기보다는 현재 상태에 대한 점검 후 종료되는 종착점으로 이해합니다.

교사는 앞서 언급한 평가 이외에 지도하는 영유아를 평가하는 주체가 되어야 합니다. 영유아에 대한 평가는 더욱 어렵습니다. 한명도 아닌 여러 명을 평가해야 하고, 1년 동안 한 영역도 아닌 여러 영역의 자료를 수집해야 하고, 한 가지 방법이 아닌 여러 방법으로 자료를 수집해야 하고, 수집한 많은 자료를 정리하고 분석해야 합니다. 매일의 수업을 준비하고, 여러 시간동안 수업하고, 행정적인 업무도 처리하고, 교육환경도 재조직하고, 부모와도 상담하다 보면 영유아를 평가하는 자료를 수집하고 정리하고 분석하는 것은 언제나 후순위로 밀립니다. 영유아를 평가하면 개인 영유아의 발달과 학습, 개인 영유아로 구성된 학급 전체의 발달과 학습, 환경구성, 교육 계획의 내용이나 수준, 교수 전략을 향상할 수 있는 방안을 파악할 수 있음에도 불구하고 학기 말에 허겁지겁 부모 면담을 위한 자료로 활용하는 데 그칩니다. 그나마도 평가하려고 보면 각 영유아별로 마련된 포트폴리오에 넣어 놓은 빈약한 자료밖에 없는 경우도 있습니다.

교사의 전문성을 판단하는 한 가지 방법은 자신이 지도하는 영유아의 발달과 교육적 향상을 극대화할 수 있느냐를 보는 것입니다. 이것을 위해서는 영유아에 대한 평가가 필수적입니다. 영유아를 평가하여 현 상태를 이해하면 다음에 어떤 방법으로 발달과 교육을 지원할지 파악할 수 있기 때문입니다. 현장에서 영유아를 평가하는 것을 어려워하는 교사를 많이 만났습니다. 어떤 교사는 어떤 기준으로 어떤 자료를 어떻게 모으고 정리해야 할지 전체적인 그림이 머리에 없다고 말하기도 합니다. 다른 교사는 영유아를 가르치기도 바쁘기 때문에 평가 자료를 수집할 시간이 없다고도 말합니다. 또 다른 교사는 아이들의 행동을 보아도 어떤 수준인지 판단하기 어렵기 때문에 평가하기 힘들다고 말합니다. 이 책은 현장 교사가 느끼는 어려움을 해소하는 데 도움이 되고자 하는 의도로 집필되었습니다. 가능하면 전체적으로 어떤 분야에서 어떤 내용에 대한 자료를 모아야 하는지에 대한 큰 그림을 제공하고, 영유아를 지도하면서 동시에 자료를 수집하는 방법을 소개하고, 영유아의 행동, 말, 생각, 능력, 태도 등을 보았을 때 어떤 수준인지 판단할 수 있는 근거를 제공하고자 노력했습니다. 저의 노력이 영유아 평가에 관심 있는 동료, 현장 교사, 그리고 학부와 대학원에서 공부하는 많은 분들께 작은 도움이 되었으면 합니다. 원고를 준비하는 동안 많은 도움을 주신 모든 분께 감사드립니다.

2014년 초여름에

김희진

차 례

Chapter 1

영유아 평가의 정의와 목적

1 영유아 평가의 정의

2 영유아 평가 유형별 정의

3 영유아 평가의 목적

1 영유아 평가의 정의

영유아 평가에 대한 정의를 내리기 위해 관련된 용어의 정의를 살펴보면 다음과 같다. 먼저 평가의 정의를 다음 국어사전(http://dic.daum.net/index.do?dic=kor)에서 찾아보면 '사람이나 사물의 가치나 수준 따위를 일정한 기준에 의해 따져 매김'으로 기록되어 있다. 다음으로 교육평가의 정의를 백과사전에서 찾아보면 '학생의 학습과 행동 및 여러 교육조건을 교육목적에 비추어 측정하고, 이에 대하여 내리는 가치적 판정'(두산동아 사서편집국, 1997)으로 기록되어 있다. 영어 사전(http://dictionary.reference.com/)에서는 평가를 '일련의 기준에 의해 마련된 구체적인 준거를 사용해서 특정 대상의 장점, 가치, 중요성을 체계적으로 결정하는 것'으로 정의하고 있다.

영유아 평가를 위의 세 가지 정의에서 유추한 기준, 즉 평가의 구체적 대상이 있어야 한다는 것, 일련의 기준을 사용해서 자료를 수집하고 평가해야 한다는 것, 체계적으로 결정하고 판단해야 한다는 것을 바탕으로 정의하면 다음과 같다. 영유아 평가란 '영유아를 대상으로 구체적인 기준을 가지고 자료를 수집한 후 체계적으로 영유아에 대해 판단하고 결정하는 것'으로 정의할 수 있다.

국어사전이나 백과사전을 바탕으로 제시한 위의 정의는 너무나 당연한 것이어서 정의할 필요조차 없게 느껴진다. 또한 유치원 평가(교육과학기술부, 2008)와 어린이집 평가인증(한국보육진흥원, 2014)의 평가 준거에 영유아에 대한 평가가 포함되고 포트폴리오를 중심으로 한 포트폴리오 평가가 현장에서 중시되면서 영유아에 대한 평가는 교사 일과의 중요한 부분이 되어 가고 있다. 그러나 현장에서 이루어지는 영유아 평가 현황을 살펴보면 영유아 평가의 정의를 다시 한 번 강조할 수밖에 없다. 구체적이거나 체계적인 준거 없이 자료를 수집하거나, 체계적이지 않은 방식으로 자료를 수집하거나, 수집된 자료를 준거에 맞게 분석하여 평가하지 않고 자료를 나열하는 것에 그치는 경우가 많기 때문이다. 본 서에서는 영유아 평가에 대한 정의에 따라, 영유아를 지도하는 교사가 체계적인 준거를 가지고 체계적인 방법으로 자료를 수집하고 체계적으로 분석하여 평가하는 방안을 제시하고자 한다.

2 영유아 평가 유형별 정의

영유아 평가의 목적을 알아보기 전에 많은 교사가 정확한 개념에 대해 혼돈하고 있는 표준화된 평가, 대안적 평가, 참평가, 수행 평가, 포트폴리오 평가에 대해 알아보고자 한다.

영유아를 평가하기 위해 교사는 표준화된 평가와 대안적 평가 도구를 사용할 수 있다. 초등 이상의 학교 급에서 여전히 사용되는 표준화된 평가가 영유아를 위한 평가에는 매우 부적절하다는 것을 영유아를 지도하는 교사는 잘 인식하고 있다. 먼저 표준화된 평가가 왜 영유아에게 부적절한지 살펴봄으로써 대안적 평가의 중요성을 강조하고자 한다.

■ 영유아 평가에서의 표준화된 평가의 부적절성

표준화된 검사(standardized assessment)란 모집단을 대표하는 피험자를 표집하고 표준화된 절차를 사용하여 검사를 시행한 후 규준을 만든 검사를 의미한다. 표준화된 검사를 실시하면 개인의 점수를 규준과 비교한 백분위수(percentile) 점수나 학년 또는 연령 척도(grade/age equivalent scale)로 된 점수를 받게 된다. 표준화된 검사는 전형적으로 사지선다형의 문제를 종이와 연필 또는 컴퓨터나 인터넷을 사용하여 푸는 방식으로 진행된다.

모든 평가에서 표준화된 평가가 부적절한 것은 아니나 영유아를 평가하기 위해 사용하는 표준화된 검사는 다음과 같은 이유에서 부적절하다. 첫째, 읽고 쓸 수 있어야 풀 수 있는 대부분의 표준화된 검사는 영유아의 발달 특성과 맞지 않는다. 영유아기는 언어가 급속히 발달하는 시기이나 아직은 읽고 쓰는 능력이 제한되어 있고, 표현 언어가 이해 언어보다 늦게 발달하기 때문에 읽고 쓸 수 있는 능력이 필수적인 표준화된 검사를 통해서는 영유아의 능력을 정확히 평가하기 어렵다.

둘째, 표준화된 검사는 영유아가 익숙하지 않은 환경에서 실시되는 경우가 대부분이고, 풀어야 하는 문제도 일상의 맥락과 관련이 없는 경우가 많다. 영유아는 낯선 장소에서 낯선 사람이 제시하는 문제를 받게 되면 불안을 느끼는 경우가 많고, 맥락과 관계없는 문제를 받으면 일상생활에서는 풀 수 있던 문제도 풀 수 없는 경우가 많다. 예를 들어, 3명의 친구와 6개의 과자를 간식 시간에는 나눌 수 있었던 유아가 실제 생활의 맥락이나 실제 필요와는 관계없는 상황에서 문제를 풀 때는 실패하기도 한다.

셋째, 영유아는 상호작용하는 상대와 신뢰가 형성되어 있지 않으면 평상시와는 다른 방식으로 말하고 행동한다. 표준화된 검사의 대부분은 신뢰가 형성되지 않은 낯선 타인이 주관해서 치루는 경우가 많기 때문에 영유아는 자신이 가진 능력을 발휘하지 못하게 되고, 따라서 정확한 평가도 이루어지지 않는다.

넷째, 영유아기에 실시한 표준화된 검사의 결과는 미래를 예측하는 예측 타당도가 특히 낮은 것으로 보고되고 있다. 영유아를 평가하는 이유가 미래와 관련된 어떤 결정(예 특수학급에의 배치, 전문 분야의 학습 기회 제공)을 하기 위해서라면 특히 표준화된 검사는 부적절하다.

다섯째, 표준화된 검사에서 사용되는 문항이 평가의 도구가 아니라 학습의 도구로 오용되는 경우가 많다. 피아제가 어린이의 인지 발달 과정을 이해하기 위해 했던 질문에 대한 어린이의 반응을 근간으로 제시한 개념(예 보존 개념)이 어린이에게 보존 개념을 가르치는 도구로 오용되었던 것처럼, 특정한 문항을 영유아가 틀렸을 경우에 좋은 IQ 점수를 받기 위해서나 초등학교에 갈 준비의 일환으로 그 문제를 가르치기도 한다.

여섯째, 표준화된 검사의 문항은 실생활에서의 가치나 적용성이 낮은 경우가 많다. 어떤 문항을 평가에 포함시킬 것인가에 대한 결정을 현실적 가치 또는 적용성 측면에서의 가치만으로 하는 것은 아니다. 그러나 현실에서의 가치가 적은 비기능적 기술(non-functional skills)과 관련된 문항이 많은 표준화된 검사를 사용할 경우 부모와 교사 같은 성인이 영유아기의 비기능적 기술의 가치를 과대 평가하도록 잘못 유도할 수 있다.

■ 표준화된 평가의 대안으로 사용되는 평가

영유아기에 표준화된 평가를 사용하는 것의 부적절성에 대한 인식이 증가하면서 대안으로 사용할 수 있는 평가에 대한 관심이 커졌다. 유아교육현장에서 대안적 평가(alternative assessment), 참평가(authentic assessement), 수행 평가(performance-based assessment 또는 performance assessment), 포트폴리오 평가(portfolio assessment), 교육과정 기반 평가(curriculum-based assessment) 같은 용어를 흔히 사용하나 그 정확한 의미를 모르고 사용하는 경우도 많다. 영유아를 정확히 평가하기 위해서는 각 용어를 이해하는 작업이 선행되어야 한다.

1) 대안적 평가

대안적 평가는 참평가, 수행 평가, 포트폴리오 평가 같이 실체가 있는 평가의 방법을 의미하지는 않는다. 현재 사용하고 있는 무엇에 대한 대안으로 사용한다는 의미로, 현재는 전통적으로 사용하던 표준화된 평가의 대안으로 사용되는 모든 평가를 총칭한다.

2) 참평가

참평가는 영유아를 대상으로만 사용하는 것이 아니라 모든 학교 급에서 사용하고 있으며, 심지어는 다양한 직업 분야에서도 바람직한 평가 방법으로 인식되고 있다. 참평가에 대한 학자들의 정의는 약간씩 다르나 정의를 구성하는 핵심 개념은 동일하다. Archbald(1991)는 인간 성취(accomplishment)의 의미 있는 형태(form)가 반영된 과제의 수행을 측정하여 평가하는 것이라고 정의하였다. Bagnato와 Yeh-Ho(2006)는 참평가를 학습자의 기능적 능력(functional capacities)과 욕구(needs)를 파악하기 위해 평가 대상자를 잘 아는 친숙한 사람이 매일의 상황과 일과를 통해 지속적으로 관찰하고 기록하는 것으로 정의하였다.

두 가지 정의에서 공통적으로 강조되는 개념은 현실과 괴리된 능력이 아니라 현실에서 수행되는 능력에 대한 평가, 다양한 상황과 맥락에서 발휘되는 능력에 대한 평가, 능력의 발현 또는 발달에 대한 지속적인 관찰과 기록, 친숙한 사람에 의한 평가이다. 영유아에게 참평가를 시행하기 위해서는 친숙한 사람인 교사가 평가를 실시하면서 정의에 포함된 다양한 조건이 충족되도록 하여야 한다. 예를 들면 소근육이나 눈과 소근육의 협응 능력의 발달을 평가하기 위해 '플라스틱 공기(또는 공)를 섯가락으로 옮기게 하기'와 같이 현실과 무관한 과제를 주고 평가하는 것은 참평가가 아니다. 밥 먹기, 옷 입기, 가위질하기, 신발끈 묶기, 퍼즐 맞추기 같이 실생활의 다양한 맥락과 상황에서 소근육 사용의 정도나 눈과 소근육이 협응되는 것을 지속적으로 관찰하고 기록한 후 그것을 바탕으로 평가해야 참평가가 실시되었다 할 수 있다.

참평가는 표준화된 검사를 통한 평가와 비교할 때 다양한 장점이 있다. 영유아를 평가하기에 특히 적절한 이유는 평가의 방법과 과정이 발달적으로 적절하고, 영유아 발달과 학습의 모든 측면을 포괄적으로 평가할 수 있으며, 평가의 결과가 정확하고, 실생활에서의 능력을 중시하고, 단점보다는 장점에 기초한 평가를 하기 때문이다. Hart(1994)가 모든 학교 급에서 사용되는 참평가의 장점을 9가지로 정리한 것을 살펴보면 다음 | 표 1-1 | 과 같다.

| 표 1-1 | 참평가의 장점

- 평가 과정에 학생이 적극 참여하므로 평가에 대한 불안이 감소하고 자아 개념이 향상됨
- 다양한 문화적 배경, 학습 스타일, 학습 능력을 가진 학생에게 사용 가능함
- 평가에서 사용되는 과제는 학생의 일상을 반영하는 것이므로 학생이 더 흥미를 가지고 참여함
- 학교와 학습에 대한 학생의 태도가 긍정적인 것으로 변함
- 교사의 수업에도 영향을 미쳐 학생 중심의 수업이 되도록 함
- 교사가 평가 과정에서 주체적인 역할을 하게 되므로 교사 효능감이 높아지고 교수 목표와 평가 지표 간의 연관성도 높아짐
- 학생의 진보뿐만 아니라 교사의 수업이 성공했는지에 대한 정보도 제공함
- 통계적 수치로 제시되는 표준화된 검사 결과보다 참평가의 결과를 부모가 이해하기 쉽기 때문에 부모와의 의사소통이 촉진됨

영유아를 평가하는 교사가 명심해야 할 것은 단지 매일의 상황과 일과를 통해 관찰하고 기록하는 것만으로는 참평가가 이루어지지 않는다는 것이다.

Archbald(1991)는 참평가가 의미 있기 위해서는 세 가지 관련된 조건, 즉 복수 지

표의 사용(multiple indicator), 준거의 참조(criterion-referrencing), 그리고 훈련된 인간의 판단(trained human judgement)이 충족되어야 한다고 강조하였다. 복수 지표란 평가하고자 하는 능력이 있는지를 적어도 한 가지 이상의 차원에서 평가하는 것이다. 예를 들면, 만 5세 유아가 가게에서 물건을 살 수 있는 능력이 있는지 평가하기 위해서는 살 물건을 파는 가게 찾기, 물건을 찾고 돈을 지불하는 과정에서 주인과의 적절한 의사소통, 물건과 돈의 교환 등에 대한 개념이 모두 있어야 물건 사기 능력이 있다고 판단하는 것이다. 준거의 참조란 학생의 능력을 평가할 때 능력의 차이를 구분할 준거가 있어야 한다는 의미이다. 예를 들면 가게에서 물건을 살 수 있는 능력이 충분한 유아와 불충분한 유아 간의 차이를 평가하기 위해서는 준거(즉, 기준)가 미리 마련되어 있어야 한다. 위의 예에 제시된 세 가지 조건 각각의 수준에 따라 평가할지, 아니면 세 가지 조건 중 갖춰진 조건의 수에 따라 평가할지 등이 미리 결정되어 있어야 한다. 훈련된 인간의 판단이란 교사가 준거를 참조하여 영유아를 평가할 때 필요한 복수 지표를 구별하는 능력을 갖기 위해서는 훈련이 필요하다는 의미이다.

교육현장에서 교사가 다양한 방법으로 수집된 자료를 기반으로 평가하는 것을 살펴보면 위의 세 가지 조건이 충족되지 않은 상태에서 평가하는 경우가 더 많다. 교사가 제대로 된 참평가를 하기 위해서는 영유아의 특정 능력을 평가할 때 그 능력이 있는지, 있다면 어떤 수준으로 능력이 있는지를 판단할 수 있도록 하는 훈련이 선행되어야 한다.

3) 수행 평가

수행 평가란 학생이 수행하는 것을 봄으로써 특정 준거를 달성했는지를 평가하는 것이다(Hart, 1994). 교육현장에서는 참평가와 수행 평가를 같은 용어인 듯 혼용하기도 하고 핵심적인 요소가 유사한 것은 사실이지만 두 용어가 정확히 일치하지는 않는다. 엄격히 비교하면 참평가가 수행 평가보다 더 넓고 포괄적인 의미를 내포하고 있다. 위에 제시한 참평가의 정의를 보면 다양한 조건이 강조되지만 수행 평가에서는 학생이 수행하는 것을 기초로 평가한다는 점을 특히 강조하고 있다. 전통적인 표준화된 검사를 통한 평가에서는 수행에 초점을 두지 않고 사지선다형의 지필형 문제풀이에 초점을 둔 것이 가장 큰 문제로 지적되어 왔다. 이에 대한 대안으로 수행에 기반을 둔 평가의 필요성이 대두되었고 수행 평가라는 명칭으로 사용되어 왔다.

수행 평가에서 사용되는 과제가 현실에서의 수행과 관련된 과제인 경우가 많지만 항상 그런 것은 아니다. 위의 참평가가 아닌 예로 제시된 '젓가락으로 플라스틱이나 콩 옮기기'는 영유아가 수행해야 하는 과제이나 현실과의 관련성은 없는 과제이다. 바느질에 관한 수행 과제로 천에 단추 달기나 천이 아닌 종이에 바느질을 하게 하는 것 역시 현실과의 관련성이 적은 과제이다. 또 다른 예로 유아에게 교통안전에 관한 내용을 가르치고 난 후 기관 마당에 모형 건널목을 만들어 놓고 유아가 신호등의 지시에 따라 잘 건너는지를 수행 평가한다고 가정해 보자. 이 역시 유아가 모형 건널목을 실제로 건너는 행동을 보고 관찰한 것이기 때문에 수행 평가가 될 수는 있지만 실제 길에서 거리를 건널 때의 수행을 본 것은 아니므로 현실과의 관련성은 부족한 과제라 할 수 있다. 예로 제시한 세 가지 수행 평가 과제가 사지선다형의 문제를 풀게 하는 과거의 평가보다 향상된 것이 사실이다. 그러나 수행 평가를 할 때는 자연스럽지 않은 과제를 제시하기보다는 영유아가 자연스러운 일상에서 관련 과제를 수행하는 것을 보고 평가하도록 노력해야 한다.

교육과정 운영 시 학생들이 실제로 해보는 활동이 많기 때문에 수행 평가는 교육과정 실행의 일부분이 될 수 있고, 수행하는 것을 교사가 직접 보고 평가하기 때문에 평가의 타당성이 높고, 단편적인 능력이 아니라 복합적인 능력의 수준을 이해하는 데 특히 유용하다. Hart(1994)가 모든 학교 급에서 사용되는 수행 평가의 장점을 3가지로 정리한 것을 살펴보면 다음 | 표 1-2 | 와 같다.

| 표 1-2 | 수행 평가의 장점

- 평가되는 사건이나 활동이 교수 목적으로부터 생성되었기 때문에 교과 내용과 관련이 있음
- 수행 과제를 다양한 수준으로 제시할 수 있음(간단하거나 복잡한 과제/짧거나 긴 과제)
- 수행 과제가 다양한 집단의 수준에서 해결되도록 제시할 수 있음(개인 과제 vs. 집단 과제)
- 수행 과제가 실생활과 관련 있는 방식으로 주어질 때가 더 많기 때문에 타당도 높음
- 수행의 결과를 교사뿐만 아니라 학생 자신 또는 또래 학생이 평가할 수도 있음

4) 포트폴리오 평가

포트폴리오란 개인의 작업이나 작품을 모아둔 자료집이나 서류철의 의미로, 다양한 직업군에 종사하는 사람들이 자신의 능력을 보이기 위한 증거로 사용하는 자료이다. 교육에서의 포트폴리오는 개인 학생이 가진 기술, 생각, 지식, 능력, 흥미, 성취 등에 대한 증거를 담은 상자 또는 서류철을 의미한다. 따라서 개인의 특성이나 성취와 성장을 보여줄 증거가 되는 것은 무엇이나 포함될 수 있는데 대표적인 것으로 유아가 쓰거나 그린 것, 유아의 수행을 담은 사진, 동영상이나 녹음 자료, 유아에 대한 또래의 평가나 의견, 증거물에 대한 유아 자신의 의견 또는 평가, 읽은 책이나 맞춘 퍼즐의 목록 등이 있다. 교사가 명심해야 할 것은 포트폴리오에 '아무 것' 이나 넣는 것이 아니라 '개인 유아의 특성, 성장, 학습' 의 증거가 되는 것을 담도록 도와줘야 한다는 것이다.

포트폴리오에 포함되는 증거가 참평가 또는 수행 평가의 과정에서 얻어진 증거물인 경우가 많기 때문에 포트폴리오 평가는 참평가나 수행 평가와 같은 의미인 것처럼 혼용된다. 그러나 포트폴리오 평가는 위의 정의에서 알 수 있듯이 평가의 방법이라기보다는 평가를 위한 자료를 학습자가 스스로 수집하게 하는 방식을 의미한다. 예를 들어, 평가에 포함될 수행 평가의 결과물을 교사가 선정하거나, 교사가 보관하거나, 포트폴리오가 아닌 방식으로 보관한다면 엄격한 의미에서 포트폴리오 평가가 될 수 없다.

포트폴리오를 사용하는 궁극적인 목적은 독립적이고 자기 주도적인 학습자를 만드는 데 있다. 따라서 포트폴리오를 만들 때는 교사가 만들어 주거나 어떤 것을 포함시킬지 정해주는 것이 아니라 학생 스스로 자신이 학습한 결과물 중 대표적이라고 판단되는 것을 담아야 한다. 발달적 특성상 영유아기에는 포트폴리오에 넣을 대표적 결과물을 선택하거나 정리하는 과정에서 교사의 도움이 필요한 것은 사실이나 교육현장을 관찰하면 교사가 어떤 것을 넣을지 전적으로 결정하는 경우가 많다. 영유아의 연령에 따라 적절한 지원은 필요하지만 영유아의 의견이 최대한 반영되도록 지원하는 교사의 노력이 필수적이다.

또 기억해야 할 것은 교사가 영유아를 평가하는 데 포트폴리오에만 전적으로 의존

해서는 안 된다는 것이다. 포트폴리오는 평가 자체가 아니라 평가할 때 사용하는 '학생이 주도적으로 수집한 자료' 이다. 물론 포트폴리오를 만들 때 교사의 의견이 반영되기는 하지만 영유아가 중요하다고 생각하는 자료와 교사가 영유아를 평가하는 데 중요하다고 판단하는 자료가 같을 수는 없다. 교사는 영유아가 만드는 포트폴리오와는 별개로 영유아를 평가하기 위한 다양한 자료를 수집해야 한다. Hart(1994)가 포트폴리오 평가의 특성과 장점에 대해 정리한 것을 살펴보면 다음 | 표 1-3 | 과 같다.

| 표 1-3 | 포트폴리오의 특성과 장점

- 포트폴리오는 평가 자체가 아니라 평가할 때 사용하는 추가 자료임
- 포트폴리오의 가치는 자기 평가(예 학생 스스로 어떤 것을 넣을지 결정하기)에 있음
- 포트폴리오의 가치는 포함시킬만 하다고 생각하는 결과물에 대한 학생의 반성적 사고(reflection)에 있음
- 장기적으로 만들어진 포트폴리오는 학생이 뛰어난 성취를 보인 분야나 발전이 필요한 분야에 대한 정보를 제공함
- 개별 학생의 발전을 다른 학생과 비교해서가 아니라 개인 내에서 평가하는 데 도움이 됨
- 포트폴리오는 폴더, 파일, 박스, 서랍 등 어떤 형태로도 만들 수 있으나 학생이 쉽게 보관하고, 꺼내고, 살펴볼 수 있는 것이어야 함
- 포트폴리오에 증거를 넣을 때는 날짜를 쓰거나 분야별로 분류하여 진보를 쉽게 점검할 수 있게 함
- 부모와의 면담에서 발달과 진보의 과정을 보여주는 증거물로 유용하게 사용될 수 있음
- 다음 해에 영유아를 담임하는 교사에게 전달하면 교육의 연계성을 확보할 수 있음

5) 교육과정 기반 평가

교육과정 기반 평가란 학생이 교육과정에 제시된 목표를 달성했는지를 평가하는 것이다. 따라서 평가 방법이라기보다는 평가할 때 어떤 것을 준거로 평가할지에 초점을 둔 용어이다. 영유아를 지도하는 교사가 평가할 때는 발달을 준거로 평가하거나 누리과정이나 표준보육과정을 준거로 평가하거나 최근 많은 국가에서 활용하는 핵심 능력을 기준으로 평가할 수 있다(자세한 내용은 제3장 참조). 영유아기는 교육기관의 특성이나 교육철학에 따라 국가 수준의 교육과정을 기반으로 하되 다양한 추가적인 교육과정을 교육과정 운영에 반영할 수 있다. 반면 초등 이상의 학교 급에서는

국가 수준의 교육과정을 운영해야 하기 때문에 평가도 교육과정에 기반해 이루어지는 경우가 많다. 교육과정 기반 평가가 특히 주목받는 것은 개별 학생의 평가뿐만 아니라 교사의 교수 내용, 방법, 전략에 관한 평가도 가능하기 때문이다.

3 영유아 평가의 목적

영유아를 가르치는 교사는 무엇 때문에 영유아를 평가해야 하는가? '유치원 평가나 어린이집 평가인증에서 요구하는 기준이니까', '학기 말에 부모와 면담할 자료를 만들기 위해서', 영유아를 지도하는 교사와 이야기를 나누면 위와 같은 답을 하는 교사는 비교적 적다. 그들은 '영유아의 발달을 이해하기 위해', '교육과정을 개선하기 위해', 또는 '영유아를 교육적으로 지원하기 위해' 같은 적절한 평가의 목적을 제시한다. 그러나 실제로 평가 결과를 어디에 가장 많이 활용하는지 다시 질문하면 평가나 부모와의 면담과 관련된 답을 제시하는 경우가 많다. 물론 평가나 부모와의 면담을 위한 목적도 포함되겠으나 이 두 가지 목적은 다른 더 중요한 목적을 달성할 때 부수적으로 달성되는 목적이다. 많은 시간과 노력을 기울여 영유아를 평가한 후 단지 교육기관 평가나 부모와의 면담에만 활용한다면 평가의 진정한 목적을 달성하지 못하는 결과를 낳게 된다. 여기서는 영유아를 평가하는 핵심적인 목적을 중심으로 제시하고자 한다.

개인 영유아를 이해하기 위한 목적

학급 전체 영유아를 이해하기 위한 목적

영유아의 발달과 학습의 진보 경향을 모니터하기 위한 목적

누리과정 및 표준보육과정의 계획, 실행, 개선을 위한 목적

추가적인 지원이 필요한 영유아를 선별하기 위한 목적

가족과의 연대와 협력을 강화하기 위한 목적

영유아를 위한 교육 및 보육기관의 질을 평가하기 위한 목적

■ 개인 영유아를 이해하기 위한 목적

영유아를 평가하는 가장 중요한 목적은 개별 영유아를 이해하기 위함이다. 개별 영유아를 이해하는 것은 세 가지 이유에서 중요하다.

첫째, 영유아기는 기질, 흥미, 관심사 같은 개인적 특성이 발달이나 학습에 큰 영향을 미치는 시기이다. 예를 들면 어떤 어린이는 새로운 장소에 가거나 놀잇감 또는 사람을 접할 때 적극적으로 탐색하는 반면 다른 어린이는 탐색하는 데 많은 시간이 걸리기도 한다. 적극적인 탐색과 참여는 발달과 학습을 촉진할 가능성이 높기 때문에 개인적 특성이 다른 두 어린이의 발달과 학습의 결과는 상이할 수 있다.

둘째, 영유아기는 개인 간 발달 및 학습 차이도 심하지만, 개인 내 발달 영역 간 차이도 심한 시기이다. 어떤 어린이는 만 4세 초부터 읽고 쓰기를 자연스럽게 할 수 있는 반면 어떤 어린이는 만 5세가 되어서도 읽고 쓰기에 능숙함을 보이지 않는다. 또한 어떤 어린이는 발달의 모든 영역이 고른 속도로 발달하는 반면 어떤 어린이는 신체 발달은 또래의 평균적인 발달보다 늦는 반면 언어 발달은 매우 빠른 속도로 진행되기도 한다.

셋째, 영유아기는 개별지도보다 집단지도가 더 많은 비중을 차지하는 초등학교 이상의 상급 학교와 달리 개별 영유아나 소집단의 영유아를 대상으로 하는 교육이 더

많은 비중을 차지하는 시기이다. 특히 영아기나 걸음마기 어린이를 대상으로 하는 교육은 개별적인 상호작용을 통해 이루어지는 경우가 더욱 많다.

따라서 개인적 특성이 발달과 학습에 미치는 영향이 큰 시기에 개인 간 차이뿐만 아니라 개인 내 차이도 심한 영유아를 개별 또는 소집단으로 지도하기 위해서는 그들의 특성을 잘 이해하는 것이 매우 중요하다. 영유아기 교사가 반드시 해야 하는 반응적(responsive) 상호작용 또는 양질의 상호작용의 핵심은 교사가 일방적으로 자신이 준비한 것을 전달하는 것이 아니라 가르치는 영유아의 다양한 특성, 관심, 발달 상황, 학습 측면에서 현재 알고 있는 것과 모르는 것에 대한 이해를 바탕으로 그들이 요구하는 것, 그들에게 필요한 것을 적절한 방법으로 온정적이고 따뜻한 분위기에서 제공하는 상호작용을 하는 것이다. 이를 실현하기 위해서는 영유아에 대한 평가가 필요하다.

■ 학급 전체 영유아를 이해하기 위한 목적

개별 영유아를 이해하는 것 못지않게 중요한 것은 학급 전체 영유아의 성향을 이해하는 것이다. 교사의 역할은 개별 영유아뿐만 아니라 학급 전체 영유아가 모두 성장하고 발달하고 학습하도록 지도하는 것이기 때문이다. 개별 영유아가 모여서 학급 전체 영유아 집단을 구성하는 것이지만 개별 영유아에 대한 이해가 반드시 학급 전체 영유아 집단에 대한 이해로 연결되는 것은 아니다.

학급 전체 영유아에 대한 이해를 위해서는 개별적인 특성을 가진 영유아 간 상호작용의 결과가 어떤 양상으로 나타나는지에 대한 추가적인 이해가 필요하다. 만약 학급 구성원의 1/3 이상이 1월 또는 2월에 출생하였거나, 남아의 비율이 여아에 비해 절대적으로 높거나, 흥이 많고 적극적인 성향을 가진 어린이가 많다면 그 특성이 교사가 준비하는 교육적 환경, 교재교구, 그리고 소집단 활동을 위한 집단 구성 등에 영향을 미칠 것이기 때문이다. 따라서 교사는 학급 전체 영유아의 개인적 특성 간의 상호작용이 어떤 교육적 함의를 가지는지 평가를 통해서 이해하려고 노력해야 한다.

■ 영유아의 발달과 학습의 진보 경향을 모니터하기 위한 목적

영유아의 현재 상황뿐만 아니라 그들의 개인적 특성, 발달, 학습이 어떤 양상으로 변하고 진보하여 왔는지 파악하기 위해서 평가가 필요하다. 현재 상황에 대한 이해는 교사가 현재 하려는 교육적 지원에 도움이 되지만 장기간에 걸쳐 영유아가 어떻게 변화해왔는지 알면 현재의 지원이 적절한지에 대한 판단뿐만 아니라 미래에 대한 예측도 가능하기 때문에 앞으로 어떤 지원이 필요한지 파악할 수 있다. 과거-현재-미래로 이어지는 발달과 학습 진보의 연속성에 대한 이해가 가능하려면 주기적이고 지속적인 평가가 필요하다. 주기적이고 지속적인 평가를 통해 경향을 탐색함으로써 특별한 도움이 필요한 영유아를 발견하거나 일시적인 발달의 정체 또는 촉진의 원인을 파악하여 적절한 교육적 지원을 할 수 있다. 이사, 부모의 실직 또는 이혼, 동생의 출생 같은 경험은 영유아의 발달과 학습 패턴의 규칙성을 무너뜨릴 수 있다. 교사가 발달과 학습 진보의 경향성을 파악하고 있다면 비정규적 패턴이 나타날 때 원인을 찾아 적절한 지원을 할 수 있는 가능성이 높아진다.

■ 누리과정 및 표준보육과정의 계획, 실행, 개선을 위한 목적

영유아의 현재 발달 및 학습 상황과 과거로부터 이어진 진보 경향성에 대한 이해를 기반으로 교육과정을 수립하고, 실행하고, 개선하기 위해 평가가 필요하다. 교사가 영유아를 평가하는 것은 단지 그들을 이해하는 데 그치는 것이 아니라 누리과정 및 표준보육과정에 적용하기 위함이다. 그러나 영유아에 대해 이해한 것을 누리과정 및 표준보육과정에 적용하는 것은 높은 수준의 반성적 사고가 필요한 어려운 작업이다.

연령이 낮을수록 개별적 상호작용을 통한 교육의 비중이 크나 연령이 높아질수록 대·소집단 활동을 통한 교육의 비중이 점차 많아진다. 개별 영유아를 대상으로 상호작용하거나 환경, 교재교구, 활동을 마련하는 것은 어느 정도 쉬운 작업일 수 있으나 각 개인의 특성, 발달 정도, 학습 상황이 매우 다양한 전체 학급 영유아를 대상으로 집단 활동을 위한 교육과정 계획을 하는 것은 매우 어려운 작업이다. | 표 1-4 | 는 개별적 활동을 중심으로 교육이 이루어지는 어린 연령 영아에 대한 평가 결과를 교육과정 계획에 반영한 예이고, | 표 1-5 | 는 대·소집단의 비중이 점차 많아지는 만 5세 학급 유아를 평가한 결과를 종합하여 교육과정 계획에 반영한 예이다.

| 표 1-4 | 개별 영유아의 평가에 기초한 개별적 교육과정 계획에 반영한 예(만 2세 영아의 예)

구분	분야별 평가 결과	개별 활동이 중심이 되는 교육과정 계획에 반영한 예
개인적 특성	• 새로운 것에 대한 관심이 많지 않음	• 새로운 환경, 교재교구, 활동을 소개할 때 교사가 영아의 흥미를 불러일으킬 수 있는 방법(예 목소리 톤, 직접 시범 보이기, 즐기는 모습 보여주기)을 사용 • 새로운 것에 많은 관심을 보이는 또래와 함께 있을 때 소개
발달 영역 관련	• 신체: 소근육 발달이 또래에 비해 늦은 편	• 옷 입기, 먹기 같은 소근육을 많이 사용하는 일상생활을 할 때 특히 주의 깊게 지도 • 소근육의 사용을 촉진하는 구슬 꿰기, 손잡이 있는 퍼즐, 끼워 맞추는 블록 등의 교구 제공 • 영아가 위와 같은 활동을 할 때 수준에 맞는 방식으로 지원(예 겉옷 벗을 때 큰 단추 푸는 전략을 자연스럽게 시범 보이기)
표준보육과정 영역 관련	• [사회관계: 나의 감정을 나타내기/다른 사람의 감정에 반응하기]가 매우 잘 이루어짐	• 다양한 감정을 표현했을 때 교사가 감정의 이름을 알려주고, 다음 단계인 조절하는 능력을 갖도록 지원 • 더 미세한 감정을 다룬 책을 준비하거나 영아들이 다양한 감정을 표현할 때 사진 찍어 전시
교과 영역 관련	• [측정]: 측정에 대한 개념은 없고 측정과 관련된 어휘(즉, 많다, 높다, 없다, 길다 등)를 사용함	• 현재 하나의 사물에 대한 특성만 말하고 있으므로, 두 개의 사물을 비교할 기회를 많이 갖도록 함(예 또래와 블록으로 기차를 만들었을 때 누구의 기차가 더 길고 누구의 기차가 더 짧은지 말해 보게 함) • 비교할 때 눈으로 보고 판단하기보다는 대보고 판단하도록 유도 • 대볼 때는 끝을 맞추어야 한다는 개념이 아직 없으면, 제안을 하지만 이해하지 못한다면 의도적으로 가르치지는 않음

| 표 1-5 | 학급 영유아 전체의 평가에 기초한 대 · 소집단* 활동 계획에 반영한 예(만 5세 학급의 예)

구분	분야별 평가 결과	대 · 소집단 활동이 중심이 되는 교육과정 계획에 반영한 예
집단적 특성	• 학급 전체로 보았을 때 많은 유아가 새로운 것에 대한 관심이 크지만 소수의 유아는 동기 유발이 되지 않음	• 소집단을 구성할 때, 흥미를 많이 보이는 유아와 적게 보이는 유아를 섞어서 구성 • 집단 활동에서 교재교구나 활동을 소개할 때 흥미를 많이 보이는 유아를 먼저 시켜서 즐겁게 활동하는 것을 볼 수 있게 기회 제공 • 흥미를 보이는 것이 관찰되면 활동 중이나 활동을 마무리할 때 그 유아의 예를 들어 격려(예 "선생님이 보니, ○○가 정말 빨리 달리는 말처럼 움직였어!")
발달 영역 관련	• 인지: 수 개념이 많이 발달한 유아와 적게 발달한 유아가 공존하고 그 차이가 매우 심함	• 수 개념이 필요한 게임을 할 때(예 달려가서 표시된 수만큼의 사물을 세어 바구니에 담아 돌아오기) 수 개념이 적게 발달한 유아가 아는 수를 최대의 수로 표시 • 또는 적은 수부터 많은 수까지 다양한 수를 표시하고 달려가서 원하는 수를 선택하여 그 수만큼 사물을 담아오게 함. 이때는 빨리 돌아오는 것이 핵심이 아니라 표시된 수의 개수대로 사물을 정확히 담아오는 것을 핵심으로 약속함. 많은 수를 선택해서 온 유아는 많은 수를 선택한 것을 격려하고, 수 개념이 덜 발달한 유아는 정확하게 담아온 것을 격려
누리과정 영역 관련	• [사회관계: 나와 다른 사람의 감정 알고 표현하기/나의 감정 조절하기]의 유아 간 수준 차가 큰 편이고, 특히 부정적 감정에 대한 조절은 전반적으로 어려움	• 나와 타인의 감정 알기, 표현하기, 조절하기는 작위적인 대 · 소집단 활동보다는 일상생활에서 발생하는 자연스런 기회를 활용하는 것이 더 효율적임 • 부정적 정서의 표현과 조절을 주제로 집단 토의 실시: 언제 화가 나는지, 또는 친구가 때리기, 울기, 던지기 등으로 표현하는 것을 볼 때 어떤 생각이 드는지, 화가 날 때는 어떻게 표현해야 자신의 화도 풀리고 친구에게도 부정적 행동이나 말을 하지 않을 수 있는지 등에 대한 이야기 나눔 • 유아와 함께 긍정적 또는 부정적 감정 인식과 표현에 대한 프로젝트 또는 일련의 활동 실시(예 유아들이 사진 또는 동영상을 찍어 감정책 또는 감정영상 만들기, 감정을 표현하는 사진을 찍어 어떤 감정인지 유추해보기, 감정을 표현하거나 그것을 보는 장면에 대한 그림 그려보기, 감정의 역할에 대한 자신의 이론 만들어 보기 등)

▼ 〈계속〉

| 표 1-5 | 〈계속〉

구분	분야별 평가 결과	대 · 소집단 활동이 중심이 되는 교육과정 계획에 반영한 예
교과 영역 관련	• [측정]: 측정의 개념에 대한 유아 간 수준 차가 커서 어떤 유아는 표준화된 측정 도구도 사용하나 다른 유아는 비표준화된 측정 도구도 정확히 사용하지 못함	• 높은 수준의 측정 개념을 이해한 유아가 아직 이해 수준이 낮은 유아의 모델 역할을 할 기회를 제공함. 그러나 함께 활동하는 과정에서 높은 수준의 측정 개념을 가진 유아가 주도권을 지나치게 행사하여 이해 수준이 낮은 유아가 방관자 역할을 하지 않도록 유의해서 지도할 필요 있음 • 높은 수준의 측정 개념을 가진 유아가 적절한 수준의 수 개념이 있다면 cm가 표시된 자를 사용할 기회 제공 • 낮은 수준의 측정 개념을 가진 유아는 비표준화된 측정 도구를 정확히 사용(예 책을 측정한다면 책의 끝지점에 다시 책을 놓는 방식으로 이어감/측정한 길이를 책을 놓은 횟수로 표현하게 함)할 수 있게 지도 • 대 · 소집단 활동시 측정과 관련된 더 많은 어휘를 소개

*개별적인 활동은 자유선택 활동 시간에 다양한 수준의 교재 · 교구를 이용하여 할 수 있도록 교육과정 계획

교사가 개별 및 전체 영유아에 대한 평가를 기반으로 교육과정을 계획하여 활동을 실시한 후 그 활동의 과정과 결과를 평가하면 교육과정이 더욱 개선될 수 있다. 활동에 대한 평가는 영유아에 대한 평가에 기초하여 계획한 활동이 적절한 활동이었는지를 확인할 수 있는 수단이 될 뿐만 아니라 다음 단계의 교육과정 계획을 위한 실마리가 된다. 만약 활동이 적절하였다면 어떻게 확장할지 결정할 수 있고, 부적절하였다면 활동의 수준이나 내용을 어떻게 개선할지 판단할 수 있다. | 표 1-6 | 은 영아를 위해 개별 활동으로 준비한 활동을 평가하여 개선한 예이고, | 표 1-7 | 은 유아를 위한 대 · 소집단 활동을 평가하여 개선한 예이다.

| 표 1-6 | 개별 활동에 대한 평가 후 이루어진 교육과정 개선의 예(만 2세 학급의 예)

구분	내용
활동	• 구슬에 끈 끼우기
발달을 중심으로 한 평가 영역	• 신체 발달〉 소근육 발달/눈과 손의 협응력 발달
표준보육과정을 중심으로 한 평가 영역	• 신체 조절과 기본운동하기〉 소근육 조절하기
준비한 활동과 관찰 내용	• 영아가 손가락보다는 손으로 잡아서 끼울 수 있게 만들어진 큰 구슬과 두꺼운 실(줄)을 활동실 바닥의 카펫 위에 준비해 놓음 • 1~2개를 끼울 때는 문제가 없었으나 구슬을 많이 끼우면 구슬 무게 때문에 영아가 실을 놓쳐서 다 빠지는 경우가 생김 • 영아가 좌절하고 짜증내거나 중간에 그만두고 떠나는 경우가 관찰됨
평가	• 영아는 구슬 무게를 고려하여 줄을 꽉 잡으면서 구슬을 끼우는 두 가지 과업을 동시에 하기 어려움 • 영아가 손가락보다는 손 전체를 사용한다는 발달 측면만 고려하여 제작된 교구여서 교구 측면 또는 사용 방법 측면의 개선이 필요한 것으로 판단됨
평가 후 개선된 활동	❶ 교구의 개선 • 크기가 크면서 가벼운 플라스틱 재질로 된 교구가 있으면 찾아서 대체 • 구슬의 크기는 좀 작지만 구멍이 커서 영아의 소근육 발달에 도움이 되는 교구로 대체 • 무게 조절이 안 되는 영아가 활동할 때는 교사가 옆에서 줄을 잡아주거나 꽉 잡도록 상기시킴 ❷ 활동 방법의 개선(소근육 발달을 촉진하는 다른 유사한 활동으로 대체) • 끈을 끼워 목걸이로 만드는 것이 목적이 아니라 구슬 구멍에 끈을 끼우는 것이 목적인 영아를 위해서는 다양한 굵기의 통(예 짧은 휴지속심, 코팅지를 가늘게 말아서 만든 통, 쿠킹호일 심)에 구슬을 통과시키는 활동으로 변형 • 심(예 끝이 뭉툭한 긴 나무젓가락이나 길게 연결한 스트로)에 끼우는 활동으로 변형

| 표 1-7 | 대집단 활동에 대한 평가 후 이루어진 교육과정 개선의 예(만 5세 학급의 예)

구분	내용
활동	• 이야기 나누기(조상이 사용한 물건과 우리가 사용하는 물건)
발달을 중심으로 한 평가 영역	• 사회 · 인지 발달
누리과정을 중심으로 한 평가 영역	• 자연탐구〉 과학적 탐구〉 간단한 기계와 도구 활용하기 • 사회관계〉 사회에 관심 갖기〉 우리나라에 관심 갖고 이해하기
준비한 활동	• 집단 및 활동 유형: 대집단 이야기 나누기 • 준비물: 과거와 현재 사용하는 다양한 사물 사진 • 사전 활동: 전날 귀가 전 과거 조상이 사용하던 물건과 현재 우리가 사용하는 물건에 대해 알아오거나 실물이나 사진이 있으면 가지고 오도록 당부함 • 이야기 나누기: 10개 이상의 과거 물건과 현재 물건을 비교함
평가	• 유아가 구체적인 쓰임새보다는 과거 물건과 현재 물건의 짝 맞추기에 치중함 • 교사도 기계와 도구 활용하기나 우리나라에 관심을 갖고 이해하기보다는 준비한 10개 이상의 물건을 소개하는 데 치중함 • 한 번도 본 적이 없는 과거의 물건이거나 현재 유아가 사용하지 않는 물건이 많이 포함되어 있어 많은 유아가 관심을 보이지 않음
평가 후 개선된 활동	❶ 이야기 나누기 내용의 개선 • 농기구 같이 유아의 경험과 관심이 제한된 물건을 제외함 • 초등학교 교육과정과의 연계를 위해 초등학교에서 다루는 과거-현재 물건의 수준 이하로 한정함 • 유아가 관심을 보이거나 현재 사용하는 것을 직접 본 물건을 선택하여 집중적으로 알아봄 • 선택한 소수의 물건에 대해 이름과 용도 이외에 만들어진 재료, 이용에 필요한 에너지원(예 인두-숯에서 얻은 열/다리미-전기에서 얻은 열) 등에 대해서도 자세히 알아봄 ❷ 집단 구성 방법이나 활동 방법의 개선 • 한 번의 이야기 나누기를 통해 다루고 끝내기보다는 관련 활동의 사전 활동이나 주의집중을 통해서도 반복적으로 다룸 • 특정 장소(예 부엌) 또는 목적(예 더위나 추위를 피하기)을 위해 사용하는 것끼리 분류하고 관심 있는 유아로 구성된 소집단으로 이야기 나누기 진행. 기회가 되면(예 귀가 전) 소집단으로 알아본 것에 대해 대집단 상황에서 발표하는 시간 가짐

■ 추가적인 지원이 필요한 영유아를 선별하기 위한 목적

체계적인 기준을 가지고 실시한 지속적이고 정기적인 평가 결과를 보면 영유아에게 추가적인 지원이 필요한지 알 수 있다. 추가적인 지원은 일상적인 수준의 지원부터 특별한 교육적 지원의 제공까지 그 범주가 다양하다. 위에서 서술한 영유아의 개별, 또는 대 · 소집단 활동을 위한 계획과 개선에 평가 결과를 반영하는 것도 일상적인 수준의 추가적인 지원이 될 수 있다.

특별한 교육적 지원은 두 가지 방향으로 생각할 수 있는데 하나는 특수교육이 필요한 영유아를 선별하여 지원하는 것이고, 다른 하나는 특별한 재능이 있는 영유아를 선별하여 지원하는 것이다. 많은 교사들이 과거와 비교해서 다양한 원인(예 급격한 가정환경의 변화, 신생아기부터 시작되는 비디오를 통한 외국어 교육 등)으로 인해 유사자폐증이나 주의력결핍장애 증상을 보이는 영유아가 급격히 증가하고 있음을 느낀다. 다양한 어려움을 겪는 영유아에게는 조기 개입을 통한 교육이 매우 중요하지만 교사 입장에서는 부모에게 특수교육의 필요성을 언급하기 매우 어렵고, 부모도 자녀가 늦되다고 생각하고 문제를 인정하지 않으려 하는 경우가 많다. 만약 교사가 해당 영유아에 대한 체계적인 평가 자료를 가지고 있다면 그것을 토대로 부모와 협의를 시작할 수 있고, 치료가 결정된 후에는 특수교육기관이나 의료기관에 참고 자료로 보내서 치료에 도움을 줄 수도 있을 것이다.

그와는 반대로 체계적인 평가를 통해 특정 분야에 특별한 재능이 있는 영유아를 조기 발견하여 지원을 받게 할 수 있다. 그러나 아주 이른 영유아기에 특수 분야의 재능이 나타나는 경우가 많지 않고, 잘못하면 부모의 지나친 기대와 형식적인 조기교육으로 인해 재능이 꽃피기도 전에 꺾일 수도 있다. 교사는 부모가 지나친 기대를 하게 하는 방식으로 알리기보다는 부모가 자녀를 주의 깊게 관찰하도록 제안하고, 해당 영유아가 보이는 재능과 관련 있는 활동(예 신체 활동이나 예술적 활동)을 계획할 때 그 영유아가 심도 있는 경험을 할 수 있게 배려하는 노력이 필요하다.

■ 가족과의 연대와 협력을 강화하기 위한 목적

한 학기에 한 번 부모와의 면담을 위해 평가 결과가 가장 많이 활용되기는 하지만

평가는 면담 이상의 목적을 위해 활용되는 것이 더 바람직하다. 즉, 일회성의 정보 제공이 아니라 일상적인 부모와의 의사소통(예 알림장, 학급 카페, 부모와의 문자 교환)을 통해 정기적으로 정보를 교환하는 데 활용되어야 한다. 예를 들어 알림장에 "오늘 ○○는 ○○놀이를 재미있게 했다."라고 단순하게 적기보다는 어제 한 놀이를 어떻게 발전시켰는지 또는 오늘 한 행동 중 발달 또는 학습 측면에서 특이할만한 사항을 중심으로 적는다면 부모에게 더 유용한 정보가 된다. 다음 | 표 1-8 | 은 영유아의 행동을 중심으로 기록한 알림장과 평가적인 정보가 포함되도록 개선하여 기록한 알림장의 예이다. 교사가 자신의 자녀에 대해 관심을 가지고 있고 발달과 학습 상황을 정확하게 알고 있다는 것을 부모가 알게 되면, 교사에 대한 부모의 신뢰가 높아져서 부모-교사 간 협력이 더욱 증진될 것이다.

| 표 1-8 | 행동 중심의 알림장과 평가적 정보가 포함된 알림장의 예(만 1세 영아의 예)

행동 중심의 알림장	행동에 대한 평가적 정보가 담긴 알림장
• ○○시에 간식 ○○와 ○○시에 급식을 먹음 • 시금치를 처음 먹음 • ○○시와 ○○시에 기저귀 갈음 • ○○시부터 ○○시까지 낮잠을 잠 • ○○과 기차 놀이를 하고 재미있게 놀이함 • 투약 의뢰한 약을 ○○시에 정확히 먹게 함	• 간식과 급식을 평소와 같이 잘 먹었으며 처음 소개한 시금치를 거부하지 않고 먹는 것으로 보아 새 음식에 대한 적응도가 높음 • 배변과 낮잠도 규칙적으로 잘 이루어짐 • 또래와 잠깐이지만 기차 놀이를 하였고, 이는 또래를 알아보고 선호한다는 의미로 다른 사람과의 관계에서 발전을 의미함 • 투약: 의뢰받은 대로 먹였으며 열 없음

■ 영유아를 위한 교육 및 보육기관의 질을 평가하기 위한 목적

모든 급의 교육기관을 평가하는 기본적인 목적은 각 급 학교에 재학 중인 학생을 잘 가르치는지 알아보기 위함이다. 유아교육 및 보육기관이 존재하는 이유도 재원 중인 영유아의 발달과 학습을 최적화하여 영유아기에 달성해야 하는 과업을 완수하도록 하는 데 있다. 유아교육 및 보육기관의 질과 영유아의 발달 및 학습 결과는 매우 높은 상관이 있는 것으로 알려져 있다. 영유아에 대해 지속적인 평가를 하고, 그 결과를 개별화된 교육 계획 또는 교육과정 계획에 반영하고, 다시 그 결과를 평가하는 선순환적인 과정이 지속된다면 영유아의 발달과 학습이 최적화될 것이다.

정리하면, 영유아를 평가하는 목적은 평가 그 자체에 있지 않다. 즉, 영유아의 발달이나 학습의 수준이 어느 정도인지 알아보는 것만을 위해 평가를 하지 않는다는 것이다. 영유아 평가의 진정한 목적은 평가 결과를 기반으로 영유아를 지원하거나 영유아를 지도하는 교사나 교육기관을 개선하거나 부모와의 협조 관계를 강화시키는 데 있다.

Chapter 2

영유아 평가의 일반적 단계

영유아 평가라는 용어를 들으면 관찰, 자료 수집, 포트폴리오 등의 단어가 머리에 먼저 떠오른다. 그러나 연구를 위해 연구의 목적 설정부터 논의까지 일정한 단계를 거치듯 영유아를 평가하기 위해서도 일정한 단계가 필요하다. 본 장에서는 영유아 평가의 단계를 간단히 살펴본 후 각 단계별로 교사가 내려야 하는 결정, 해야 할 준비와 실행 방법을 각 단계별로 상세히 알아보고자 한다.

1단계: 평가의 준거 결정하기

⬇

2단계: 평가를 위한 자료 수집 계획하기(수집 시기, 맥락, 방법)

⬇

3단계: 평가를 위한 자료 수집

⬇

4단계: 수집된 자료의 정리

⬇

5단계: 수집된 자료의 분석 및 종합

⬇

6단계: 평가 결과의 활용(영유아 지원, 교육과정 및 교수 방법 개선, 가족과의 협력)

■ 1단계: 평가의 준거 결정하기

영유아를 평가할 때 각 개인이 잘 발달하고 성장하고 학습했는지에 대해 평가하는 것은 당연하다. 그러나 구체적으로 어떤 준거에 의해 잘 발달하고 성장하고 학습하였는지를 평가할지 미리 결정하지 않는다면 특정 측면만 집중해서 평가하고 다른 측면은 전혀 평가하지 못하는 결과를 낳는다. 영유아를 평가하는 준거는 발달 영역, 누리과정 및 표준보육과정 영역, 또는 교사가 타당하다고 생각하는 다른 영역을 준거로 삼을 수 있다. 각 준거에 대한 자세한 설명은 제3장과 제6장에 제시되어 있다.

■ 2단계: 평가를 위한 자료 수집 계획하기(수집 시기, 맥락, 방법)

영유아를 평가하기 위해서는 평가할 자료, 즉 영유아가 발달하고, 성장하고, 학습하는 과정이나 결과물에 대한 증거를 수집해야 한다. 계획하지 않은 상황에서도 영유아의 진보를 파악할 수 있는 좋은 자료를 수집할 수 있다. 그러나 언제(예 연중 수집; 학기 초와 학기말 수집; 생활주제가 바뀔 때 수집 등), 어떤 맥락(예 실내 또는 실외; 자유선택 활동, 일상생활 활동, 또는 대・소집단 활동; 또래와 함께 활동할 때 또는 교사와 활동할 때; 기관 내에서 또는 야외학습이나 견학지에서 등)에서, 어떤 방법(예 교사의 관찰, 영유아의 작품 수집 등)으로 자료를 수집할지 미리 계획하지 않으면 특정 시기나 특정 맥락에서의 영유아 행동에 대한 편향적인 자료만 수집하게 된다. 각 측면의 계획에 대한 자세한 설명은 제6장에 제시되어 있다.

■ 3단계: 평가를 위한 자료 수집

다양한 시기와 맥락에서 자료를 수집할 때 어떤 방법을 사용할 것인가를 미리 결정해야 한다. 교사들은 참평가, 수행 평가, 또는 포트폴리오 평가를 위한 자료 수집 방법으로 관찰만을 고려하는 경향이 있다. 물론 관찰이 가장 적절한 방법이기는 하지만 관찰 이외의 다른 방법도 활용할 수 있다. 또한 자료 수집 방법에 따라 사전 준비가 필요하기도 하고, 특정 시기나 맥락에서는 특정한 자료 수집 방법이 더 적절할 수도 있다. 평가를 위한 다양한 자료 수집 방법과 효율적 전략에 대한 설명은 제5장에 제시되어 있고, 평가 준거의 내용에 따른 자료 수집 방법의 계획은 제6장에 제시되어 있다.

■ 4단계: 수집된 자료의 정리

1년 동안 수차례에 걸쳐 많은 준거에 대한 자료를 수집한 것으로 평가가 끝난 것은 아니다. 대부분의 유치원 또는 어린이집 학급에 각 영유아별로 마련된 포트폴리오를 살펴보면 자료가 앞 장부터 채워져 있을 뿐 전혀 정리되어 있지 않은 경우도 종종 볼 수 있다. 수집된 많은 자료를 정리하는 방식은 다양하다. 예를 들면, 준거별로 먼저 정리한 후 시기별로 다시 정리할 수도 있고, 시기별로 먼저 정리한 후 준거별로 다시 정리할 수도 있을 것이다. 준거별로 먼저 정리할 경우는 각 영유아가 준거에 비추어 어떻게 발전해 왔는지를 분석하기에 용이하고, 시기별로 먼저 정리할 경우는 '학기 초・중반・말'로 이어지는 시간의 흐름에 따라 어떻게 발전해 왔는지를 분석하기에 용이하다. 평가를 위한 다양한 자료 정리 방법과 효율적 전략에 대한 설명은 제4장과 제7장에 제시되어 있다.

■ 5단계: 수집된 자료의 분석 및 종합

자료를 수집하고 정리한 후 해야 할 일은 분석하는 일이다. 자료 수집과 정리는 영유아의 발달, 성장, 학습에 대한 지식이 많지 않아도 할 수 있지만 분석은 관련된 지식(예 영유아 발달에 대한 지식, 특정 개념이나 능력이 학습되었음을 판단할 수 있는 지식)이 있어야만 제대로 이루어질 수 있다. 영유아의 읽기 능력에 대한 20개의 자료를 다양한 시점과 다양한 맥락에서 수집했다고 가정하자. 자료 수집 시기에 따라 점진적 발달 경향을 보이는지, 다양한 맥락에서 수집된 쓰기 관련 증거가 유사한 수준을 보이는지, 상호작용하는 상대 또는 활동의 자발성 정도에 따라 다른 능력 수준을 보이는지, 어떤 분야의 발전이 더 필요한지 등을 분석할 수 있는 고차원적인 능력이 필요하다. 또한 특정 영유아의 쓰기 능력 수준을 판단한 후 정상적인 발달 패턴을 보이는지 또는 지체되거나 또래보다 월등한 진보를 보이는지도 분석할 수 있어야 한다. 수집된 자료에 대한 분석 방법과 효율적 전략에 대한 설명은 제6장에 제시되어 있다.

분석이 끝나면 그 결과를 종합하여 정리한다. 각 시기별 또는 각 평가 준거별 분석이 끝난 후 전체적인 시각 또는 다각도의 측면에서 영유아를 평가해야 종합적인 그림을 얻을 수 있기 때문이다. 자료의 분석과 마찬가지로 자료의 종합을 위해서도 교사가 발달이나 교육과정 또는 교과에 대한 지식을 가져야 할 뿐만 아니라 논리적이고 분석적이고 종합적으로 사고할 수 있어야 한다. 분석된 자료를 종합하는 방법과 효율적 전략에 대한 설명은 제7장에 제시되어 있다.

■ 6단계: 평가 결과의 활용(영유아 지원, 교육과정 및 교수 방법 개선, 가족과의 협력)

마지막 단계는 평가한 결과를 발전을 위해 활용하는 것이다. 첫째, 영유아에 대한 평가 결과를 개별 영유아의 발달, 진보, 학습을 위한 계획을 수립하는 데 활용할 수 있다.

둘째, 교육과정을 개선하는 데 활용할 수 있다. 특히 교육과정을 준거로 삼아 평가했을 때 각 영유아가 교육 목표를 달성했는지 뿐만 아니라 교사가 교육과정을 운영한 방식, 선정한 교육 내용, 실시한 교육 활동, 사용한 교수 전략이 효율적이었는지도 평가할 수 있기 때문에 교육과정 개선에 활용할 수 있다. 셋째, 가족과의 협력을 증진하는 데 활용할 수 있다. 개별 영유아를 평가한 결과를 일상적 또는 정기적인 의사소통과 면담을 통해 공유함으로써 가족과의 협력과 연계를 증진할 수 있다. 세 가지 분야에서 평가 결과를 활용하는 것에 대한 자세한 설명은 제4장과 제7장에 제시되어 있다.

Chapter 3

영유아 평가를 위한 준거

외국은 국가 수준의 교육과정이 없는 경우가 많기 때문에 발달을 준거로 평가하거나, 운영하는 교육과정의 특성을 반영한 평가 준거를 만들어 평가하거나, 특정 연령대에 발달하거나 학습해야 할 중요한 태도, 능력, 기술을 중심으로 준거를 만들어 평가하는 경우가 많다. 우리나라에서 교사가 사용할 수 있는 준거에 대해 자세히 알아보기 전에 참평가의 몇 가지 사례를 살펴보면 다음과 같다.

Moreno와 Klute(2011)는 Denver University와 Clayton Early Learning Institute가 공동 개발한 'The Learning Through Relating' 프로그램에 등록한 0~36개월 영아를 평가할 수 있는 준거를 개발하였다. 'The Learning Through Relating Child Assets Record(LTR-CAR)' 로 명명한 이 참평가 체제는 5개 영역과 18개의 하위 영역으로 구성되어 있다(| 표 3-1 | 참조). 이 평가 준거는 우리가 흔히 보던 발달, 교육과정, 또는 교과의 전 영역을 포괄적으로 평가하는 것이 아니고 운영하는 프로그램이 강조하는 분야에서 0~36개월에 특히 중요한 영역을 중심으로 평가하는 것이다. 그러므로 이 준거는 어떤 측면에서는 교육과정과 발달에 근거한 준거로 볼 수 있다. 영역의 명칭은 발달과 관련 없어 보이지만 하위 영역의 내용을 구체적으로 살펴보면 신체 발달을 제외한 인지, 사회, 정서, 언어 발달과 관련된 준거가 많음을 알 수 있다.

| 표 3-1 | LTR-CAR의 영역과 하위 영역

영역	하위 영역
놀이 상호작용 (play interaction)	• 상징적 발달(symbolic development) • 사회적 게임 놀이하기(social game playing) • 지속과 탐색(persistence and exploration)
상호작용의 분위기 (interaction in tune)	• 공동 주의주기(joint attention) • 감정 공유(affect sharing) • 자기 규제(self-regulation) • 또래와의 놀이와 사회적 관계(peer play and social relationship)
표현적 의사소통 (expressive communication)	• 맥락에서의 소리와 단어(sound and words in cotext) • 대화의 규칙(rules of conversation) • 싫음/저항 표현하기(expresses protest) • 감정 표현하기(expresses feelings)
수용적 의사소통 (receptive communication)	• 반응적 상호작용(responsive interacting) • 타인의 감정 이해하기(understanding others' feelings) • 일상적 일과 이해하기(understanding routines) • 사물을 인식하고 알아보기(recognizes and identifies objects)
발현하는 문해 (emerging literacy)	• 책과 관련된 행동(book behavior) • 전 읽기(pre-reading) • 전 쓰기(pre-writing)

Dichtelmiller와 Ensler(2004)가 소개한 'The Ounce Scale'은 영아와 걸음마기 영아를 대상으로 하는 프로그램인 'The Visiting Nurse Services of New York'에서 사용한 것으로 5개 영역을 준거로 하여 평가한다. 5개 영역은 개인적 연대(personal connections), 자신에 대한 감정(feelings about self), 이해와 의사소통(understanding and communicating), 탐색과 문제해결(exploration and problem solving), 움직임과 협응(movement and coordination)으로 구성되어 있다.

Highscope 프로그램에서 평가를 위해 사용하는 'Infant-Toddler COR(the Child Observation Record for Infant and Toddlers)'는 생후 6주부터 36개월까지의 영아를 관찰하고 평가하는 준거(http://www.highscope.org/Content. asp?ContentId=85)인데 자아 개념(sense of self), 사회적 관계(social relations), 창의적 표상(creative representation), 움직임(movement), 의사소통과 언어(communication and language), 탐색과 초기 논리(exploration and early logic)의 6개 영역(28항목)으로 구성되어 있다. 한편 'Preschool COR'은 2.5세부터 6세까지의 유아를 관찰하고 평가하는 준거(http://www.highscope.org/Content.asp? ContentId=113)인데 주도성(initiative), 사회적 관계(social relations), 창의적 표상(creative representation), 움직임과 음악(movement & music), 언어와 문해(language & literacy), 수학과 과학(mathematics & science)의 6개 영역(32항목)으로 구성되어 있다.

Kagan, Moore와 Bredkamp(1995)는 'National Education Goal Panel'을 통해 영유아기 어린이의 발달과 학습은 신체적 안녕과 운동 기능 발달(physical well-being & motor development), 사회 · 정서 발달(socio-emotional development), 학습에 접근하는 방식(approaches toward learning), 언어 발달(language development), 인지와 일반적 지식(cognition and general knowledge)으로 나눌 수 있다고 제시하였다. '신체적 안녕과 운동기능 발달'에는 성장의 속도, 신체적 건강, 신체 생리가 포함되고, '사회 · 정서 발달'에는 자아 개념, 자기 존중감, 자기 효율성, 타인과의 관계 형성이 포함되고, '학습에 접근하는 방식'에는 도전하는 마음, 높은 수준의 동기유발, 지속성, 창의성, 반성적 능력이 포함되고, '언어 발달'에는 어휘 및 의미 이해하기, 말하기, 듣기, 읽기, 쓰기, 질문하기, 언어의 사회적이고 창의적인 사용이 포함되고, '인지와 일반적 지식'에는 상상력, 표상적 사고, 문제해결, 수 · 과학적 지식, 사회적 지식 등이 포함된다.

요약하면 위에서 살펴본 5개 준거는 실행하는 교육과정과 밀접한 관련이 있고, 발달, 교육과정, 또는 교과의 전 영역이 모두 준거로 사용되지 않기도 하고, 어린 연령과 좀 더 높은 연령의 유아로 나눠 각 시기에 성취해야 하는 발달 또는 학습의 특성을 반영하고 있으며, 영역의 명칭은 발달과 관련 없어 보이지만 하위 영역의 내용을 구체적으로 살펴보면 발달이 포함됨을 알 수 있다. 그러므로 영유아를 평가하는 준거를 결정할 때는 교육과정의 특성, 해당 연령 영유아의 특성, 그리고 발달적 특성을 활용함을 알 수 있다.

평가의 과정에서 첫 번째로 결정해야 하는 것은 어떤 준거를 기준으로 평가할 것인가이다. 본 장에서는 영유아를 평가하는 준거로 활용할 가능성이 높은 세 가지 준거와 각 준거를 사용하는 데 교사가 경험할 수 있는 장 · 단점을 알아보고자 한다.

1 영유아 평가 준거로서의 발달 영역

영유아 평가의 준거로 발달 영역을 활용하는 것의 가장 큰 장점은 오랜 시간 동안 이루어진 영유아의 발달에 관한 많은 연구의 결과로 영유아가 발달하는 과정에 대한 많은 정보가 축적되어 있다는 것이다. 첫째, 발달의 영역을 신체, 인지, 언어, 사회, 정서로 나누는 것과 각 발달의 영역에서 이루거나 학습해야 하는 내용에 대한 이견이 적다. 예를 들면, 예비 교사 교육과정에서 언어 발달에 대해 학습할 때 언어 발달의 이론과 함께 말하기, 듣기, 읽기, 쓰기의 발달이 어떤 과정을 거쳐 이루어지고, 그 과정에 영향을 미치는 다양한 요인이 무엇인지를 배운다. 따라서 평가의 준거로 발달을 활용할 때는 5개 영역과 각 영역별 하위 영역(즉, 각 발달 영역에서 핵심적인 영역)을 쉽게 결정할 수 있다. 둘째, 영유아기의 발달 과정에 대한 정보가 많기 때문에 특정 영유아를 어떤 준거에 비춰보았을 때 어느 정도의 발달을 성취하고 있는지 쉽게 평가할 수 있다. 예를 들어, 만 2세 영아가 큰 단추 잠그기에 어려움을 보이는 것은 정상적이므로 문제가 없는 상황이라는 판단이 가능하지만 만 5세 유아가 어려움을 보인다면 또래의 평균 유아에 비해 소근육 또는 소근육 협응 능력의 발달이 지연되고 있음을 판단할 수 있다. 평가에 있어서 중요한 것은 영유아의 행동을 기록한 후 그것을 가지고 분석하고 판단하는 것이다. 발달을 평가의 지표로 활용할 경우, 교사가 발달에 대한 지식만 있다면 그런 판단이 비교적 쉽기 때문에 정확한 평가를 할 수 있다. 셋째, 발달의 영역과 세부 영역은 일반적으로 다양한 맥락의 일상생활에서 쉽게 관찰할 수 있기 때문에 평가할 수 있는 자료나 증거를 확보하기가 비교적 쉽다. 예를 들면, 정서 발달 영역 중, 정서 인식의 세부 영역으로 아래 | 표 3-2 | 에 제시된 긍정적 정서(미소, 웃음)의 인식, 다양한 정서의 인식, 자신과 다른 사람의 감정 인식은 교사가 관심만 갖는다면 다양한 맥락과 활동을 통해 충분한 자료를 수집할 수 있다.

반면, 발달과 교육이 동의어가 아니듯이 영유아를 위한 교육기관의 목표는 정상적인 발달이 이뤄지도록 지원하는 것 이상이다. 그러나 발달만을 평가 준거로 삼을 경우 교육기관에서 이루어지는 교육적 성취에 대한 평가를 할 수 없게 되거나 교육적 관점에서는 그리 중요하지 않은 것을 포함시키게 된다. 예를 들면, 자조기술에 포함되는 먹기, 입기, 씻기, 화장실 사용하기 등은 대·소근육의 발달, 협응 능력의 발달, 사회적 관습 및 기대에 대한 이해 발달, 기억력이나 판단력 같은 인지 능력의 발달 등의 결과로 얻어진다. 비록 교육과정에는 신체운동·건강(누리과정), 기본생활(표준보육과정)에 포함되지만 발달적으로 보면 여러 영역의 발달이 통합되어 나타난 능력이다. 발달만을 평가 준거로 삼을 경우 이런 영역에 대한 평가를 제외할 가능성이 있다. 반면, 발달 측면에서 볼 때 중요한 지표인 키나 몸무게의 발달 패턴이나 수면 패턴은 유아교육 또는 보육기관에서 교사가 영유아를 평가할 때 정상적인 발달 패턴에서 크게 벗어나지 않는 한 그리 중요한 지표가 아닐 수 있다.

우리나라에서 개발된 영유아 기본학습 능력 발달을 지원하기 위한 발달지도 프로그램(제주특별자치도 교육청, 2008)에는 신체 발달을 제외한 4개의 발달 영역과 하위 영역을 다음 | 표 3-2 | 와 같이 제시하고 있다.

| 표 3-2 | 발달의 영역과 하위 영역

영역	하위 영역	세부 영역	
언어	듣기	• 태도	• 이해/관심
	말하기	• 태도 • 문장 구성 • 이야기 구성	• 어휘 • 의사소통
	읽기	• 지각 • 이해 • 문학작품 즐기기	• 지식 • 태도/습관
	쓰기	• 지각 • 문해적 표현	• 지식 • 신체적 조절 및 태도
인지	감각기관 활용	• 눈-손 협응 • 변별	• 탐색
	기억	• 청각 기억	• 시각 기억
	개념 형성	• 수 개념 • 규칙성	• 측정 개념 • 공간 및 도형 개념
	문제해결	• 문제 상황에 대한 인식 • 찾은 방법대로 적용하기	• 문제해결 방법 찾기 • 적용한 방법 공유하기

▼ 〈계속〉

| 표 3-2 | 〈계속〉

영역	하위 영역	세부 영역	
사회	자아 개념	• 자아 이해 • 긍정적 자아 개념	• 정체성 • 자신감
	사회적 관계	• 타인 이해 • 협동 • 성인과의 안정적인 관계 형성	• 또래와의 관계 형성 • 친사회적 행동
	도덕성의 기초	• 질서 • 예절	• 절제(절약)
	사회적 지식	• 지역에 대한 관심 및 이해 • 다양한 문화에 대한 관심	• 경제생활에 대한 관심
정서	정서 인식	• 긍정적 정서(미소, 웃음)의 인식 • 자신과 다른 사람의 감정 인식	• 다양한 정서의 인식
	정서표현	• 긍정적 정서(미소, 웃음)의 표현 • 자신의 정서 표현	• 다양한 정서의 표현
	정서 조절	• 화가 났을 때 또래 혹은 보호자의 위로에 반응 • 분노 상황에서 자기 조절 • 흥분이 되는 놀이 활동 후 스스로 조절 • 실망스런 상황에서 자기 조절	
	감정이입	• 다른 사람의 감정적 반응에 적절히 반응하기 • 다른 사람이 화가 났을 때 위로하기	

위의 프로그램에서 제외된 신체 발달 영역을 영유아 발달 관련 교재(Berk, 2009)를 참고로 제시하면 다음과 같다. 자조 기술과 건강, 영양, 안전은 영유아의 발달에 초점을 둔 지표가 아니나 교육적 가치가 높은 지표이므로 포함하여 제시하였다.

| 표 3-2 | 〈계속〉

영역	하위 영역	세부 영역	
신체	대근육의 통제와 협응	• 머리와 몸의 통제와 협응 • 이동(예 달리기, 걷기, 오르기 등) 및 비이동 동작(예 돌기, 던지기, 잡기 등)의 통제와 협응 • 이동 및 비이동 동작의 협응(예 제자리에서 돌다 달리기)	
	소근육의 통제와 협응	• 손과 손가락의 통제와 협응	• 눈과 손 및 손가락의 협응
	자조기술의 발달	• 성인의 지원에 대한 협조(예 먹기, 입기, 화장실/씻기, 정리 · 정돈, 잠자리 정돈, 식사 준비 시) 및 독립적인 수행 능력	
	건강, 영양, 안전	• 건강, 영양, 안전에 대한 이해, 태도 및 실천	

2 영유아 평가 준거로서의 누리과정 또는 표준보육과정

우리나라는 국가 수준의 교육과정이 운영되는 소수의 국가 중 하나이다. 만 3~5세 유아를 대상으로는 누리과정이, 만 2세 이하의 영아를 대상으로는 표준보육과정이 운영되고 있는데 모두 생활 영역을 중심으로 구성되어 있다. 유치원 또는 어린이집에서 영유아를 평가할 때 누리과정 또는 표준보육과정을 준거로 삼아 평가하는 것은 여러 가지 장점이 있다.

① 누리과정 또는 표준보육과정의 목표와 평가 간의 일관성을 유지할 수 있다.

각 급 학교의 목표는 교육과정의 목표를 달성하는 것이고, 교육과정은 학생이 그 사회에서 현재뿐만 아니라 미래에 살아갈 수 있는 지식, 태도 또는 능력을 갖게 하는 것을 목표로 개발되고 실행된다. 따라서 교육과정을 준거로 영유아를 평가하는 것은 교육과정 목표와 영유아 평가 영역 간의 일관성을 최대화할 수 있다는 장점이 있다.

② 교육기관의 질을 평가하는 증거로도 사용될 수 있다.

유치원 평가나 어린이집 평가인증 지표에서는 누리과정 또는 표준보육과정을 정상적으로 운영하는지 살펴보고 있다. 누리과정 또는 표준보육과정을 준거로 한 영유아 평가 결과가 전반적으로 긍정적이라면 누리과정 또는 표준보육과정 운영 수준이 양호하다는 간접적인 증거가 될 수 있다.

③ 누리과정 또는 표준보육과정을 개선하는 데 활용할 수 있다.

만약 기관의 영유아 대부분이 준거의 특정 영역에서 발전을 보이지 않거나 평가할 자료가 없다면 교사가 그 영역과 관련된 교육과정을 미숙하게 운영하였거나 운영하지 않았기 때문에 발생한 결과일 수 있다. 그러므로 평가의 결과를 바탕으로 교육과정의 어떤 영역을 개선하는 데 초점을 두어야 할지 판단할 수 있다.

우리나라 누리과정 또는 표준보육과정의 구성 특성에 기인하는 평가의 어려움도

있다(| 표 3-3 | 과 | 표 3-4 | 의 평가 관련 특이 사항 참조). 교육과정이 생활 영역에 따라 능력과 태도를 중심으로 기술되기도 하고(예 신체운동 · 건강 영역), 생활주제에 따라 활동이 전개되는 내용 지식을 중심으로 기술되기도 하고(예 사회관계), 특정 경험의 단계에 따라 기술(예 예술경험)되기도 한다(김희진 · 박은혜 · 신은수 · 이지현, 2010). 또한 교육과정을 운영하기에 적절한 용어로 되어 있기 때문에 평가 측면에서는 해석의 모호함이 내재되어 있다. 따라서 누리과정 또는 표준보육과정을 평가의 준거로 삼기 위해서는 아래에 제시된 평가의 어려움을 교사가 해결해야 하는 추가적인 과제가 있다.

① 평가의 측면에서 볼 때 정확한 정의가 없는 영역이 많다.

어떤 것을 준거로 평가할 때는 그 준거가 의미하는 바가 명확해야 한다. 발달을 준거로 할 때 '정서 조절' 이란 용어를 보면 '긍정적 또는 부정적 정서를 상대나 상황에 맞게 적절히 표현하거나 조절하는 능력' 이라는 명확한 개념을 떠올릴 수 있다. 이렇게 용어의 개념이 명확하면 영유아가 다양한 정서를 표현하거나 조절하는 것을 보고 수준을 평가하기가 쉽다.

그러나 누리과정 또는 표준보육과정에서 사용된 용어는 그렇지 않은 경우가 많다. 예를 들면, '관심 가지기' 로 표현된 내용이 많이 있는데 어떻게 하는 것이 관심을 갖는 것인지에 대한 명확한 설명이 교육과정에는 제시되어 있지 않다. [의사소통〉 쓰기]에서 만 4세는 '쓰기 도구에 관심가지고 사용해 보기' , 만 5세는 '쓰기 도구의 바른 사용법을 알고 사용하기' 로 표현되어 있는데 관심을 갖는다는 것이 '각종 쓰기 도구를 관심 있게 보는 것' , '다른 사람이 쓰는 것을 관심 갖고 보는 것' , '쓰기 도구의 용도나 사용법에 대해 묻는 것' , '쓰기 도구를 쓰기의 용도로는 써서는 안 되고 그리기 같은 다른 용도로 쓰는 것' 또는 '위의 것 모두' 같은 다양한 해석이 가능하다. 비슷하게 '흥미 가지기' 와 '관심 가지기' 로 표현된 내용도 있는데(예 읽기에 흥미 가지기, 책 읽기에 관심 가지기) 흥미와 관심의 차이는 무엇인지, 흥미를 가진다는 것과 관심을 가진다는 것의 행동적 의미가 무엇인지에 대한 설명도 없다. 따라서 평가의 준거로 누리과정 또는 표준보육과정을 활용하기 위해서는 용어가 의미하는 바를 명확히 하는 작업이 선행되어야 한다.

② 특수한 상황에서만 자료를 수집할 수 있는 내용이 많다.

평가란 다양한 맥락과 상황에서 자료를 수집한 후 각 영유아에 대한 일반적이고, 전반적이고, 평균적인 판단을 하는 것이다. 그런데 일어날 가능성이 희박한 특수한 상황이거나 한두 번만 발생할 가능성이 있는 상황에서만 자료 수집이 가능한 내용이라면 정확한 평가가 어렵다. 예를 들면, [신체운동 · 건강〉 안전하게 생활하기〉 비상시 적절하게 대처하기]는 비상 상황이 발생하지 않으면 평가할 수 없는 내용이다. 교육과정 측면에서는 비상시 적절하게 대처하는 방법과 관련된 내용을 다양한 활동이나 예방 훈련을 통해 다루면 되기 때문에 문제가 없지만 평가 측면에서는 문제가 발생한다. 주기적으로 하도록 되어 있는 화재대피 훈련이나 비상대피 훈련에서 영유아가 보이는 행동을 보고 유추할 수 있겠으나 정확한 평가라고는 할 수 없다.

③ 교사가 직접 관찰하기 어려운 상황에서만 평가가 가능한 내용이 많다.

참평가의 핵심은 자연스런 상황에서 평가 대상자가 수행하는 것을 평가자가 직접 보고 판단하는 것이다. 그런데 누리과정 또는 표준보육과정의 어떤 내용은 평가자가 관찰하기 어려운 상황에서의 수행과 관련 있다. 예를 들면, [사회관계〉 가족을 소중히 여기기〉 가족과 화목하게 지내기 또는 가족과 협력하기]는 영유아가 가정에서 생활하는 모습을 볼 때 가장 잘 평가할 수 있다. 가족에 관한 생활주제, 가족 구성원이 참여하는 행사에서의 모습, 평상시 영유아가 가족에 대해 말하는 내용, 주말 발표 등을 통해서도 추측을 할 수는 있지만 참평가의 측면에서 볼 때는 정확한 평가가 이루어지기 어렵다.

④ 특정한 생활주제에서만 자료를 수집할 수 있는 내용이 많다.

예를 들면, [누리과정〉 사회관계〉 사회에 관심 갖기의 지역사회, 우리나라, 세계 여러 나라에 대해 관심가지고 이해하기]의 내용은 각각 지역사회, 우리나라, 세계 여러 나라의 생활주제를 진행하지 않으면 평가할 자료를 구하기 어렵다. 물론 교사가 일상생활에서 주의 깊게 살펴보거나 특별한 국가적 행사가 있을 경우 관련된 자료를 확보할 수는 있다. 그러나 현실적으로 많은 교사가 생활주제를 진행하면서 평가 자료를 수집하는 경우가 더 많기 때문에 평가를 위한 자료를 수집한다 해도 제한된 시점과 상황에서의 자료만 수집될 가능성이 높기 때문에 정확한 평가가 어려울 수 있다.

⑤ 교사가 교육 활동을 통해 영유아가 수행할 기회를 주지 않는다면 평가할 수 없는 내용이 많다.

평가할 준거와 관련된 활동을 영유아가 전혀 할 기회가 없다면 교사도 평가할 수 있는 자료를 수집할 수 없는데, 누리과정 또는 표준보육과정에는 그런 영역이 많이 있다. 예를 들면, [신체운동 · 건강〉 신체 활동에 참여하기〉 바깥에서 신체 활동하기나 기구를 이용하여 신체 활동하기], [예술경험〉 예술적 표현하기〉 통합적으로 표현하기]나 [예술경험〉 예술 감상하기〉 다양한 예술 감상하기] 같은 내용은 교사가 실외놀이 기회를 주지 않거나 적절한 신체 활동 놀이 기구를 제공하지 않거나 음악, 무용, 미술의 요소가 포함된 통합적 표현하기와 관련된 활동을 하지 않거나, 다양한 예술을 감상하는 기회를 제공하지 않는다면 평가할 수 없는 내용이다.

따라서 누리과정 또는 표준보육과정을 준거로 평가하기 위해서는 교사로서 사전 작업이 필요하다. 대표적인 것으로는 누리과정 또는 표준보육과정 측면이 아닌 평가의 측면에서 용어의 정의를 분명히 하기, 특정한 상황이나 직접 관찰할 수 없는 상황에서 자료를 수집해야 하는 경우에 대한 대안 마련하기, 특정 생활주제에서만 집중적으로 자료 수집할 수 있는 내용에 대한 대안 마련하기, 그리고 평가 준거와 관련된 자료가 모두 수집될 수 있도록 광범위한 활동 계획하기 등의 준비가 필요하다.

다음은 평가의 준거로 사용될 만 3~5세를 위한 누리과정(|표 3-3|)과 0~만 2세를 위한 표준보육과정(|표 3-4|)의 평가 관련 특이 사항을 정리한 것이다.

| 표 3-3 | 누리과정 영역과 평가 관련 특이 사항

영역	내용 범주	내용			평가 관련 특이 사항*
		만 3세	만 4세	만 5세	
신체운동 · 건강	건강하게 생활하기	• 몸과 주변을 깨끗이 하기			–
		• 바른 식생활 하기			–
		• 건강한 일상생활 하기			–
		• 질병예방 하기			–
	안전하게 생활하기	• 안전하게 놀이하기			–
		• 교통안전 규칙 지키기			②, ③
		• 비상 시 적절히 대처하기			②
	신체 인식하기	• 감각 능력 기르고 활용하기			–
		• 신체를 인식하고 움직이기			–
	신체 조절과 기본 운동하기	• 신체 조절하기			–
		• 기본 운동하기			–
	신체 활동에 참여하기	• 자발적으로 신체 활동에 참여하기			–
		• 바깥에서 신체 활동하기			⑤
		• 기구를 이용하여 신체 활동하기			⑤
의사소통	듣기	• 낱말과 문장 듣고 이해하기			–
		• 이야기 듣고 이해하기			–
		• 동요, 동시, 동화 듣고 이해하기			⑤
		• 바른 태도로 듣기			–
	말하기	• 낱말과 문장으로 말하기			–
		• 느낌, 생각, 경험 말하기			–
		• 상황에 맞게 바른 태도로 말하기			–
	읽기	• 읽기에 흥미 가지기			①
		• 책 읽기에 관심 가지기			①
	쓰기	• 쓰기에 관심 가지기			①
		• 쓰기 도구 사용하기			②

▼ 〈계속〉

| 표 3-3 | 〈계속〉

영역	내용 범주	내용			평가 관련 특이 사항*
		만 3세	만 4세	만 5세	
사회관계	나를 알고 존중하기	• 나를 알고, 소중히 여기기			–
		• 나의 일 스스로 하기			–
	나와 다른 사람의 감정 알고 조절하기	• 나와 다른 사람의 감정 알고 표현하기			–
		• 나의 감정 조절하기			–
	가족을 소중히 여기기	• 가족과 화목하게 지내기			③, ④
		• 가족과 협력하기			③, ④
	다른 사람과 더불어 생활하기	• 친구와 사이좋게 지내기			–
		• 공동체에서 화목하게 지내기			–
		• 사회적 가치를 알고 지키기			①, ③
	사회에 관심 갖기	• 지역사회에 관심 갖고 이해하기			④, ⑤
		• 우리나라에 관심 갖고 이해하기			④, ⑤
		• 세계와 여러 문화에 관심 가지기			④, ⑤
예술경험	아름다움 찾아보기	• 음악적 요소 탐색하기			–
		• 움직임과 춤 요소 탐색하기			–
		• 미술적 요소 탐색하기			–
	예술적 표현하기	• 음악으로 표현하기			⑤
		• 움직임과 춤으로 표현하기			⑤
		• 미술 활동으로 표현하기			⑤
		• 극놀이로 표현하기			⑤
		• 통합적으로 표현하기			⑤
	예술 감상하기	• 다양한 예술 감상하기			④, ⑤
		• 전통예술 감상하기			④, ⑤

▼ 〈계속〉

| 표 3-3 | 〈계속〉

<table>
<tr><th rowspan="2">영역</th><th rowspan="2">내용 범주</th><th colspan="3">내용</th><th rowspan="2">평가 관련 특이 사항*</th></tr>
<tr><th>만 3세</th><th>만 4세</th><th>만 5세</th></tr>
<tr><td rowspan="13">자연탐구</td><td rowspan="3">탐구하는 태도 기르기</td><td colspan="3">• 호기심을 유지하고 확장하기</td><td>①</td></tr>
<tr><td colspan="3">• 탐구과정 즐기기</td><td>①</td></tr>
<tr><td colspan="3">• 탐구기술 활용하기</td><td>①</td></tr>
<tr><td rowspan="5">수학적 탐구하기</td><td colspan="3">• 수와 연산의 기초 개념 알아보기</td><td>①</td></tr>
<tr><td colspan="3">• 공간과 도형의 기초 개념 알아보기</td><td>①</td></tr>
<tr><td colspan="3">• 기초적인 측정하기</td><td>⑤</td></tr>
<tr><td colspan="3">• 규칙성 이해하기</td><td>⑤</td></tr>
<tr><td colspan="3">• 기초적인 자료 수집과 결과 나타내기</td><td>⑤</td></tr>
<tr><td rowspan="4">과학적 탐구하기</td><td colspan="3">• 물체와 물질 알아보기</td><td>④, ⑤</td></tr>
<tr><td colspan="3">• 생명체와 자연환경 알아보기</td><td>④, ⑤</td></tr>
<tr><td colspan="3">• 자연현상 알아보기</td><td>④, ⑤</td></tr>
<tr><td colspan="3">• 간단한 도구와 기계 활용하기</td><td>④, ⑤</td></tr>
</table>

* ①~⑤는 교육과정과 보육과정의 구성 특성에 기인하는 평가의 어려움에 제시된 항목(p. 46~48)을 의미함

| 표 3-4 | 표준보육과정과 평가 관련 특이 사항

영역	내용 범주	내용		평가 관련 특이 사항*
		만 2세 미만	만 2세	
기본생활	건강하게 생활하기	• 몸을 깨끗이 하기 • 즐겁게 먹기 • 건강한 일상생활 하기	• 몸을 깨끗이 하기 • 바르게 먹기 • 건강한 일상생활 하기 • 질병에 대해 알기	①
	안전하게 생활하기	• 안전하게 지내기 • 위험한 상황에 반응하기	• 안전하게 놀이하기 • 교통안전 알기 • 위험한 상황 알기	①, ②
신체운동	감각과 신체 인식하기	• 감각적 자극에 반응하기 • 감각기관으로 탐색하기 • 신체 탐색하기	• 감각 능력 기르기 • 감각기관 활용하기 • 신체를 인식하고 움직이기	①
	신체조절과 기본운동 하기	• 신체 균형 잡기 • 대근육 조절하기 • 기본운동 하기	• 신체 균형 잡기 • 대근육 조절하기 • 소근육 조절하기 • 기본 운동하기	①, ⑤
	신체 활동에 참여하기	• 몸 움직임 즐기기 • 기구를 이용하여 신체 활동 시도하기	• 신체 활동에 참여하기 • 바깥에서 신체 활동하기 • 기구를 이용하여 신체 활동하기	①, ⑤
사회관계	나를 알고 존중하기	• 나를 구별하기 • 나의 것 인식하기	• 나를 구별하기 • 좋아하는 것 해보기	–
	나와 다른 사람의 감정 알기	• 나의 감정을 나타내기 • 다른 사람에게 주의 기울이기	• 나의 감정을 나타내기 • 다른 사람의 감정에 반응하기	①
	더불어 생활하기	• 안정적인 애착 형성하기 • 또래에 관심 갖기 • 자신이 속한 집단 알기 • 사회적 가치를 알기	• 내 가족 알기 • 또래와 관계하기 • 자신이 속한 집단 알기 • 사회적 가치를 알기	③, ④

▼ 〈계속〉

| 표 3-4 | 〈계속〉

영역	내용 범주	내용		평가 관련 특이 사항*
		만 2세 미만	만 2세	
의사소통	듣기	• 주변의 소리와 말소리 구분하여 듣기 • 경험과 관련된 말 듣고 알기 • 운율이 있는 말 듣기 • 말하는 사람을 보기	• 말소리 구분하여 듣고 의미 알기 • 짧은 문장 듣고 알기 • 짧은 이야기 듣기 • 말하는 사람을 주의 깊게 보기	①
	말하기	• 발성과 발음으로 소리내기 • 표정, 몸짓, 말소리로 말하기 • 말할 순서 구별하기	• 낱말과 간단한 문장으로 말하기 • 자신이 원하는 것을 말하기 • 상대방을 바라보며 말하기	–
	읽기	• 그림책과 환경 인쇄물에 관심 가지기	• 그림책과 환경 인쇄물에 흥미 가지기	①
	쓰기	• 끼적이기	• 끼적이며 즐기기	–
자연탐구	탐구하는 태도 기르기	• 사물에 관심 가지기 • 탐색 시도하기	• 호기심 가지기 • 반복적 탐색 즐기기	①
	수학적 탐구하기	• 수량 지각하기 • 주변 공간 탐색하기 • 차이를 지각하기 • 간단한 규칙성 지각하기	• 수량 인식하기 • 공간과 도형에 관심 가지기 • 차이에 관심 가지기 • 단순한 규칙성에 관심 가지기 • 구분하기	①, ⑤
	과학적 탐구하기	• 물체와 물질 탐색하기 • 주변 동 · 식물에 관심 가지기 • 주변 자연에 관심 가지기 • 생활 도구 탐색하기	• 물체와 물질 탐색하기 • 주변 동 · 식물에 관심 가지기 • 자연을 탐색하기 • 생활 도구 사용하기	①, ⑤
예술경험	아름다움 찾아보기	• 예술적 요소에 호기심 가지기	• 예술적 요소 탐색하기	①, ⑤
	예술적 표현하기	• 리듬 있는 소리로 반응하기 • 단순한 미술 경험하기 • 모방행동 즐기기	• 리듬 있는 소리와 노래로 표현하기 • 움직임으로 표현하기 • 자발적으로 미술 활동 하기 • 모방과 상상 놀이 하기	①, ⑤
	예술 감상하기	• 아름다움 경험하기	• 아름다움 즐기기	①, ⑤

* ①~⑤는 교육과정과 보육과정의 구성 특성에 기인하는 평가의 어려움에 제시된 항목(p. 46~48)을 의미함

3 영유아 평가 준거로서의 핵심 능력: 발달, 교육, 교과의 통합

외국의 경우 교육과정을 구성하는 내용으로 핵심 역량(예 OECD), 발달(예 발달에 적합한 실제), 또는 학습 기준(예 미국의 각 주에서 제시한 기준)(김희진 외, 2010)이 제시되고 있다. 이 중 발달, 교육 및 교과 내용 지식을 모두 포함하고, 특정 연령대에 발달하거나 학습해야 하는 핵심적인 태도, 지식, 능력, 기술을 반영한 영역의 명칭을 사용하는 미국의 예를 간단히 살펴보고자 한다. 대표적인 용어로는 공통 핵심 기준(common core standards)을 사용하고, 주마다 조금씩 달리 표현하여 조기 학습 기준(early learning standards; 조지아 주, 텍사스 주 등)이나 학습과 발달 안내(early learning and development guidelines; 워싱턴 주, 메인 주 등)라는 용어를 사용한다. 앞서 언급한 바와 같이 우리나라 누리과정 또는 표준보육과정의 특성으로 인해 평가의 준거로 사용할 때 어려움을 겪기도 한다. 미국의 사례를 통해 발달과 학습이 통합되고, 수학, 과학, 사회과 영역 같은 교과 내용 지식이 반영되고, 평가가 용이하도록 기준이나 안내가 제시된 것을 살펴봄으로써 시사점을 얻을 수 있다.

공통 핵심 기준을 영유아 평가의 준거로 활용하는 것의 가장 큰 장점은 첫째, 발달, 교육, 교과 내용 지식이 모두 반영되어 있기 때문에 발달 또는 교육과정 영역만을 평가준거로 채택했을 때 발생할 수 있는 어려움이 어느 정도는 해결된다는 것이다. 예를 들면, 아래 | 표 3-5 | 에 제시된 '신체적 안녕과 운동기능 발달' 은 발달을 중심으로 하는 지표에 포함되는 '운동기능 발달' 과 교육을 강조하는 지표에서 포함되는 '신체적 안녕' 이 모두 반영된 영역이다. 또한 '인지와 일반적 지식' 은 발달을 중심으로 하는 지표에서 간과하는 교과 내용 지식을 포함한다. 또한 교육을 중심으로 하는 지표에서 특정 생활주제(예 사회과 관련 지식 중 나, 가족, 지역사회, 우리나라, 세계 여러 나라)를 중심으로 전개하고 평가하게 되는 교과 내용 지식을 다양한 생활 주제, 활동, 맥락에서 다루고 평가할 수 있게 한다.

둘째, 특정 연령대에 핵심적으로 습득해야 하는 다양한 능력, 지식, 태도 등을 반

영한 명칭을 사용하기 때문에 교사가 특정 연령대에는 어떤 것이 중요한 과업인지 알 수 있다는 장점이 있다. 예를 들면, 아래 | 표 3-5 | 에 제시된 '학습에의 접근'은 영유아기 교육의 핵심 개념을 상징한다 할 수 있다. 즉, 영유아기는 교과 내용 지식을 가르치거나 초등학교 준비 교육을 하는 것이 아니라 성공적인 학습에 핵심 요소라고 여겨지는 주도성, 참여와 인내, 창의성이 발달하도록 지원하는 것임을 강조한다.

셋째, 각 영역의 요소 또는 주제에는 각 영역별 핵심 내용이 제시되어 있어서 교사가 교육할 때뿐만 아니라 평가할 때도 중요한 하위 영역을 모두 포함시킬 수 있다. 예를 들면, 아래 | 표 3-5 | 에 제시된 '사회 · 정서 발달〉 자신' 의 목표를 달성하기 위해서 교사는 각 영유아가 정서의 인식과 표현 능력, 긍정적인 자아 개념, 스스로를 안정시킬 수 있는 능력, 자기 규제 능력, 자기 유능감을 발달시키도록 교육적 지원을 해야 함을 알 수 있고, 평가할 때도 자아 개념 같은 한 측면이 아니라 위에 제시된 5가지 측면에서 평가해야 함을 알 수 있다.

대표적인 사례로 2012년 개정된 출생부터 만 5세 영유아를 위한 오하이오 주 기준(Ohio Early Learning and Development Standards)을 자세히 살펴보고자 한다.

| 표 3-5 | 미국 오하이오 주의 조기 학습과 발달 기준

영역(domain)	요소(strand)	주제(topic)
학습에의 접근 (approaches toward learning)	주도성 (initiative)	• 주도성과 호기심(initiative and curiosity) • 계획, 행동, 반성(plan, action, reflection)
	참여와 인내 (engagement & persistence)	• 주의(attention) • 인내(persistence)
	창의성 (creativity)	• 혁신과 창안(innovation and invention) • 예술을 통한 생각과 감정 표현(expression of ideas and feelings through the arts)
언어와 문해 발달 (language and literacy development)	듣기와 말하기 (listening and speaking)	• 수용적 언어와 이해(receptive lang. and comprehension) • 표현적 언어(expressive lang.) • 사회적 의사소통(social communication)
	읽기 (reading)	• 초기 읽기(early reading) • 읽기 이해(reading comprehension) • 유창성(fluency) • 인쇄 개념(print concepts) • 음운 인식(phonological awareness) • 낱자와 단어 인식(letter and word recognition)
	쓰기 (writing)	• 초기 쓰기(early writing) • 쓰기 과정(writing process) • 쓰기 적용과 작문(writing application and composition)
신체적 안녕과 운동기능 발달 (physical well-being and motor development)	운동기능 발달 (motor development)	• 대근육 발달, 균형과 협응(large muscle, balance, and coordination) • 소근육 발달: 만지기, 잡기, 닿기, 조작하기(small muscle: touch, grasp, reach, manipulate) • 입운동(oral-motor) • 감각운동(sensory motor)
	신체적 안녕 (physical well-being)	• 신체 인식(body awareness) • 신체 활동(physical activity) • 영양(nutrition) • 자조(self-help) • 안전 실천(safety practice)
사회 · 정서 발달 (social and emotional development)	자신 (self)	• 정서의 인식과 표현(awareness and expression of emotion) • 자아 개념(self-concept) • 자기 달램(self-comforting) • 자기 규제(self-regulation) • 유능감(sense of competence)
	관계 (relationships)	• 애착(attachment) • 성인과의 상호작용(interactions w/adults) • 또래 상호작용과 관계(peer interactions and relationships) • 공감(empathy)

▼ 〈계속〉

| 표 3-5 | 〈계속〉

<table>
<tr><th>영역(domain)</th><th colspan="2">요소(strand)</th><th>주제(topic)</th></tr>
<tr><td rowspan="17">인지와 일반적 지식 (cognition and general knowledge)</td><td colspan="2">인지적 기술 (cognitive skills)</td><td>• 기억(memory)
• 상징적 사고(symbolic thought)
• 추론과 문제해결(reasoning and problem-solving)</td></tr>
<tr><td rowspan="5">수학</td><td>수감각 (number sense)</td><td>• 수감각과 수세기(nubmer sense and counting)</td></tr>
<tr><td>수관계와 조작 (number relationships and operations)</td><td>• 수관계(number relationships)</td></tr>
<tr><td>대수(algebra)</td><td>• 집단과 범주화(group and categorize)
• 패턴(patterning)</td></tr>
<tr><td>측정과 자료 (measurement and data)</td><td>• 측정 가능한 속성의 묘사와 비교(describe and compare measurable attributes)
• 자료 분석(data analysis)</td></tr>
<tr><td>기하 (geometry)</td><td>• 공간 관계(spatial relationships)
• 도형의 구별과 묘사(identify and describe shapes)
• 도형의 분석, 비교, 만들기(analyze, compare, and create shapes)</td></tr>
<tr><td rowspan="5">사회과</td><td>자신(self)</td><td>• 사회적 정체성(social identity)</td></tr>
<tr><td>역사(history)</td><td>• 역사적 사고와 기술(historical thinking and skills)
• 역사적 유산(heritage)</td></tr>
<tr><td>지리 (geography)</td><td>• 공간적 사고와 기술(spatial thinking and skills)
• 인간 체계(human systems)
• 규칙과 법(rules and laws)</td></tr>
<tr><td>경제 (economics)</td><td>• 결핍(scarcity)
• 생산과 소비(production and consumption)</td></tr>
<tr><td>정부 (government)</td><td>• 시민으로서의 준비와 기술(civic preperation and skills)
• 규칙과 법(rules and laws)</td></tr>
<tr><td rowspan="4">과학</td><td>과학적 탐구와 적용(science inquiry and application)</td><td>• 탐구(inquiry)
• 원인과 결과(cause and effect)</td></tr>
<tr><td>지구와 우주 과학 (earth and space science)</td><td>• 자연세계의 탐색(explorations of the natural world)</td></tr>
<tr><td>물리 과학 (physical science)</td><td>• 에너지 탐구(explorations of energy)</td></tr>
<tr><td>생명 과학 (life science)</td><td>• 생물에 대한 탐구(explorations of living things)</td></tr>
</table>

요약하면 평가의 과정에서 첫 번째로 결정해야 하는 것은 어떤 준거를 기준으로 평가할 것인가이다. 본 장에서는 영유아를 평가하는 준거로 활용할 가능성이 높은 세 가지 준거와 각 준거를 사용하는 과정에서 교사가 경험할 수 있는 장·단점을 알아보았다. 교사가 지도하는 영유아의 연령, 기관의 특성, 운영하는 교육과정의 특성, 교사로서의 선호 등을 고려하여 가장 적절한 준거를 선택하거나, 선택한 후 각 교사의 상황에 맞게 수정하여 적용하려는 노력이 필요하다.

연습 3-1

- 본 장에서 제시된 3가지 평가의 준거 중 가장 적절하다고 판단되는 준거 하나를 선택한다.
- 개인 또는 집단으로 다음의 사항에 대해 평가하거나 보완한다.
  - 각 준거의 하위 내용에 제시된 용어 중 이해가 어려운 용어가 있다면 명확히 정의한다.
  - 각 준거의 하위 내용에 추가할 것이 있다면 추가한다.
  - 각 준거의 하위 내용의 배치가 수정되어야 한다고 생각하는 것(예 다른 영역으로 이동하여 배치)이 있으면 수정한다.

연습 3-2

- 현재 근무하고 있는 기관에서 사용하는 평가 준거가 있다면, 본 장에서 제시된 준거를 참고로 하여 수정 또는 개선해 본다.

Chapter 4

효율적인 평가를 위한 전략

앞서 살펴본 평가의 목적을 달성하고, 정해진 평가 준거를 기준으로, 평가의 각 단계에서 효율적으로 자료를 수집하고 분석하기 위해서 다음에 제시되는 몇 가지 전략을 활용할 수 있다. 이 전략은 영유아를 대상으로 하는 평가라는 것과 교사가 교육현장에서 하는 평가라는 것 때문에 특히 중요하다.

상급 학교 학생을 대상으로 하는 평가와 달리, 영유아를 대상으로 하는 평가는 발달 특성으로 인해 집단으로 한 번에 표준화된 검사나 시험을 실시할 수 없다. 따라서 일상적인 학급 맥락에서 영유아가 평가 받는다는 느낌을 받지 않도록 자연스럽게 개별적으로 평가하는 방법을 모색할 필요가 있다. 아무것도 하지 않고 평가 자료 수집에만 집중할 수 있는 외부 평가자와는 달리 교사는 수업을 하면서 동시에 평가 자료를 수집해야 하기 때문에 최대한 효율적이고 신속하고 정확하게 자료를 수집해야 한다.

■ 일상생활, 자유선택 활동, 대 · 소집단 활동을 통한 자료 수집

교사는 학급 전체를 총괄하면서 수업을 담당하기 때문에 평가 자료를 수집하기 위해 따로 시간을 내거나 영유아끼리 놀게 한 후 학급 한쪽에 머물면서 자료만 수집해서는 안 된다. 어떤 교사는 부모와의 면담일이 가까워 오면 대 · 소집단 수업만 하고 자유선택 활동 시간에는 영유아를 거의 방치한 채 자료만 수집하기도 하는데, 이것은 교사로서 절대 해서는 안 되는 행동이다.

교사가 미리 계획만 한다면 영유아가 일상생활, 자유선택 활동, 대 · 소집단 활동 시간에 하는 말이나 행동을 중심으로 자료를 수집해도 정확한 자료를 수집할 수 있다. 예를 들면, 영아의 대근육 발달과 협응 능력을 평가하기 위해 계단을 오르내리는 장면에서 자료를 수집하기로 했다고 가정해 보자. 따로 시간을 내면서 영유아를 방치하는 교사는 영아를 한 명씩 데리고 나가 계단을 올라가게 하고 다시 내려오게 한 후 기록하는 방법을 선택한다. 그러나 효율적으로 자료를 수집하는 교사는 일과 중 다른 장소로 이동하는 전이 시간에 전체 영아가 계단을 오르내리는 것을 관찰한다. 대부분의 영아가 잘한다면 미숙한 영아를 중심으로 기록하고, 아직 대부분의 영아가 미숙하다면 잘 하는 영아를 중심으로 기록한다. 모든 영아가 계

단 오르내리기에 능숙해진 상황이라면 특이한 방식으로 오르내리는 영아만 기록할 수 있다. 다음의 | 예 4-1 |은 자유선택 활동 시간과 대·소집단 활동 시간에 영유아를 평가하기 위한 자료 수집 계획을 수립한 예이다.

| 예 4-1 | 자유선택 활동과 대·소집단 활동 중의 평가 자료 수집 계획(만 4세 학급의 예)

평가 맥락	자유선택 활동	대·소집단 활동
평가 준거	예술경험〉 예술적 표현하기〉 음악으로 표현하기	
계획	• 학급 유아의 명단이 적힌 기록지 준비 • 음률 영역을 가끔씩 보면서 기록지에 그 영역에서 노는 유아 표시 • 음률 영역에서 노는 유아가 음악으로 표현하는 수준이나 정도를 일화 기록이나 평정표로 기록 • 다른 영역(예 극화 놀이)에서 놀면서 노래 부르거나 놀잇감을 악기 삼아 연주하는 것을 관찰하면 기록지에 표시	• 노래 부르기로 주의집중을 할 때 얼마나 즐겁게 몰입해서 참여하는지 기록 • 새노래 배우기 시간에 참여하는 모습 기록 • 노래가 포함된 다른 활동(예 동극)에서 참여하는 모습 기록 [참고] 수업을 하면서 관찰하는 것이므로 특이 사항을 중심으로 기록(예 수업 직후 매우 즐겁게 참여하거나 전혀 참여하지 않는 유아를 중심으로 표시)
비고	• 하루에 모든 유아에 대한 자료를 수집할 수 없으므로 2~3일 동안 자료를 수집할 계획을 세움 • 2~3일의 기간에도 전혀 음악적 표현하기에 대한 자료를 관찰할 수 없었던 유아는 음악적 표현에 관심이 없거나 참여할 기회가 없었다는 의미이므로 추가적인 지원 계획을 세울 필요 있음	

연습 4-1

- 일상생활, 자유선택 활동, 대·소집단 활동을 활용하여 평가 자료 수집 계획을 수립한다.
- 평가 준거: 일상생활, 자유선택 활동, 대·소집단 활동에 대해 동일한 평가 준거를 설정하거나 각기 다른 평가 준거를 설정한다.
- 비고: 명심하거나 특이할 만한 사항이 있으면 기록한다.
- 소집단 토의: 평가를 위한 계획 수립 과정에서 개개인이 느낀 어려움이 발견한 사항을 나누고 각 계획이 향상될 수 있는 방안에 대한 조언을 한다.

▼ 〈계속〉

| 연습 4-1 | 〈계속〉

평가 맥락	일상생활	자유선택 활동	대 · 소집단 활동
평가 준거			
계획			
비고			

*동일한 평가 준거를 사용할 경우에는 표의 '평가 준거' 란에 같은 준거를 기입하고, 다른 평가 준거를 사용할 경우에는 평가 맥락에 따라 사용한 평가 준거를 기입한다.

■ 다양한 사람의 관점이 반영된 자료 수집

교사가 영유아를 평가할 때는 객관적인 관점에서 평가 자료를 수집하고 분석해야 한다는 것은 당연한 전제이다. 그러나 교사는 지도하는 영유아와 오랜 시간을 함께 보냈기 때문에 각 영유아에 대해 고정관념을 가지기도 한다. 예를 들면, 특정 영유아에 대해 '똑똑한 아이', '부산스러운 아이', '마음이 여린 아이', '화가 나면 평상시와 다른 행동을 하는 아이' 등의 평을 하는 것을 들을 수 있다. 이런 고정관념은 교사가 평가를 위한 자료를 수집하고 분석하는 데 부정적인 영향을 미친다. 학술적 연구에서도 연구자는 영유아에 대해 교사, 부모, 또래 친구로부터 정보를 수집하는 방법을 통해 특정 영유아에 대한 가장 정확한 자료를 수집하려고 노력한다.

학급에 한 명 이상의 교사가 근무할 경우 교사별로 평가할 분야를 나눠서 전체 업무량을 줄일 수 있지만, 특정 분야에 대해서는 모든 교사가 평가하여 교사 간의 시각차가 존재하는지 또는 맥락/시간대에 따라 영유아의 행동이 달라지는지를 알아볼 수 있다. 예를 들면, 영유아의 연령이 어릴수록 한 학급에 여러 명의 교사가 근무하고, 기관 운영 시간이 길수록 시간대별로 담당하는 교사가 다를 수 있다. 또한 기관의 분위기에 따라 교사 이외의 직원(예 양호 교사, 영양사)도 영유아와 접촉이 잦아 영유아에 대한 유용한 정보를 그들로부터 얻을 수 있다. 따라서 가능하면 다양한 정보

원으로부터 평가 정보를 수집하고 그들의 해석을 반영하도록 노력해야 한다. 다음의 | 예 4-2 |는 2명의 교사가 함께 담당하는 학급에서 영유아를 평가하기 위한 자료 수집 계획을 수립한 예이다.

| 예 4-2 | 2명의 교사에 의한 소집단 활동에서의 평가 자료 수집 계획(만 3세 학급의 예)

평가자	교사 1	교사 2
평가 맥락	소집단 활동: 이야기 나누기	
평가 준거	의사소통〉 듣기, 의사소통〉 말하기	
계획	• 교사가 말할 때 집중해서 주의 깊게 듣는지 평가 • 또래가 발표할 때 집중해서 주의 깊게 듣는지 평가 • 교사의 말이나 지시를 이해하는지 평가 • 유아가 사용하는 어휘나 단어의 양과 수준 평가 • 적절한 길이의 문장으로 말하는지 평가 • 타인이 이해할 수 있게 말하는지 평가 • 자신이 말하고자 하는 생각, 느낌, 경험을 잘 표현하는지 평가	
비고	• 두 명의 교사가 한 평가가 유사한지 비교 • 만약 유사하지 않다면 이야기 나누기의 내용이나 소집단 이야기 나누기 때 참여한 유아의 특성 등 다른 요소의 영향인지 아니면 교사의 시각 차이 때문인지 검토	

연습 4-2

- 식당에서 급식을 하거나 영유아가 주방으로 간식이나 급식을 가지러 가는 경우가 많아 주방에서 일하는 분(예 영양사나 조리사)과 영유아가 접촉할 기회가 많은 기관이라고 가정한다.
- 평가 준거: 주방에서 일하는 분들이 영유아에 대해 알 수 있다고 판단되는 행동과 관련 있는 준거를 설정한다.
- 소집단 토의: 평가를 위한 계획 수립 과정에서 개개인이 느낀 어려움이나 발견한 사항을 나누고 각 계획이 향상될 수 있는 방안에 대한 조언을 한다.

평가자	교사	주방 인력
평가 맥락		
평가 준거		
계획		
비고		

■ 편견이 배제된 자료 수집

다양한 사람의 관점이 반영된 자료 수집의 장점 중 하나가 편견의 영향이 감소한다는 것이지만, 자료 수집에 기여한 모든 사람이 편견을 가졌다면 오히려 부정확한 자료가 수집될 수 있다. 교사가 영유아나 그들의 부모와 상호작용하면서 서서히 갖게 된 긍정적 또는 부정적 선입견, 교사의 철학 또는 교육관, 교사의 교직 경험이나 기관의 정책 등이 평가를 위한 자료를 수집할 때 무의식적으로 영향을 미치게 된다. 예를 들면, 평소 공격적인 성향을 보인 유아가 또래의 놀잇감을 뺏는 것을 보면 그렇지 않은 유아가 같은 행동을 했을 때 보다 교사는 민감하게 반응하고 더 부정적으로 기록(예 친구를 세게 밀치며 사납게 놀잇감 뺏음 vs. 친구로부터 놀잇감 뺏음)하게 된다. 교사로서 100% 객관적으로 평가하는 것은 불가능하지만 교사의 선입견이나 편견이 작용할 수 있음을 충분히 인식하고 가능하면 객관적으로 관찰하고 기록하도록 유의해야 한다.

연습 4-3

- 영유아의 행동에 대한 자료를 수집하고 분석하는 과정에서 자신의 선입견이나 편견이 작용했던 사례 또는 작용할 것 같은 사례를 기술한다.
- 소집단 토의: 어떤 선입견이나 편견이 작용했는지, 긍정적 영향과 부정적 영향 중 어떤 영향이 더 빈번할 것으로 예상하는지, 어떤 준거에 대한 자료를 수집할 때 선입견이나 편견의 영향이 강할지, 선입견이나 편견이 작용하지 않도록 어떤 노력을 할 수 있는지에 대해 토론한다.

■ 다양한 맥락에서의 자료 수집

영유아를 비롯한 모든 인간의 행동은 그 행동이 일어나는 맥락의 영향을 받는다. 우리는 문화나 민족 또는 살고 있는 지역 같이 크거나 넓은 범주의 사회 · 문화적 환경만 맥락이라고 생각하는 경향이 있다. 그러나 유아교육 또는 보육기관에서 영유아가 경험하는 다양한 환경이나 특정 활동을 할 때의 영유아의 심리적 또는 신체적 상태도 맥락이 될 수 있다. 예를 들면, 함께 활동하는 또래의 특성에 따라 놀이 수준이 달라지고, 참여하는 활동에 대한 영유아의 선호에 따라 집중도가 달라지고, 활동 자체의 친숙도에 따라 숙련도가 달라지고, 영유아의 기분에 따라 또래의 공격적 행동에 대한 반응이 다르게 나타날 수 있다.

또한 교사들은 특정 준거(예 창의성)는 특정 맥락에서만 주로 발현된다고 생각하여 한 가지 대표적인 맥락에서만 자료를 수집하는 경향이 있다. 예를 들면, 창의성은 미술 활동이나 음악 활동 같은 예술 관련 활동을 통해 평가하려 하고, 문제해결 능력은 인지 관련 활동을 통해서만 평가하려는 경향이 있다. 그러나 창의성은 예술적 분야 이외에서도 발현될 수 있고 문제해결 능력도 인지적 분야 이외에서도 발현될 수 있다.

교사는 다양한 맥락에서 자료를 수집하고 평가하도록 노력해야 하며 특정 맥락이 영향을 미친다고 생각될 때는 그에 관한 정보도 함께 기록한 후 모든 것을 종합적으로 고려하여 평가해야 한다. 다음의 | 예 4-3 | 은 특정 준거와 관련된 평가 자료가 수집될 수 있는 다양한 맥락을 고려하여 계획을 수립한 예이다.

| 예 4-3 | 다양한 맥락을 고려한 평가 자료 수집 계획(만 4세의 예)

평가 준거	예시 1: 자조 능력	예시 2: 창의성
다양한 맥락에서의 평가계획	• 급 · 간식에서의 자조 능력 • 옷/신발 입고 벗기에서의 자조 능력 • 씻기나 용변보기에서의 자조 능력 • 정리 · 정돈에서의 자조 능력 • 낮잠에서의 자조 능력	• 음악 활동에서의 창의성 • 미술 활동에서의 창의성 • 동작 활동에서의 창의성 • 언어적 창의성 • 동시, 동화 짓기 및 극화 활동에서의 창의성 • 문제해결에서의 창의성 또는 • 선호하는 활동 vs. 선호하지 않는 활동에서의 창의성 • 자발적으로 한 활동 vs. 교사가 시켜서 한 활동에서의 창의성 • 혼자 하는 활동 vs. 함께 하는 활동에서의 창의성

연습 4-4

- 평가 준거: 평가하기를 원하는 준거를 선택한다. 준거는 발달 또는 연령에 따라 누리과정/표준보육과정의 준거를 사용한다.
- 연령: 평가하기를 원하는 연령을 선택한다. 어떤 준거는 연령과 관계없이 다양한 맥락에서 평가할 수 있지만 어떤 준거는 연령에 따라 자료를 수집할 수 있는 맥락이 다를 수 있다(예 만 1세 미만 영아의 자조기술은 위의 예에 있는 맥락에서 평가할 수 없다.).
- 평가 맥락: 선택한 준거에 관한 평가 자료를 수집할 수 있는 모든 맥락을 열거한다.
- 소집단 토의: 평가를 위한 계획 수립 과정에서 개개인이 느낀 어려움이나 발견한 사항을 나누고, 각 준거의 평가를 위한 추가적인 자료 수집 맥락이 있는지 살펴본다.

평가 준거	준거 1	준거 2
연령	만 세	만 세
다양한 맥락에서의 평가계획		

■ 반복적이고 정기적인 자료 수집

반복적이라 함은 한 번 이상 자료를 수집한다는 의미이고 정기적이라 함은 반복적으로 자료 수집을 할 때 정해진 일정한 기간을 두고 자료를 수집한다는 의미이다. 수업, 행정 처리, 행사, 부모와의 의사소통 같이 반복되는 업무를 수행하다 보면 영유아 평가를 위해 반복적이고 정기적으로 자료를 수집하는 것이 현실적으로 어렵다. 부모와의 면담을 앞두고 자료를 한 번 수집한 후 평가하거나, 영유아의 작품 같은 자료는 빈번히 수집하는 반면 특정 개념과 관련된 자료는 한 번 수집하고 마는 경우도 있다.

앞서 강조한 바와 같이 영유아 평가는 다양한 목적을 위해 실시된다. 영유아의 현재 상태를 이해하는 것만이 목적이라면 한 번의 평가로도 충분하겠지만 일정 기간 동안 어떻게 변화했는지 이해하려면 반드시 반복적이고 정기적으로 자료를 수집해야 한다. 가장 바람직한 것은 수시로 기회가 될 때마다 자료를 수집하는 것이다. 예를 들면, 영유아의 또래관계를 파악하기 위해 다양한 맥락에서 또래관계를 이해할 수 있는 자료로 사용할 수 있다고 판단될 때마다 기록하는 것이 가장 바람직하다. 친한 친구와 놀 때, 또래와 놀 때, 2~3명으로 구성된 적은 수의 집단에서 놀 때와 많은 영유아로 구성된 집단에서 놀 때, 동성친구와 놀 때와 이성친구와 놀 때 등을 꾸준히 살펴보면 어떻게 또래 관계가 발전되는지 가장 잘 이해할 수 있다. 그러나 많은 준거에 대한 자료를 지속적으로 수집하는 것은 현실적으로 어려울 수 있으므로 일정 기간을 두고 적어도 2~3번 관찰하는 대안을 활용할 수 있다. 예를 들면, 1학기 초와 1학기 말 또는 2학기 초, 그리고 2학기 말로 나누어 같은 행동에 대해 3번 정도 평가하면 유아가 변화하고 발전한 과정을 이해하는 데 도움이 된다.

그렇다면 정기적으로 평가할 때 모든 준거에 대한 자료를 동시에 수집해야 하는가? 모든 평가 준거에 대한 평가 자료를 같은 시기에 수집하는 것은 현실적으로 불가능할 뿐만 아니라 그럴 필요도 없다. 각 준거의 특성을 이해한 후 자료 수집 시기를 정하면 정확한 자료를 효율적으로 수집할 수 있다. 예를 들면, 누리과정의 [사회관계〉 다른 사람과 더불어 생활하기〉 사회적 가치를 알고 지키기]는 그 학급에서 지켜야 할 약속에 대한 결정이 이루어진 이후나 실외로 현장학습이나 관찰을 자주 가는 시기에 자료를 수집하는 것이 더 효율적일 뿐만 아니라 정확한 자료를 수집할 수 있다. 또 누리과정의 [사회관계〉 사회에 관심 갖기]는 지역사회, 우리나라, 세계 여러 나라와 관련된 주제를 진행한 후에 자료를 수집하는 것이 효율적일 것이다. 반면 어떤 준거는 자료 수집 시기와 큰 연관성이 없고 다만 반복적이고 정기적으로 자료를 수집하면 충분하다. 다음의 |예 4-4|는 앞서 제시한 |예 4-3|(p. 66)을 활용하여 자료 수집 시기에 대한 근거를 제공한 것이다.

| 예 4-4 | 준거의 특성을 고려한 자료 수집 시기에 대한 계획(만 2세의 예)

평가 준거	예시 1: 자조 능력	예시 2: 창의성
자료 수집의 다양한 맥락	• 급 · 간식에서의 자조기술 • 옷/신발 입고 벗기에서의 자조 능력 • 씻기나 용변보기에서의 자조 능력 • 정리 · 정돈에서의 자조 능력 • 낮잠에서의 자조 능력	• 음악 활동에서의 창의성 • 미술 활동에서의 창의성 • 동작 활동에서의 창의성 • 언어적 창의성 • 동시, 동화 짓기 및 극화 활동에서의 창의성 • 문제해결에서의 창의성 또는 • 선호하는 활동 vs. 선호하지 않는 활동에서의 창의성 • 자발적으로 한 활동 vs. 교사가 시켜서 한 활동에서의 창의성 • 혼자 하는 활동 vs. 함께 하는 활동에서의 창의성
자료 수집의 적절한 시기	• 위에 서술된 다양한 자조 능력이 발현한 직후와 각 능력이 그 연령 또래의 평균 수준이 되었을 때 기록 또는 • 1학기 중반과 2학기 중반	• 자료를 수집해야 하는 특정한 시기 없음 • 각 분야에서의 창의성에 대한 자료를 수집하면 자연스럽게 반복적인 자료 수집 가능함

연습 4-5

- | 연습 4-4 | (p. 67)의 평가 계획을 활용할 수도 있다.
- 평가 준거: 평가하기를 원하는 준거를 선택한다. 준거는 발달 또는 누리과정/표준보육과정의 준거를 사용한다.
- 평가 시기: 선택한 준거의 특성을 고려하여 평가할 수 있는 시기를 제시한다.
- 소집단 토의: 평가를 위한 계획 수립 과정에서 개개인이 느낀 어려움이나 발견한 사항을 나누고, 각 준거를 평가하기 위한 더 적절한 시기가 있는지 살펴본다.

평가 준거	준거 1	준거 2
자료 수집의 적절한 시기		

■ 반복적으로 일어나는 규칙적인 패턴을 찾는 데 중점을 두는 자료 수집

반복적이고 정기적으로 자료를 수집하면 다양한 시점과 상황에서 영유아가 특정 준거와 관련해서 보인 행동에 대한 자료를 수집할 수 있다. 교사로서 영유아에 대한 정보를 기록할 때는 해당 영유아의 일상적이고 평균적인 모습을 기록하는 데 초점을 둘 수도 있고 특이하거나 일상적이지 않은 모습을 기록하는 데 초점을 둘 수도 있다. 예를 들면, 친구와 나누는 것을 아직 어려워하는 만 4세 유아가 어느 날 또래에게 놀잇감을 양보했을 때 이것을 기록해야 할까? 아니면 기록하지 말아야 할까? 만 5세 유아가 창작율동에서 평소와 다르게 매우 창의적인 표현을 했다면 어떻게 해야 할까? 또는 부모와 헤어질 때마다 심하게 울던 만 1세 영아가 어느 하루만 울지 않고 잘 헤어졌다면 어떻게 해야 할까? 발달이나 교육과정 목표 측면에서 의미 있는 상황이기 때문에 모두 기록해야 할까?

기록 여부를 판단하기 위해 몇 가지 고려해야 할 점이 있다. 첫째, 또래와 비교할 때 어려웠던 유아가 양보했을 때 일시적인 현상인지 아닌지를 판단해야 한다. 나누는 것이 발달적으로 약간 늦었던 유아가 긍정적인 방향으로 발달한 것인지를 알아보기 위해서는 시간을 두고 다양한 상황에서 관찰해야 한다. 만약 발달적으로 진보한 것이라면 유아의 성장과 발달을 보여주는 증거이므로 기록할 가치가 있다.

둘째, 양보한 것이 특정 상황에서 반복되는 것인지 판단할 필요가 있다. 예를 들면, 친한 친구에게만 양보하거나 기분이 좋을 때만 양보하거나 교사가 부탁할 때만 양보할 수 있는데, 이런 특성은 유아에게서 규칙적으로 발견되는 특성이기 때문에 기록할 가치가 있다. 규칙적으로 발견되는 패턴은 영유아 발달과 학습의 개인적 특성을 이해하는 데 도움이 될 뿐만 아니라 이를 활용해 교사로서 지원 계획(예 친한 친구에게 양보하는 것을 칭찬해 주고 덜 친한 친구에게 양보할 기회를 제공하는 것)을 세울 수 있기 때문이다.

셋째, 평가의 목적과는 무관하게 특이하거나 재미있어서 기록하는 것인지 판단할 필요가 있다. 교사는 부모에게 증거로 보여주기에 좋거나, 보기에 재미있거나, 해당 영유아를 아주 뛰어나게 또는 아주 뒤처지게 보이게 하는 사례를 기록하는 경우도 있다. 만약 이런 특이하거나 재미있는 사례가 무작위로 발생한 것이라면 기록할 가

치가 없다. 이런 사례만 기록되고 그것을 바탕으로 분석한다면 영유아에 대한 정확한 평가는 불가능하기 때문이다.

연습 4-6

- 지도하거나 관찰하는 학급의 영유아에 대한 기록 5개를 선정한다.
- 그 행동을 왜 기록했는지 적어 본다.
- 소집단 토의: 그 기록이 영유아의 일상적 행동에 관한 것인지 또는 특이한 무작위적 행동에 관한 것인지 생각해 본다.

선정한 영유아의 연령		만 세	
선정한 기록 요약		기록한 이유	일상 vs. 무작위 행동
1			
2			
3			
4			
5			

■ 다양한 수준의 정보를 제공하는 자료 수집

영유아를 평가하기 위한 자료를 수집할 때 성공과 발전을 보여주는 자료와 부족함과 발전이 필요한 분야를 보여주는 자료를 모두 수집해야 한다. 어떤 교사는 가르치는 영유아의 발전과 성공을 볼 때 기쁘고 교사로서 보람도 느끼게 되므로 성공과 발전을 보여주는 자료를 중심으로 수집한다. 반면 어떤 교사는 가르치는 영유아의 발전을 지원하여야 한다는 사명감에 부족함이나 발전할 분야를 보여주는 자료를 중심으로 수집하기도 한다. 그러나 영유아를 전체적으로 이해하고 지원하기 위해서는 두 가지 수준의 자료 모두를 수집할 필요가 있다. 다양한 수준의 정보를 주는 자료를 수집하는 좋은 방법은 발달의 전 영역 또는 누리과정 및 표준보육과정 전 영역에 대한 자료를 수집하는 것이다. 미리 정해진 준거 없이 기록하고 싶은 것만 기록할 때는 긍정적 또는 부정적 측면의 자료만 치우치게 수집할 가능성이 높다.

연습 4-7

- 지도하거나 관찰한 학급 영유아 한 명에 대한 기록 10개를 선정한다.
- 각 기록이 성공이나 발전을 보여주는 정보인지 실패나 부족함을 보여주는 정보인지 평가한다.
- 소집단 토의: 한 유형의 정보가 더 많았다면 그 이유를 생각해 본다.

선정한 영유아의 연령		만 세
선정한 기록 요약		성공/발전 vs. 실패/부족함
1		
2		
3		
4		
5		
6		
7		
8		
9		
10		

■ 영유아의 발달과 학습의 전 영역에 대한 자료 수집

앞서 언급한 다양한 수준의 정보를 제공하는 자료 수집이 각 영유아에 대한 긍정적 모습과 발전이 필요한 모습을 모두 보여주는 자료 수집에 관한 내용이라면, 발달과 학습의 전 영역에 대한 자료 수집은 각 영유아의 전체적인 모습을 보여주는 자료 수집에 관한 내용이다. 발달의 전 영역 또는 누리과정 및 표준보육과정의 전 영역이란 용어가 암시하듯이 영유아의 발달과 교육은 한 영역만 집중해서 지원하는 것이 아니라 모든 영역이 고루 발전할 수 있게 지원해야 한다. 마찬가지로 영유아에 대한 평가도 각 영유아의 전체적인 모습을 이해하기 위해 전 영역에 대한 자료를 수집해야 한다.

계획 없이 자료를 수집하거나, 하루를 보내면서 눈에 띄는 것을 중심으로 수집하거나, 손쉽게 모을 수 있는 것을 중심으로 수집하다보면 특정 영역의 자료는 지나치게 많고 다른 영역의 자료는 전혀 없는 경우가 생긴다. 예를 들면, 포트폴리오 활용이 성행하면서 교사는 영유아에게 자신이 그린 그림이나 절대 해서는 안 되는 학습지 형식의 과제를 수행한 것을 포트폴리오에 넣으라는 지시를 많이 한다. 교사가 따로 계획에 의해 자료를 수집하지 않고 포트폴리오에 넣어진 자료만 있다면 미술이나 교과 관련 내용에 관한 자료만 수집하게 된다. 또 [대 · 소근육 발달] 같이 눈에 잘 보이는 자료는 많이 수집하는 반면, 누리과정의 [사회관계〉 가족을 소중히 여기기] 같은 준거는 관찰할 기회도 적고 그 정도를 판단하기도 어렵기 때문에 자료가 전혀 수집되지 않을 수도 있다. 따라서 자료 수집 전에 영유아 발달과 학습의 전 영역에 대한 자료를 수집하기 위해 어떤 준거를 사용해서 언제, 어떻게 자료를 수집할지에 대한 계획을 세우는 것이 필수적이다(자료 수집을 위한 준거에 관한 상세한 내용은 제6장에 제시). 또한 수집한 자료는 모아두지 말고 즉시 준거별로 정리하고 분류하여 어떤 자료가 부족한지 지속적으로 파악하여 추가적인 수집 계획에 반영해야 한다. 다음의 예는 만 5세 남아의 포트폴리오에 있는 자료를 보여주는 자료이다. 2학기 말까지 10개의 자료만 수집되어 있고 대부분은 미술 활동과 관련된 자료이며 추후 평가를 위한 영역별 정리나 분석이 전혀 되어 있지 않음을 알 수 있다.

| 예 4-5 | 만 5세 남아의 포트폴리오에 2학기 말까지 수집된 자료

출석판 이름표	자신과 친구 이름 쓰기	자기 얼굴 그리기	야외학습 후 그림 그리기 1	야외학습 후 그림 그리기 2
			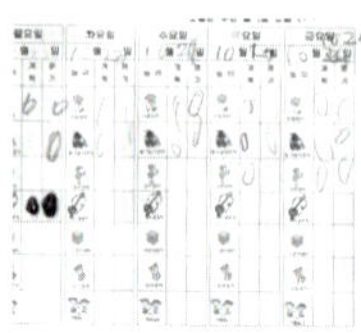	
추석 지낸 후 그림 그리고 쓰기	알파벳 이용한 그림 그리기	달의 변화 관찰	10월 4주의 놀이 계획 및 평가표	명화에 말풍선 채우기

수집된 자료의 특성

- 12월까지 적은 수의 평가 자료만 수집됨
- 대부분 미술 활동과 관련 있는 자료임
- 발달 또는 누리과정 영역을 포괄적으로 평가할 수 있는 자료가 부족함
- 대부분 학습지 형태의 기록지에 기록한 것임
- 학급의 다른 유아의 자료도 모두 동일함. 즉, 모든 유아에게 같은 학습지 형태의 자료를 주고 완성하게 한 후 포트폴리오에 보관한 것임

연습 4-8

- 지도하는 학급 영유아 한 명에 대해 수집한 모든 자료를 살펴보거나 포트폴리오에 수집된 자료를 살펴본다. 만약 학급을 방문하여 관찰하는 것이라면 관찰 기간 동안 적은 모든 정보나 자료를 나열해 본다.
- 한 명의 영유아에 대해 수집된 정보를 발달 영역, 누리과정 또는 표준보육과정 영역별로 분류해 본다.
- 소집단 토의: 특정 영역에 대한 자료가 많거나 적었다면 그 이유를 생각해 본다. 부족한 영역의 자료를 수집하기 위해 어떤 노력을 해야 하는지 토론한다.

교사가 한 명의 영유아에 대해 수집한 자료의 경우(포트폴리오 포함)			
선정한 영유아의 연령	만 세	성별	남아 또는 여아

발달 영역별 분류	영역	신체	인지	언어	사회	정서
	자료의 수					

또는

누리과정 영역별 분류	영역	신체운동 · 건강	의사소통	사회관계	예술경험	자연탐구
	자료의 수					

또는

표준보육과정 영역별 분류	영역	기본생활	신체운동	의사소통	사회관계	예술경험	자연탐구
	자료의 수						

학급을 방문하여 관찰한 경우			
선정한 영유아의 연령	만 세	성별	남아 또는 여아
관찰하여 수집 기록 요약(분류는 위의 표에 제공된 서식 활용함)			
1			
2			
3			
4			
5			
6			
7			
8			
9			
10			

■ 다양한 방법을 활용한 자료 수집

영유아를 평가할 수 있는 기본 자료를 수집하는 방법은 매우 다양하다. 영유아의 발달 특성이나 교육현장의 여건에 맞지 않는 방법(제5장 참조)을 제외하고는 다양한 방법을 활용할 수 있으나 특정 방법(예 영유아의 작품, 사진, 일화 기록, 평정)만 집중적으로 활용해서는 안 된다. 특정한 방법만 고집할 경우 자료 수집 방법에 내재된 단점 때문에 다양한 정보나 정확한 정보를 얻지 못할 수 있다. 예를 들면, 영유아의 작품만 수집하면 예술경험에 관한 정보는 많이 얻을 수 있지만 의사소통에 관한 정보는 얻기 힘들다. 또 특정 행동을 '한다'와 '안한다'로 표시하는 체크리스트의 경우 어느 정도하는지에 대한 정보를 얻을 수 없다.

수집된 자료로 어떤 준거를 평가해야 하는지, 어떤 상황에서 수집해야 하는 자료인지, 어떤 특성을 가진 영유아에 대한 자료를 수집해야 하는 것인지 등에 따라 특정 자료 수집 방법이 다른 방법보다 더 적절할 수 있다. 따라서 교사는 어떤 자료 수집 방법이 가장 정확한 자료를 효율적으로 수집할 수 있는지 고려하여 선택해야 한다(다양한 자료 수집 방법에 관한 상세한 내용은 제5장에 제시되어 있음). 위에 제시된 |예 4-5|(p. 74)를 보면 유아의 작품을 수집한 자료가 대부분으로 매우 한정적인 방법만 사용되었음을 알 수 있다.

연습 4-9

- 지도하는 학급 영유아 한 명에 대해 수집한 모든 자료를 살펴보거나 포트폴리오에 수집된 자료를 살펴본다. 만약 학급을 방문하여 관찰하는 것이라면 관찰 기간 동안 적은 모든 정보나 자료를 나열해 본다.
- 한 명의 영유아에 대해 수집된 정보가 어떤 방법으로 수집되었는지 분류해 본다.
- 소집단 토의: 특정 방법만 많이 사용되었다면 그 이유를 생각해 본다. 다른 방법으로 어떤 자료를 수집할 수 있는지 토론한다.

교사가 한 명의 영유아에 대해 수집한 자료의 경우(포트폴리오 포함)			
선정한 영유아의 연령	만 세	성별	남아 또는 여아

	방법	사용 횟수
사용한 방법과 사용 횟수	영유아의 다양한 작품이나 결과물 그대로 수집하는 방법 (예 그림, 학습지 형태의 종이, 글자 사전이나 써 놓은 결과물, 기분 표시판, 놀이 계획 및 평가 판 등)	
	간단한 메모나 일화 기록처럼 교사가 영유아의 행동을 기록하는 방법	
	영유아의 특정 행동이 나타났는지 또는 몇 회 나타났는지 세는 방법	
	영유아의 특정 행동의 정도를 평정하는 방법	
	(관찰자가 추가적으로 기록)	

학급을 방문하여 관찰한 경우			
선정한 영유아의 연령	만 세	성별	남아 또는 여아
관찰하여 수집 기록 요약(분류는 위의 표에 제공된 서식 활용함)			

1	
2	
3	
4	
5	
6	
7	
8	
9	
10	

■ 최소의 노력으로 최대한의 정보를 얻는 자료 수집과 분석

영유아를 이해하기 위해서는 많은 자료를 바탕으로 평가해야 하는데, 각 준거에 대한 모든 자료를 분리해서 수집한다면 교사는 1년 내내 수업할 시간도 찾지 못하고 평가 자료 수집에만 매달려야 할 것이다. 평가해야 할 준거에 대한 자료를 언제, 어떻게 수집할지 계획하는 것도 효율적인 자료 수집에 도움이 되지만, 수집한 자료에서 가능한 많은 준거에 대해 평가할 수 있는 정보를 추출하는 것도 도움이 된다. 예를 들어, 만 2세 영아가 그린 '내가 좋아하는 놀잇감'과 그린 것을 영아가 설명할 때 교사가 받아 적어 주면서 그림을 잘 그리는지와 어떤 놀잇감을 선호하는지에 대한 자료만 확보한다면 최소한의 정보만 얻는 것이다. 그림과 그림에 대한 이야기를 하는 것을 통해 창의력이 있는지, 그림으로 표상하는 능력은 어떤지, 그림에 대한 이야기를 할 때 단어를 나열하는 수준인지 아니면 짧지만 문장으로 이야기하는지, 하는 말은 논리적인지, 선호하는 놀잇감은 무엇인지, 말할 때 특이한 습관이 있는지, 어떤 색을 선호하는지 등에 대한 정보도 얻어낼 수 있다. 중요한 것은 교사가 가능한 많은 정보를 얻어내기 위해 다각적인 측면에서 정보를 분석하려고 노력하는 것이다. 다음의 | 예 4-6 | 은 만 2세 학급에서 색점토를 가지고 노는 두 영아의 행동으로부터 얻을 수 있는 정보의 예이다.

| 예 4-6 | 점토 활동에서 추출할 수 있는 다양한 정보의 예(2명의 만 2세 영아의 예)

수집된 자료	 • 만드는 동안 서로가 만드는 것에 대해 이야기 나눔 • 서로 만드는 것에 대해 관심을 보임	남아(왼쪽)	• 여러 가지 색을 섞어서 둥글게 만든 후 무지개 아이스크림이라 칭함 • 빨대에 아이스크림을 올려놓았을 때 구부러지자 수수깡으로 바꿈 • 아이스크림을 대본 후 자신의 아이스크림이 더 크다고 말함
		남아(오른쪽)	• 자신의 아이스크림은 ㅇㅇ(실제 아이스크림 이름)이라고 말함 • 아이스크림을 대보고 자신의 아이스크림이 더 크다고 말함
분석	관련 표준보육과정 영역	발달 영역 측면에서의 분석	
	• 신체운동〉 신체 조절과 기본운동하기〉 소근육 조절하기 • 의사소통〉 듣기〉 짧은 문장 듣고 알기 • 의사소통〉 말하기〉 자신이 원하는 것 말하기 • 사회관계〉 더불어 생활하기〉 또래와 관계하기 • 예술경험〉 예술적 표현하기〉 자발적으로 미술 활동하기 • 자연탐구〉 수학적 탐구하기〉 수량 인식하기	남아(왼쪽)	• 신체: 대략의 원을 만들 만큼의 소근육 조절이 가능 • 인지 1: 사물의 무게(아이스크림)와 그것을 받쳐주는 사물 간의 관계(빨대 vs. 수수깡)에 대한 이해 있음 • 인지 2: 무지개가 여러 색으로 구성됨을 이해하고 표상 가능 • 인지 3: 크기를 부피/무게(아이스크림 자체의 크기/무게) 차원에서 이해 • 인지 4: 비교할 때 '대 보아야' 함을 이해(즉, 바닥에 대고 맞춰 보아야 함을 이해) • 언어 1: 비교와 관련된 어휘 사용 가능 • 언어 2: 대화할 때 주고받는 규칙 이해 • 사회: 또래의 존재 인식, 하는 놀이에 관심 보임, 같은 주제(아이크림의 크기)로 잠깐의 상호작용 가능
		남아(오른쪽)	• 신체: 상동 • 인지 2: 실제 사물(실제 아이스크림 이름)의 표상 가능 • 인지 3: 크기를 길이(아이스크림의 높이) 차원에서 이해 • 인지 4: 상동 • 언어: 2가지 모두 상동 • 사회: 상동

연습 4-10

- 다음에 제시된 자료 또는 개인적으로 수집한 자료에서 가능한 많은 정보를 추출한다.
- 평가 준거: 영유아의 연령에 따라 표준보육과정 또는 누리과정의 준거를 사용하거나 발달 영역을 준거로 사용하여 분석한다(아래의 일화 기록을 이용하려면 누리과정 사용).
- 소집단 토의: 평가 준거가 맞는지, 정확한 분석을 했는지, 추가적으로 추출할 정보는 없는지에 대해 살펴본다.

일화 기록			
유아 이름	나○○		
성별	남	연령	만 5세
관찰 일시	20○○년 ○월 ○일	장면	등원

수집된 자료		
수집된 자료	• 등원하면서 얼음조각을 주워 와 신을 벗고 장 위에 두려고 함 • 원감선생님이 "장 위에 그냥 두고 가면 어떻게 될까?" 하고 질문함 • 모르겠다고 답하자 가지고 가서 담임선생님께 보여드리라고 원감선생님이 권유함 • 활동실로 들어서며 교사에게 "선생님 수수께끼요." 하면서 "나는 아주 차요." 라고 함 • 교사가 다른 유아와 이야기하고 있는 중이었기 때문에 "잠깐만!" 했지만, 기다리지 않고 재차 질문함 • 교사가 "얼음!" 하자 얼음을 보여주면서 "씻어 올게요." 하며 화장실로 향함 • 잠시 후 빈손으로 나와 이름표를 걸러 가는 것을 보고 교사가 "얼음은?" 하자 "얼음?"이라 되물으며 의아한 표정을 지음	
구분	누리과정	발달 영역 측면에서의 분석
분석		

■ 일관된 기준에 의한 기록과 분석

제대로 된 평가를 위해서는 자료를 정확히 기록하는 것과 분석하는 것 모두 중요하다. 자료 기록과 분석 측면에서 볼 때 일화기록법(| 예 4-6 |, p. 79 참조) 같이 발생한 것을 일단 기록한 후 나중에 분석하는 방법이 있고 평정 척도처럼 기록과 분석을

동시에 하는 방법이 있다. 예를 들면, 다양한 분야에서의 자조 능력을 관찰한 후 그대로 기록(예 만 18개월인 ㅇㅇ는 급식 시간에 숟가락으로 떠서 혼자 먹으나 국물은 많이 흘림)하지 않고 그 정도를 1(매우 부족함)에서 5(매우 뛰어남)로 평정, 즉 분석하여 기록하는 것이다. 이 때 교사마다 사용하는 기준은 다음과 같이 다양할 수 있다.

- 교사 1: 담당하는 학급 영유아 전체의 능력을 기준으로 1~5점 중에서 배정함(이 경우 학급 전체 영유아들은 1~5점까지의 점수를 고루 받음)
- 교사 2: 담당하는 학급 영유아의 연령(예 만 4세)에서 발달적으로 기대할 수 있는 수준을 기준으로 1~5점 중에서 배정함(이 경우 학급 영유아의 자조 능력이 전반적으로 느리다면 낮은 점수를 받는 영유아가 많고 전반적으로 빠르다면 높은 점수를 받는 영유아가 많을 수 있음)
- 교사 3: 담당하는 학급 영유아에게 기대하는 수준이 높아 낮은 점수를 받는 영유아가 전반적으로 많음
- 교사 4: 담당하는 학급 영유아에게 기대하는 수준이 낮아 높은 점수를 받는 영유아가 전반적으로 많음
- 교사 5: 자신의 기분이나 영유아에 대한 선입견의 영향을 받아 같은 수준의 행동을 보여도 영유아마다 다른 점수를 배정함

교사 1부터 교사 4는 각기 다른 기준을 사용하나 일관된 기준을 사용하고 있다. 보통 한 명의 교사가 한 학급의 영유아를 모두 평가하는 것이기 때문에 교사가 가진 기준의 종류나 기준의 높고 낮음은 학술연구에서와 달리 큰 문제가 되지 않는다. 물론 교사 3이나 4와 같이 기대 수준이 너무 높거나 낮은 경우 영유아의 자조 능력이 발달하도록 지원할 때 문제를 야기할 수 있다. 왜냐하면 기대가 너무 높은 경우는 영유아에게 무리한 요구를 할 수 있고, 반대로 너무 낮을 경우는 적절한 자조 능력 발달을 저해할 수 있기 때문이다.

그러나 평가 측면에서 볼 때, 학급에서 문제가 되는 것은 교사 5와 같이 유아마다 다른 기준을 적용해서 평가를 하는 경우이다. 이런 종류의 문제 발생을 막기 위해서는 교사가 한 가지 기준을 세우고 그 기준을 일관되게 적용해서 분석하는 것

이 중요하다. 교사의 기준이 다른 교사보다 약간 높거나 낮더라도 그 기준을 유지한다면 영유아의 발달 정도나 영유아 간의 개인차가 그 학급 내에서는 정확히 포착되기 때문이다.

연습 4-11

- 다음은 먹기와 관련된 자조 능력이 0세부터 만 3세까지 발달하는 추이를 요약한 것이다.
- 소집단 토의: 아래 연령의 영유아를 지도한 경험이 있다면 아래의 발달 추이 중 수정이 필요한 부분이 있는지 살펴보고 추가한다. 자신이 기대하는 수준이 아래의 일반적 발달 추이보다 높은지 또는 낮은지 알아보고 그 이유에 대해 토론한다.

0세	만 1세
• 모유 수유할 때 고개 돌려 젖 찾기 • 우유병에 손대기 • 우유병 잡기 • 손가락 음식(finger food: 영아가 손바닥으로 잡기 쉬운 굵기와 길이로 자른 음식, 예 성인 손가락 굵기의 당근이나 과자)을 손 전체로 잡고 입으로 가져감 • 숟가락을 손 전체로 잡고 입으로 가져가려 함 • 훈련용 컵 사용하기 시작 • 추가: • 추가: • 추가: • 추가: • 추가:	• 조금 흘리나 훈련용 컵 사용함 • 수저 사용하나 흘림 • 먹을 때 여전히 손가락 사용 • 추가: • 추가: • 추가: • 추가: • 추가:
2세	**만 3세**
• 숟가락을 사용해 혼자 먹음 • 가끔 흘리긴 하나 일반 컵을 사용함 • 포크를 사용해 음식을 집음 • 작은 주전자에 담긴 물을 두 손을 사용해 잡고 큰 컵에 따름 • 추가: • 추가: • 추가: • 추가: • 추가:	• 거의 흘리지 않고 혼자 먹음 • 숟가락과 포크를 사용함(훈련용 젓가락 사용) • 작은 물통에서 물을 흘리지 않고 컵에 따름 • 지나치게 부드러운 빵이 아니라면 빵에 잼을 바름 • 추가: • 추가: • 추가: • 추가: • 추가:

연습 4-12

- 평가를 위해 자료를 수집할 준거를 하나 선정한다(예 감정 조절/누리과정의 [예술경험〉 예술적 표현하기〉 통합적으로 표현하기]).
- 평가할 영유아의 연령을 결정한다.
- 선정한 준거에 대해 1~5점을 배정한다고 가정할 때 각 점수를 배정하는 기준을 설정한다. 예를 들어, 누리과정의 [예술경험〉 예술 감상하기〉 전통예술 감상하기]에 대한 평정을 할 때 유아가 어떤 태도, 행동, 또는 말을 해야 1점부터 5점까지를 배정할 것인지 구체적인 태도, 행동, 말의 예를 활용하여 기준을 설정한다.
- 소집단 토의: 서로의 기준을 비교하고 유사점과 차이점, 그리고 그 이유에 대해 토론한다.

선정한 준거				
영유아의 연령	만 세			
1점	2점	3점	4점	5점

연습 4-13

- 한 학급에 한 명 이상의 교사가 있거나 두 명이 짝을 지어 영유아를 관찰할 수 있다면 같은 영유아를 함께 관찰한다.
- 다음은 누리과정의 [의사소통〉 말하기〉 상황에 맞게 바른 태도로 말하기]를 평가하기 위해 수집할 수 있는 유아의 행동 예시이다(제시된 행동의 예를 삭제 또는 추가하거나 다른 준거를 설정하여 관찰할 행동을 나열할 수 있다).
- 평가할 영유아의 연령을 결정한다.
- 두 사람이 한 명의 영유아에 대해 함께 기록한 후 결과를 비교한다.
- 소집단 토의: 서로의 기준을 비교하고 유사점과 차이점, 그리고 그 이유에 대해 토론한다.

선정한 준거	의사소통〉 말하기〉 상황에 맞게 바른 태도로 말하기				
영유아의 연령	만 세				
구분	아주 못함 1	못함 2	보통 3	잘함 4	아주 잘함 5
상황에 적절한 어휘/단어/문장 사용	1	2	3	4	5
상대에 적절한 어휘 사용	1	2	3	4	5
상황에 적절한 표정/어투 사용	1	2	3	4	5
추가 1:	1	2	3	4	5
추가 2:	1	2	3	4	5

Chapter 5

영유아 평가를 위한 자료 수집: 관찰을 중심으로

일러두기

- 본 장에서 사용된 용어 '행동'(예 영유아의 행동 관찰)은 광범위한 의미로 사용되었다. 영유아가 몸을 움직여 한 행동뿐만 아니라 말이나 표정 또는 성향, 특성, 능력 등 그들을 평가하는 데 필요한 자료가 되는 모든 것을 포함한다.
- 본 장에서는 세 가지 평가 준거를 예로 사용하는데, 각 준거마다 세부 사항을 지칭하는 용어가 다르다. 예를 들면 발달은 영역, 하위 영역, 세부 영역이라는 용어를, 누리과정과 표준보육과정은 영역, 내용 범주, 내용이라는 용어를, 핵심 능력은 영역, 요소, 주제라는 용어를 단계적으로 사용한다. 본 장에서는 각 평가 준거를 기술할 때는 그 준거에서 정한 용어를 사용하지만, 일반적인 경우에는 혼란을 줄이기 위해 항목, 세부 항목이라는 용어를 사용하였다.

영유아 평가를 위한 자료를 수집하는 방법은 다양하다. 제1장에서 논의한 바와 같이 전통적인 표준화된 검사를 통한 자료 수집은 영유아에게 적절하지 않기 때문에 참평가가 가능한 방식으로 자료를 수집해야 한다. 영유아에게 가장 적절한 자료 수집 방법으로 제시되는 것은 관찰이다. 다음 국어사전(http://dic.daum.net/index.do?dic=kor)에는 관찰을 '사물의 현상이나 동태 따위를 주의하여 잘 살펴보는 것' 으로 정의하고 있지만 교육현장에서의 관찰은 계획, 기록, 그리고 분석이 추가된다는 점에서 다를 뿐만 아니라 더욱 체계적이다.

본 장에서는 학술적 연구에 사용되는 다양한 관찰법 중 교육현장에서 교사가 사용하기 어려운 방법을 제외하고 영유아를 지도하면서 효과적으로 자료를 수집할 수 있는 관찰 방법을 중심으로 살펴보고자 한다. 본 장에서 제외되는 관찰법[1)]은 표본식 기술과 시간 표집법이다. 표본식 기술은 관찰하고자 하는 장면을 비디오로 촬영하거나 녹음기로 녹음하여 전사본을 만드는 방식으로 진행된다. 표본식 기술을 하는 동안 교사가 영유아와 상호작용하기 어렵고, 촬영이나 녹음을 하였다 하더라도 전사본을 만들어 분석하는 데 시간이 많이 걸리기 때문에 교육현장에서 사용하기는 거의 불가능하다. 시간 표집법은 영유아를 일정한 시간 간격(예 15초)으로 돌아가면서 관찰하면서 관찰의 초점이 되는 행동(예 돕기, 나누기, 뺏기 등)이 나타나는지를 보고 기록하는 것이다. 이 관찰법 역시 교사가 정해진 시간 간격에 따라 지속적으로 영유아를 관찰해야 하기 때문에 교육현장에서 사용하기에는 적절하지 않다.

---

1) 표본식 기술과 시간 표집법에 관심 있는 독자는 다양한 관찰법이 수록된 연구 방법 도서를 참고하기 바람(예 김희진 · 박은혜 · 이지현(2011). 영유아교육기관에서의 관찰(개정판). 서울: 창지사)

본 장에서는 현장에서 교사가 영유아를 지도하면서도 사용할 수 있는 관찰법(김희진 · 박은혜 · 이지현, 2011)을 세 가지 유형으로 나눠서 살펴보고자 한다. 첫 번째 유형은 관찰한 것을 그대로 기술하는 방법으로 일화 기록이 있다(참고: 앞서 언급한 표본기술법도 이 유형에 해당됨). 두 번째 유형은 관찰하고자 하는 행동이 나타나는지의 유무를 표시(∨)하거나 관찰하고자 하는 행동이 나타나면 표시(∨)한 후 빈도를 세는 방법으로 체크리스트나 사건 표집법이 있다(참고: 앞서 언급한 시간 표집법도 이 유형에 해당됨). 세 번째 유형은 관찰한 것을 기초로 행동의 질이나 양, 또는 수준을 일정한 범위(예 1~5점)의 숫자로 평가하는 방법으로 기술 평정 척도와 숫자 평정 척도가 있다.

관찰을 통해 수집한 자료 이외에 참평가를 위한 자료로 많이 언급되는 것이 영유아의 작품이다. 영유아 작품의 범주는 개인의 인식에 따라 다양할 수 있다. 혹자에게는 영유아가 그린 그림이나 만든 조형물만 포함될 수 있고, 다른 사람에게는 쌓기 영역에서 구성한 구성물, 대 · 소집단 활동 때 한 말, 역할 놀이 때 특정 인물을 표상하기 위해 분장한 모습, 지은 동시 등 더 광범위한 작품까지 포함될 수 있다.

포트폴리오가 널리 사용되면서 영유아의 작품을 철해 포트폴리오를 채우는 것에 더 많은 비중을 두는 교사도 간혹 있다. 작품이 평가의 자료로 사용되기 위해서는 포트폴리오에 담긴 작품이 적절히 분석되어야 한다. 작품도 관찰의 대상이 되기 때문에 영유아의 작품을 앞에 언급한 세 가지 유형의 관찰법을 활용해서 관찰하고 분석할 수 있다.

1 관찰을 통한 자료 수집

1) 일화 기록: 기술

일화 기록은 하나의 사건에 초점을 두고 관찰하고 기록하는 방법이다. 이 방법은 특별한 준비 없이 기록만 하면 되는 것으로 알려져 교육현장에서 교사가 가장 쉽게

활용할 수 있는 관찰법으로 인식된다. 앞으로 소개할 두 가지 관찰법이 관찰과 동시에 분석한 결과를 기록하는 것과 달리 일화 기록은 우선 기록만 하기 때문에 쉽게 여겨질 수 있다. 그러나 제대로 기록하고, 기록한 것에서 정보를 추출하여 분석하고 분류하지 않는다면 평가에 도움이 되지 않는 기록만 남게 된다. 현장을 방문하면 '관찰일지' 또는 '관찰 기록' 이라는 제목으로 각 영유아에 대해 기록한 것을 볼 수 있다. 다음의 | 예 5-1 | 은 만 2세 영아를 관찰한 기록의 예이다.

| 예 5-1 | 단편적인 행동만 나열된 관찰 기록*

콜록콜록 기침을 하며 아버지와 함께 싱글벙글 등원하여 초록반에서 놀다가 분홍반(우리 학급)으로 이동, 소꿉 영역에서 친구의 보자기를 뺏으려 하여 교사가 "저기 보자기도 많이 있네요."라고 하자 "앗어!"라고 하며 모든 보자기를 바구니에서 꺼내어 화장대 서랍에 모두 집어넣고는 친구들이 달라고 해도 "없어!"라며 주지 않고 서랍을 꼭 붙잡고 앉아 있어서 교사가 "보자기 친구 하나씩 나눠 줄거죠? 예쁜 ㅇㅇ(영아명)"이라고 했더니 친구에게 하나씩 나눠 주고는 자신도 슈퍼맨 한다고 교사에게 도움을 청해 목에 보자기를 메어 주었더니 철수랑 격투기를 한다고 넘어뜨려 울리고 다시 반복하여 소꿉에서 쌓기 영역으로 뛰어다녀 교사가 "뛰면 위험해요."라고 하여도 멈추지 않고 한참을 하더니 교사가 "정리하고 바깥 놀이 갈 거예요."라고 하자 그때서야 보자기를 풀고 바구니에 정리를 예쁘게 하여 교사가 "우리 ㅇㅇ(영아 이름) 예쁘게 정리도 잘 하네요."라고 칭찬해 주자 싱글벙글 웃더니 실외놀이터로 미끄럼을 타고 내려갔다. 하루 종일 친구들이 가지고 노는 놀잇감을 뺏으려는 행동이 많이 관찰되었다.

*교사의 기록을 그대로 옮긴 것임

위의 관찰 기록을 살펴보면,

- 등원 시간부터 실외 놀이 시간(또는 하루 종일)까지 오랜 시간 동안의 사건이 기록되어 있다.
- 각 사건의 맥락이 기록되어 있지 않다.
- 영아의 어떤 특성 또는 측면에 초점을 두고 기록하려 했는지 불분명하다.
- 여러 사건이 기록되어 있으나 시작부터 끝까지 기록된 사건이 하나도 없다.

- 시작부터 끝까지 한 문장으로 되어 있고 두서없이 기록되어 읽기 어려움을 알 수 있다.

이렇게 초점이 없이 기록만 된 자료를 바탕으로 평가를 하는 것은 불가능하므로 일화 기록의 의미와 일화를 기록하는 데 필요한 준비물, 효율적으로 일화를 기록하고 분석하는 방법에 대해 알아보자.

■ 하나의 사건에 대한 기록: 초점을 둔 기록

하나의 사건이라 함은 위의 |예 5-1|(p. 89)처럼 오랜 시간에 걸친 여러 사건을 단편적으로 기록하는 것이 아니라 하나의 사건에 대해 영유아의 성장과 발달을 평가할 수 있을 정도의 상세한 정보를 기록하는 것이다. 다음은 하나의 사건에 초점을 두어 기록한 예와 하나 이상의 사건을 초점 없이 기록한 예이다.

|예 5-2| 하나의 사건에 초점을 두어 기록한 일화

> 식당에 가기 위해 줄을 서고 있는데 갑자기 ○○가 울었다. 무슨 일이 있었는지 묻자, ◇◇가 "내가 얘한테 '거기 너 자리 아니야!' 라고 말하니까 울었어요."라고 말했다. 그러자 ○○가 교사를 보며 "친구가 화난 것처럼 말하잖아요."라고 말하면서 울음을 그치지 않았다. 교사가 "◇◇이가 화난 것처럼 말해서 속상했구나?"라고 말해 주자, 울음을 그친다.
>
> 적절한 일화 기록인 이유:
> - ○○가 울기 시작한 시점부터 운 이유, 교사의 개입, 개입 후 울음을 그칠 때까지의 한 가지 사건이 모두 기록됨
> - 교사가 ○○나 ◇◇에게 적절히 개입했는지에 대해 추가적인 논의가 필요하나 적절한 일화 기록임을 설명하기 위해 제시한 예이므로 교사 역할의 적절성에 대한 추가적인 논의는 생략함

| 예 5-3 | 하나 이상의 사건을 초점 없이 기록한 일화

○○(만 3세)는 오늘 기분이 나빴다. 낮잠 시간에도 자지 않고 짜증내거나 안 자고 돌아다니려고 했기 때문에 그림을 그리라고 했다. 실외 놀이 시간에는 들어가는 시간이 되었는데도 모래 놀이를 다 하지 못했다고 안 들어가려고 했다.

부적절한 일화 기록인 이유:

- 두 가지 일화를 기록했는데 두 가지 일화 모두 어떻게 시작되어 마무리 되었는지에 대한 정보를 제공하지 못함
- 영유아에 대한 평가를 위해 사용되는 정보는 '일상적인' 또는 '평균적인' 모습에 대한 정보여야 함. 특정한 날에 한 번 한 행동에 대한 정보를 바탕으로 평가한다면 정확한 평가를 할 수 없음. 기분 나쁜 것이 일상적 특성인지 파악하기 위해 지속적으로 관찰할 필요 있음
- 기분 나쁠 때 어떻게 행동하는가에 대한 평가를 위한 정보로 활용될 수는 있으나 기분이 나쁠 때 어떻게 교사가 달랠 수 있는지 또는 스스로를 달래는지에 대한 정보가 없기 때문에 평가에 활용하기 어려움; 낮잠 시간에 그림을 그리라고 했을 때 짜증이 가라앉았는지, 더 큰소리로 악을 쓰고 운 후에는 어떻게 해결되었는지에 대한 정보가 없음

연습 5-1

- 유치원이나 어린이집에서 영유아를 관찰하면서 일화를 기록해 오거나 수업 시간에 다른 학생의 행동에 대한 일화를 기록한다.
- 서로가 기록한 일화를 보고 적절한 일화인지 또는 적절하지 않은 일화인지를 이유를 들어 설명해 본다. 적절하지 않은 일화라면 어떤 정보가 추가 또는 삭제되어야 하는지 토론한다.

연습 5-2

- | 예 5-1 | (p. 89)에 제시된 관찰 기록을 하나의 사건에 초점을 둔 기록으로 다시 수정한다.
- 몇 개의 사건으로 나눠서 기록할 수 있는지 생각해 본다.
- 각 사건마다 어떤 내용이 추가적으로 있어야 일화 기록으로서의 가치가 있는지 생각해 본다.
- 짝이 된 다른 사람이 수정한 것과 비교해 본다.

■ 준비물 1: 일화가 발생할 때 기록할 수 있는 도구

과거에는 교사가 주머니 있는 옷을 입고 수첩과 필기 도구를 반드시 지참하도록 안내하였으나 현재는 기관이나 교사의 선호에 따라 다양한 방법을 이용할 수 있다.

- 활동실의 여러 곳에 기록할 수 있는 종이(또는 서식)와 필기 도구를 비치하여 기록하기
- 기록할 시간이 없을 경우 디지털 카메라나 핸드폰에 장착된 카메라로 사진을 찍어 기록을 남긴 후 방과 후에 정리하기. 제4장의 |예 4-6|(p. 79)에 제시된 예도 사진을 찍어서 기록한 일화를 분석하여 왼쪽 남아와 오른쪽 남아의 파일에 각각 보관한 것임
- 핸드폰이나 연구에 사용되는 초소형 녹음기를 가지고 다니며 음성으로 기록을 남긴 후 방과 후 정리하기
- 학급 내 비치된 컴퓨터, 노트북, 또는 태블릿 PC 등을 이용하여 직접 기록하기. 그러나 영유아를 지도하다 이동해야 하고 그들의 주의를 끌어 놀이나 활동을 방해할 가능성이 많다면 사용을 지양함

■ 준비물 2: 일화가 발생할 때 기록할 수 있는 서식

서식 없이 기록할 수 있으나 기본적인 서식을 준비하면 기록하는 시간이 단축되고 기록해야 하는 정보를 빠뜨리지 않고 기록할 수 있고, 동시에 분석하여 기록할 수 있으므로 도움이 된다. 특별한 서식은 없으나 어떤 형태로 만들든지 기사를 작성할 때 사용하는 6하 원칙처럼 누가, 언제, 누구와, 왜, 무엇을, 어떻게 했는지를 기록하면 도움이 된다. 자신에게 편리한 서식을 만들어 사용할 수 있으나 대표적인 서식의 예는 다음과 같다. 아래의 서식은 교사가 기록하는 서식이므로 해당 영유아의 연령이나 성에 관한 정보를 기록하는 칸이 없으나 사용하는 사람(예 학생, 연구자)의 목적에 따라 추가적인 정보를 기록할 공간을 마련해야 한다.

| 예 5-4 | 일화 기록 서식의 예

<table>
<tr><td>영유아명</td><td></td><td>일시</td><td>20　　년　　월　　일</td></tr>
<tr><td rowspan="3">맥락</td><td>자유선택 활동(실내 실외):　영역</td><td>계획한 영역</td><td></td></tr>
<tr><td>집단 활동(대/소):　　활동</td><td rowspan="2">기타
참여자</td><td></td></tr>
<tr><td>일과:</td><td></td></tr>
<tr><td>일화</td><td></td><td>사진</td><td></td></tr>
<tr><td>분석*</td><td colspan="3"></td></tr>
</table>

기록요령

- 자유선택 활동(실내/실외): _______ 영역: 자유선택 활동 중 발생한 일화일 경우 실내 또는 실외 자유선택 활동인지를 표시하고 어떤 영역(예 쌓기 놀이 영역)에서 발생했는지 기입한다.
- 집단 활동(대/소): _______ 활동: 대집단 또는 소집단 활동 중 발생한 일화일 경우 집단 크기와 활동 유형(예 게임, 새노래 배우기)을 적고 필요하다면 활동명(예 릴레이로 공 옮기기)도 기입한다.
- 일과: 일상적 일과 중 발생한 일화일 경우 어떤 일과(예 정리 · 정돈, 전이, 낮잠, 간식, 화장실) 중 발생했는지 기입한다.
- 계획한 영역: 미리 계획하여 관찰했을 경우는 계획한 영역(예 친사회적 행동)을 적는다.
- 기타 참여자: 일화에 참여한 중요한 사람이 있을 경우 영유아(영유아명)나 교사로 기록한다.
- 일화: 6하 원칙으로 기록하나 '누가, 언제, 어디서, 누구와' 와 같이 이미 서식에 포함된 정보는 생략한다. 2명 이상이 관련된 일화일 경우 함께 기록한 후 나중에 정리할 때 각 영유아의 일화로 분리해서 기록할 수 있다.
- 사진: 수업 시간에 사진을 찍었을 경우 넣는다.

*분석을 위한 준거는 제3장과 제6장에 제시됨

제4장의 | 예 4-6 | (p. 79)에 제시된 일화를 위의 서식에 맞춰 다시 정리하면 다음과 같다.

| 예 5-5 | 일화 기록 서식에 맞춰 기록한 예

<table>
<tr><td>영유아명</td><td>왼쪽에 위치한 남아의 이름 기입
오른쪽에 위치한 남아의 이름 기입</td><td>일시</td><td>20 년 월 일
(일시 기록)</td></tr>
<tr><td rowspan="3">맥락</td><td>자유선택 활동 (실내 실외):
미술 영역</td><td>계획한
영역</td><td>표상, 측정, 문제해결</td></tr>
<tr><td>집단 활동(대/소): 활동</td><td rowspan="2">기타
참여자</td><td></td></tr>
<tr><td>일과:</td><td></td></tr>
<tr><td>일화</td><td>• 점토로 만드는 동안 서로의 것에 관심을 보이며 이야기 나눔
• 남아(왼쪽)는
- 여러 색을 섞어서 둥글게 만든 후 무지개 아이스크림이라 칭함
- 빨대에 아이스크림을 올려놓았을 때 구부러지자 수수깡으로 바꿈
- 아이스크림을 대본 후 자신의 것이 더 크다고 말함

• 남아(오른쪽)는
- 자신의 아이스크림은 ○○(실제 아이스크림 이름)이라고 말함
- 아이스크림을 대보고 자신의 아이스크림이 더 크다고 말함</td><td>사진</td><td></td></tr>
<tr><td>분석</td><td colspan="3">제4장의 | 예 4-6 | (p. 79)에 제시된 것 참조</td></tr>
</table>

연습 5-3

- 일화를 기록하는 사람의 목적을 고려하여 위의 서식과 다른 서식을 만들거나 위의 서식에서 특정 정보를 삭제 또는 추가한다고 가정하고 서식을 만들어 본다.
- 서로가 만든 서식을 비교하여 사용하는 사람의 목적에 맞게 잘 만들어졌는지 토론한다.

■ 관찰: 우연한 일화 기록과 계획된 일화 기록

우연한 기회에 관찰한 영유아의 행동 중 평가에 유용한 정보를 줄 수 있다고 판단될 때 기록하는 일화 기록과 어떤 준거에 대한 정보를 수집할지 미리 계획하고, 영유아가 필요한 정보를 주는 행동을 하면 기록하는 일화 기록이 있다. 우연한 일화 기록이 유용한 이유는 개별 영유아가 한 어떤 행동이 특정 준거를 기준으로 평가할 수 있는 가장 적합한 사례인 경우가 많기 때문이다. 반면, 계획된 일화 기록은 학급 전체 영유아의 평가를 위해 실시할 수 있다. 예를 들면, [누리과정〉 자연탐구〉 탐구하는 태도 기르기〉 호기심을 유지하고 확장하기]에 대한 자료를 수집할 계획이 있다면 일정 기간(예 약 1주일)을 두고 학급 전체 영유아가 하는 모든 활동(예 스스로 동기 유발되어 하는 활동, 교사가 준비한 자유선택 활동, 대 · 소집단 활동)에서 호기심을 보이고, 유지하고, 확장하는 사례가 관찰되면 기록한다.

| 예 5-6 | 학급 전체 영유아를 대상으로 계획한 일화 기록에서 사용할 수 있는 서식의 예

관찰할 내용	누리과정〉 자연탐구〉 탐구하는 태도 기르기〉 호기심을 유지하고 확장하기	
염두에 두고 관찰할 행동	지속적으로 알아보고 싶어 하는 행동, 질문하는 행동, 더 알아보고 싶어 책을 찾아보는 행동, 교사가 진행하는 활동에 집중하는 행동, 친구들에게 자신이 알아낸 것을 이야기하는 행동, 또래가 그만 둔 뒤에도 계속 하는 행동 등	
관찰 기간	20○○년 ○월 ○일~○월 ○일	
유아 이름	상황	일화
김○○	실외 놀이	• ◇◇와 개미를 오래 관찰하고 교사에게 본 것 이야기
이○○	요리	• 떡볶이를 만드는 동안 다음 순서에 지속적으로 호기심을 보이며 집중
	실외(화단)	• 꽃이 피자 열심히 관찰하고 꽃에 관한 책을 찾아 달라고 요청
	(관찰되면 계속 기록)	
박○○		• 관찰 기간 동안 호기심 유지 사례 관찰 못함 • 많은 활동에서 오히려 호기심을 보이지 않음
계속 ⋮		

■ 효율적인 기록과 분석 전략

영유아 관찰이나 평가와 관련된 문헌에 예로 제시된 일화 기록은 상당히 상세하고 심지어는 영유아와 관련된 성인 또는 다른 영유아가 한 말까지 직접 인용으로 기록된 경우가 많다(| 예 5-7 | 참조).

| 예 5-7 | 자세하지만 교사의 역할을 방해하는 일화 기록

> ○○이와 ◇◇이가 종이접기 책을 펴두고 열심히 종이접기를 하고 있다. 이미 옆에는 여러 개의 하트 모양이 접어져 있다. ○○이는 이제 막 개구리를 접으려고 하는지 책을 보며 열심히 접고 있다. 먼저 색종이를 삼각으로 접는데 색종이의 끝과 끝을 딱 맞추어 접고 꾹 눌러서 종이가 들뜨지 않게 한다. 종이접기 책에 나온 순서대로 접어가던 중 갑자기 멈추고 고민한다. 교사가 보니 '귀 안쪽을 펴서 눌러 접는다' 의 단계에서 막힌 듯하다. 옆에서 함께 시작한 ◇◇이는 종이도 삐뚤빼뚤하게 접고 종이 접기의 마지막 단계에서 헤매고 있다. ○○이는 "내가 접어줄게." 하며 ◇◇이의 것까지 다 접어주고, 옆에 접혀있는 것들을 가리키며 "이거 다 내가 접은 거에요." 한다. ○○이는 이후로도 한참 접기에 열중하다가 개구리의 얼굴과 몸과 아까 만들어둔 하트를 이어 붙여 부채로 만든 뒤 교사에게 달려와 "이거 다 만들었어요." 한다.

*참고: 위에 제시된 교사의 일화 기록은 표본식 기술과 더 가까움

그러나 실제 수업 중에 위와 같이 자세히 기록하는 것은 불가능하고, 가능하다 해도 기록하는 동안은 영유아를 지도할 수 없으므로 바람직하지 않다. 관찰한 일화를 효율적으로 기록하고 분석할 때 사용할 수 있는 전략을 몇 가지 소개하면 다음과 같다.

첫째, 수업 중에는 사진을 찍거나 핵심단어를 기록하는 방법을 사용할 수 있다. 즉, 수업 중에는 사진을 찍거나 핵심단어를 중심으로 간단히 기록하고, 방과 후에 기억을 되살려 자세히 기록한다. 다음의 | 예 5-8 | 은 위에 제시된 일화 | 예 5-7 | 에서 평가에 중요한 정보라고 생각되는 것만 뽑아 핵심단어로 기록한 것이다.

| 예 5-8 | 교사가 수업 중에 기록한 핵심단어

- ○○, ◇◇
- 책보고 지시에 따라 종이접기 가능
- 하트 접기 가능
- ○○: 모서리 잘 맞춤/개구리 접기 마지막 단계 이해 못함/◇◇를 도움/오래 집중해서 활동/개구리 + 하트로 부채 만듦/교사에게 자랑
- ◇◇: 모서리 × (모서리를 잘 맞춰 접지 못한다는 의미)/역시 마지막 단계 × (○○처럼 마지막 단계를 이해 못한다는 의미)

연습 5-4

- 다음에 제시된 일화 기록의 예를 보고 추후 기억을 되살리는 데 중요하다고 생각되는 핵심단어를 기록해 본다.
- 서로가 기록한 핵심단어를 비교하고, 핵심단어로 뽑은 이유를 설명한다.
- 다른 사람이 기록한 핵심단어만 보고 어떤 일화인지 추론해 보는 활동을 통해 핵심단어가 잘 선택되었는지 생각해 본다.

<table>
<tr><td>교사가 기록한 일화</td><td>조OO와 김XX가 도형 맞추기 퍼즐(플라스틱 색깔 조각-삼각형, 사각형, 마름모, 사다리꼴의 모양이 있음)을 가지고 놀고 있다.

김: 같이 한 번에 모아서 이렇게 하자(여러 가지 모양을 섞어서).
조: 이렇게 해야지(한 가지 모양으로 위로 쌓는다). 그럼 누가 높이 쌓나 시합해 볼까?

서로 높이 쌓기 시작한다(퍼즐 조각의 넓은 면이 아닌 좁은 면을 이용해 쌓는다).

조: 넘어질라, 아~~~! (쌓아놓은 퍼즐조각이 넘어짐)
김: (큰소리로) 아씨~, 다시 해! 다시!
조: 더 높이 쌓아보자!</td></tr>
</table>

▼ 〈계속〉

| 연습 5-4 | 〈계속〉

교사가 기록한 일화 (계속)	이때, 긴 바늘이 8에 가면 정리할거라고 교사가 이야기한다. 조: 정리? 청소차! 붕~(하며 퍼즐을 모은다.)! (퍼즐을 모으다가) 이렇게 같은 색으로~ 야! 물고기다! (같은 모양 블록 두 개로 물고기 모양을 여러 개 만든다.) 이거 금붕어야! (센 발음으로) 뿌셔뜨리면 안 돼! (옆에 있던 김XX가 금붕어 모양을 따라 만든다.) 야! 똑같은 색깔로 해! 김: 이렇게? 난 파란색! 조: 그럼 색깔로 나누자. 난 파란색이야! 김: (파란색으로 물고기를 만들며) 야~, 난 뭐야! 조: 넌 무슨 색? 정해! 김: 난 파랑색, 아니! 초록색! 조: 행운의 색깔, 초록색! 각각의 색으로 금붕어를 만들다가 정리 시간이 되어 정리를 한다.
교사가 기록한 일화에서 추출할 수 있는 핵심단어	

*참고: 위에 제시된 교사의 일화 기록은 유아가 한 말을 그대로 옮긴 것임

둘째, 일화의 초점과 관계된 것만 기록한다. 수업 중에 일화를 자세히 기록하거나 핵심 단어를 기록할 때도 초점을 둔 행동과 관련이 없는 것이나 추후에 중요한 정보로 활용되지 않을 것이라 판단되는 내용은 생략하는 것이 효율적이다. 다음의 | 예 5-9 |는 추후 정리나 평가에 불필요한 정보나 필요한데 생략된 정보가 무엇인지를 분석한 예이다.

| 예 5-9 | 교사가 기록한 일화에서 분석한 불필요한 정보나 생략된 정보

교사가 기록한 일화	교사가 기록한 일화에서 불필요하거나 추가적으로 필요하다고 판단되는 정보
교사는 바느질 영역에서 bb와 cc와 함께 바느질을 하고 있었다. bb와 cc는 달님 반에서 처음으로 바느질을 하는 것이라 교사의 도움이 많이 필요하였다. 그때 aa가 교사에게 와서 도움을 요청하였다(dd와 ee가 한복을 입고 있었다). aa : 선생님! ee가 옷 안 줘요. 교사: aa야! ee한테 부탁해봐. aa : 부탁했는데 안 줘요. 교사: 그건 ee 마음이잖아. 선생님이 어떻게 해주었으면 좋겠니? aa : ee한테 달라고 해요. 교사: 선생님이 억지로 ee한테 한복 뺏어서 aa 줘? aa : 네. 교사: 선생님은 ee 옷을 뺏을 수 없어. [참고] • 교사가 기록한 관찰의 초점은 'aa의 사회 영역' 임	~~교사는 바느질 영역에서 bb와 cc와 함께 바느질을 하고 있었다. bb와 cc는 달님 반에서 처음으로 바느질을 하는 것이라 교사의 도움이 많이 필요하였다. 그때 aa가 교사에게 와서 도움을 요청하였다. (dd와 ee가 한복을 입고 있었다.)~~ [삭제 이유] • 교사가 기록한 관찰의 초점은 aa의 행동이므로 교사가 누구와 어디서 무엇을 하고 있었는지 기록할 필요 없음 [추가적으로 필요한 정보] • 교사가 선생님은 ee의 옷을 뺏을 수 없다고 말한 후 aa가 어떻게 문제를 해결했는지(예 포기, 가서 뺏음, 울어버림)에 대한 정보가 있어야 aa의 사회 영역(즉, 또래와의 갈등 시 어떻게 해결하는지)에 대한 적절한 판단을 할 수 있음

연습 5-5

- 다음에 제시된 일화 기록 사례에서 제시된 관찰의 초점을 근거로 불필요하거나 추가적으로 필요하다고 판단되는 정보를 찾아본다.
- 서로가 기록한 것을 비교하고 그렇게 기록한 이유에 대해 토론한다.
- 아래에 제시된 사례를 이용해 핵심단어 기록하기 연습을 추가적으로 할 수 있다.

교사가 기록한 일화	
채은, 은서, 경훈, 영서가 함께 공놀이를 하고 있다. 채은이 공을 운동장으로 던지면 다른 아이들이 달려가서 공을 주워오는 놀이이다. 채은이 공을 던지면서 "빨리 가서 잡아와!"라고 큰소리로 외쳤다. 은서, 경훈, 영서가 함께 달려 나갔다. 가장 먼저 은서가 공을 잡자 "은서는 이리와. 경훈이랑 영서는 다시 가!"라고 말하고 나서 다시 공을 던졌다. 경훈과 영서가 다시 공을 잡으러 달려 나갔다. 경훈과 영서가 동시에 점프를 하였는데 영서가 공을 잡게 되었다. 경훈이가 주위를 둘러보며 울상을 짓자 채은이가 "영서가 먼저 잡은 거야. 영서는 이리오고 경훈이는 다시 공 잡아와."라고 말했다. 채은이 다시 공을 던지고 경훈이가 공을 잡아왔다. 은서가 "재미있다. 또 하자. 이번에는 내가 먼저 잡을 거야."라고 하면서 운동장으로 뛰어나갔다. 영서와 경훈이가 따라 나갔다. 채은이 다시 공을 던지면서 놀이를 계속 하였다. [참고] 교사가 기록한 관찰의 초점은 '사회 · 정서 영역' 임	
불필요한 정보와 이유	추가적으로 필요한 정보와 이유

셋째, 가능하다면 개조식으로 기록한다. 일화를 길게 이어서 기록하면(|예 5-7|, p. 96 참조), 추후 정리나 분석을 위해 다시 읽을 때 가독성이 떨어져 교사가 시간과 노력을 더 들여야 한다. 일화는 핵심단어가 잘 드러나도록 개조식으로 작성할 수 있는데 다음의 |예 5-10|도 영아 두 명의 행동을 관찰한 일화를 개조식으로 기록한 것이다.

| 예 5-10 | 서술식 기록을 개조식 기록으로 수정한 것

서술식 기록	개조식 기록
식당에 가기 위해 줄을 서고 있는데 갑자기 ○○가 울었다. 무슨 일이 있었는지 묻자, ◇◇가 "내가 얘한테 '거기 너 자리 아니야!' 라고 말하니까 울었어요."라고 말했다. 그러자 ○○가 교사를 보며 "친구가 화난 것처럼 말하잖아요."라고 말하면서 울음을 그치지 않았다. 교사가 "◇◇이가 화난 것처럼 말해서 속상했구나?"라고 말해주자, 울음을 그친다.	• 식당 가기 위해 줄섬/가보니 • ○○가 울 • ◇◇가 네 자리 아니라고 말하니 울었다 함 • ○○는 ◇◇가 화난 것처럼 말해서 울었다 함 • 교사가 ◇◇가 화난 것처럼 말해서 속상해서 울었구나하고 마음을 읽어줌 • 그침

[참고] 개조식 기록에서 핵심단어를 뽑아 기록한 예

- 줄서기
- ○○: ◇◇가 화난 목소리로 네 자리 아니라 하자 움
- 교사가 마음 읽어주자 그침

넷째, 가능하면 여러 명에 대한 평가가 가능하도록 정보를 수집하고 기록한다. 예를 들면 한 명의 영유아가 다른 영유아와 상호작용하는 상황을 기록한 일화라면 그 일화에 참여한 모든 영유아의 일화가 되도록 기록할 수 있다. 이렇게 하면 하나의 일화 기록으로 2명 이상의 평가에 사용되는 정보를 얻을 수 있는 장점이 있다. | 예 5-11 | 도 영아 두 명을 평가할 정보를 추출한 것으로 ○○에 관한 일화처럼 기록되어 있으나 ◇◇에 대한 평가를 가능하게 하는 정보도 있다.

| 예 5-11 | 참여한 영유아 모두에게 해당되는 일화로 기록한 예

원래의 서술식 기록	2명의 일화로 사용되도록 수정한 개조식 기록
식당에 가기 위해 줄을 서고 있는데 갑자기 ○○가 울었다. 무슨 일이 있었는지 묻자, ◇◇가 "내가 얘한테 '거기 너 자리 아니야!' 라고 말하니까 울었어요."라고 말했다. 그러자 ○○가 교사를 보며 "친구가 화난 것처럼 말하잖아요."라고 말하면서 울음을 그치지 않았다. 교사가 "◇◇이가 화난 것처럼 말해서 속상했구나?"라고 말해주자, 울음을 그친다.	• 상황: 식당 가기 위해 줄섬 • ○○: 줄을 잘못 선 상황에서 또래가 화난 목소리로 "네 자리 아니라…." 하자 울었으나 교사가 "화난 것처럼 말해서 속상했구나."라고 마음을 읽어주자 그침 • ◇◇: ○○가 줄을 잘못 서자 화난 목소리로 잘못을 알려줌(실제로 화난 목소리로 말했는지 주변 유아에게 확인 필요)

[참고] 개조식 기록에서 핵심단어를 뽑아 기록한 예
- 줄서기
- ○○: ◇◇가 화난 목소리로 네 자리 아니라 하자 움/교사가 마음 읽어주자 그침
- ◇◇: ○○가 줄 잘못 선 것을 알고 알려주었으나 화난 목소리로 알려 줌

[평가를 위한 분석]
- 아래의 분석은 ○○가 줄서는 규칙을 이해 못해서 다른 자리에 섰고, ◇◇는 대부분의 경우 또래의 실수를 강하게 지적하는 경향이 있다는 것을 전제로 분석한 것임. 담임교사는 두 유아와의 경험을 통해 일반적인 행동 패턴인지를 알 수 있음
- ○○: 사회 · 정서 영역〉
  - 줄서는 규칙 이해 부족
  - 또래가 강하게 지적하면 쉽게 움
  - 마음을 읽어주면 잘 달래짐
- ◇◇: 사회 · 정서 영역〉
  - 줄서는 규칙 이해
  - 규칙을 안 지키는 또래에게 친절히 알려주는 태도 부족

다섯째, 일화의 기록과 분석이 동시에 이뤄지도록 하고 가능한 다양한 준거로 분석한다. 일화를 기록한 후 바로 분석하지 않으면 나중에 분석할 양이 너무 많아 포기하거나 일화를 기록할 때의 기억이 흐려져 정확한 분석이 불가능할 수 있다. 특히 핵심단어를 중심으로 기록하고 자세한 기록을 추가하지 않을 경우 더욱 그러하다. 따라서 일화를 기록하면서 동시에 분석하면 효율적으로 평가할 수 있다. 동시에 분석할 때도 하나의 준거보다는 여러 개의 준거로 분석하면 더욱 효율적이므로 다양한 시각으로 분석하도록 노력한다. 분석한 후는 선정한 평가 준거(예 발달 영역, 교육과정

영역, 교과 영역 등)의 영역별로 나누어 보관한다. 아래의 | 예 5-12 |는 일화 기록에 대한 설명을 하는 과정에서 사용한 일화를 다양한 준거로 다시 분석한 것이다.

| 예 5-12 | 하나의 일화를 다양한 준거로 분석한 것

<table>
<tr><th>일화</th><th>평가를 위한 분석</th></tr>
<tr><td>줄서기</td><td>• 아래의 분석은 ○○가 줄서는 규칙을 이해 못해서 다른 자리에 섰고, ◇◇는 대부분의 경우 또래의 실수를 강하게 지적하는 경향이 있다는 것을 전제로 분석한 것임; 담임교사는 두 유아와의 경험을 통해 이 일화에서 관찰된 행동이 그들의 일반적인 행동 패턴인지를 알 수 있음
• ○○에 대한 분석
- 사회 · 정서 영역〉 줄서는 규칙 이해 부족
또래가 강하게 지적하면 쉽게 움
마음을 읽어주면 잘 달래짐
• ◇◇에 대한 분석
- 사회 · 정서 영역〉 줄서는 규칙 이해
규칙을 안 지키는 또래에게 친절히 알려주는 태도 부족</td></tr>
<tr><td>점토로
아이스크림
만들기</td><td>• 아래의 분석은 표준보육과정 영역(만 2세 영아의 일화이므로)과 발달 영역을 기준으로 한 것임
<table>
<tr><th>관련 표준보육과정 영역</th><th colspan="2">발달 영역 측면에서의 분석</th></tr>
<tr><td rowspan="2">• 신체운동〉 신체 조절과 기본운동하기〉 소근육 조절하기
• 의사소통〉 듣기〉 짧은 문장 듣고 알기
• 의사소통〉 말하기〉 자신이 원하는 것 말하기
• 사회관계〉 더불어 생활하기〉 또래와 관계하기
• 예술경험〉 예술적 표현하기〉 자발적으로 미술 활동하기
• 자연탐구〉 수학적 탐구하기〉 수량 인식하기</td><td>남아
(왼쪽)</td><td>• 신체: 대략의 원을 만들 만큼의 소근육 조절이 가능함
• 인지 1: 사물의 무게(아이스크림)와 그것을 받쳐주는 사물 간의 관계(빨대 vs. 수수깡)에 대한 이해 있음
• 인지 2: 무지개가 여러 색으로 구성됨을 이해하고 표상 가능
• 인지 3: 크기를 부피/무게(아이스크림 자체의 크기/무게) 차원에서 이해
• 인지 4 : 비교할 때 '대 보아야' 함을 이해(즉, 바닥에 대고 맞춰 보아야 함을 이해)
• 언어 1: 비교와 관련된 어휘 사용 가능
• 언어 2: 대화할 때 주고받는 규칙 이해
• 사회: 또래의 존재 인식, 하는 놀이에 관심 보임, 같은 주제(아이스크림의 크기)로 잠깐의 상호작용 가능</td></tr>
<tr><td>남아
(오른쪽)</td><td>• 신체: 상동
• 인지 2: 실제 사물(실제 아이스크림 이름)을 표상 가능
• 인지 3: 크기를 길이(아이스크림의 높이) 차원에서 이해
• 인지 4: 상동
• 언어: 1과 2 모두 상동
• 사회: 상동</td></tr>
</table></td></tr>
</table>

▼ 〈계속〉

| 예 5-12 | 〈계속〉

일화	평가를 위한 분석
종이접기	• 아래의 분석은 발달 영역을 기준으로 한 것임 • ○○에 대한 분석 - 언어〉 읽기: 책에 담긴 정보를 이해하고 이해가 어려움 - 신체〉 소근육, 눈과 손의 협응: 소근육 발달이 양호하고 눈과 손의 협응이 잘 이뤄짐 - 사회〉 친사회적 행동, 협동 + 긍정적 자아 개념: 또래에게 도움 제공하고 자신이 만든 것에 자부심 느낌 - 학습 성향〉 집중: 오랫동안 집중해서 작업함 • ◇◇에 대한 분석 - 언어〉 상동 - 신체〉 소근육, 눈과 손의 협응: 모서리 맞추어 접기 측면에서 미흡함
한복: 교사에게 도움 청하기	• 일화가 끝까지 기록되지 않아 충분한 분석이 어려우나 기록된 일화를 교육과정 영역을 기준으로 분석하면 다음과 같음 • aa에 대한 분석 - 사회관계〉 다른 사람과 더불어 생활하기: 또래에게 원하는 것이 있을 때 친사회적 방법으로 부탁하나 해결이 안 되면 다른 전략을 찾기보다는 성인에게 의존함

연습 5-6

- 다음의 원래 기록을 개조식으로 다시 기록하되, 참여한 모든 유아에 대한 평가가 가능하도록 유아별로 분리하여 기록한다.
- 평가한다면 원래의 기록에서 어떤 정보가 부족한지 생각해 본다.
- 핵심단어를 뽑아 기록한다.
- 가능한 많은 영역에 대한 평가가 가능하도록 분석을 한다.
- 서로의 기록을 비교하고 공통점과 차이점에 대해 토론한다.

▼ 〈계속〉

<table>
<tr><th>원래의 서술식 기록</th><th>2명의 일화로 사용되도록 수정한 개조식 기록</th></tr>
<tr><td>"야. 너 그러지마!"
지수는 몸을 앞뒤로 흔들며 작은 소리로 진원이에게 이야기한다. 진원은 이미 지수 블록 10개를 가지고 갔는데 다시 가져간다.
지수는 눈물을 흘리며 교사에게 다가온다. "진원이가 다 가져가요."
교사는 지수에게 "지수야, 그럴 땐 어떻게 하면 좋을까?"라고 묻자, 지수는 10초 후 "가져가는 것은 나빠요."라고 이야기한다.
교사가 다시 "그럼 어떻게 진원에게 말할 수 있을까?"라고 묻자, 지수는 "'가져가지마!' 라고 이야기해요."라고 말한다.
교사는 지수에게 "진원에게 그렇게 말해봐." 라고 이야기한다. 진원은 큰 목소리로 "하하하" 웃으며 다시 지수가 만든 기차의 블록을 가지고 간다.
지수는 울먹이고 몸을 흔들며 교사를 다시 쳐다본다.

• 부족한 정보:</td><td>• 상황:

• 지수:

• 진원:</td></tr>
<tr><td colspan="2">[개조식 기록에서 핵심단어를 뽑아 기록]
• 상황:

• 지수:

• 진원:</td></tr>
<tr><td colspan="2">[평가를 위한 분석]
• 평가를 위한 준거를 먼저 선택하고 그 준거 내의 많은 영역의 평가가 가능하도록 분석함

• 지수:

• 진원:</td></tr>
</table>

여섯째, 한 가지 일화를 여러 준거나 한 준거의 다양한 영역으로 분석한 후, 시간의 흐름에 따라 동시에 정리하면 특정 준거 또는 특정 준거 내 다양한 영역에서의 변화나 발전 과정을 동시에 파악할 수 있다. 다음의 | 예 5-13 | 은 두 준거의 다양한 영역에 관한 일화를 수집한 시간에 따라 정리한 것이다. 포스트잇에 일화를 적어 붙여 놓은 것, 사진을 찍고 간단한 메모를 한 것 등 다양한 방법을 사용해 효율적으로 정리한 것을 알 수 있다.

| 예 5-13 | 두 개의 준거의 다양한 영역에 관한 일화를 시간의 경과에 따라 정리한 예

구분	사회 · 정서 영역	언어 영역
	가로 행은 사회 · 정서 영역과 언어 영역의 하위 내용임	
세로 행은 시간의 경과를 의미함	사회 · 정서 영역의 하위 내용들 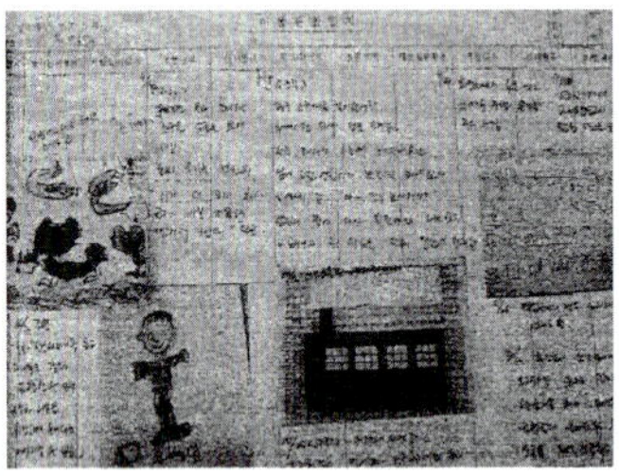 시간의 경과	언어 영역의 하위 내용들  시간의 경과

2) 체크리스트와 사건 표집법: 행동의 출현 유무 및 빈도

(1) 체크리스트: 출현 유무에 대한 표시

체크리스트는 관찰하고자 하는 행동의 관찰 여부를 표시(체크)하여 기록하는 방법이다. 예를 들면, 영유아가 특정 시점에서 알고 있는 색의 종류를 알아보기 위해 다음의 두 가지 방식으로 표시하여 기록할 수 있다. 왼쪽의 예는 '안다'와 '모른다' 중 선택하는 것이고 오른쪽의 예는 아는 것에만 표시하는 것이라 다른 것처럼 보이지만, 관찰하고자 하는 항목이 관찰되었는지의 여부를 표시한다는 본질적인 측면에서는 같다.

| 예 5-14 | 체크리스트의 두 가지 표시 방법

'안다' 또는 '모른다'에 V로 표시	관찰한 항목에 직접 표시
• 알고 있는 색	• 알고 있는 색: 아는 색에 원이나 V로 표시
빨강 안다___ 모른다___ 주황 안다___ 모른다___ 노랑 안다___ 모른다___ 초록 안다___ 모른다___ ⋮ ⋮ ⋮	빨강 주황 노랑 초록 파랑 남색 보라 흰색 검정 회색 연두색 분홍색

■ 체크리스트를 활용한 관찰에 적절한 행동

체크리스트를 활용한 관찰에 적절한 행동은 그것의 출현 유무를 아는 것이 평가 정보로 의미 있는 행동이다. 체크리스트는 많은 훈련 없이 쉽게 사용할 수 있고 기록이 간단하여 영유아를 지도하면서 사용할 수 있는 장점이 있다. 그러나 관찰하는 행동이 발생한 맥락(즉, 어떤 상황에서 발생했는지), 순서(즉, 여러 행동이 동시에 관찰되었다면 어떤 순서로 발생했는지), 정도(즉, 어떤 수준에서 그 행동을 할 수 있었는지), 빈도(즉, 그 행동이 어떤 빈도로 발생하는지), 길이(즉, 그 행동이 어느 정도 지속되는지)에 대한 상세한 정보를 제공하지 못한다는 단점도 있다.

따라서 관찰하려는 행동의 특성을 고려하여 사용할 필요가 있다. 예를 들면, 영유아가 하고자 하는 것이 좌절된 상황에서 어떤 반응을 보이는지는 영유아를 좌절하게 하는 상황의 종류, 좌절의 정도, 상호작용하는 사람의 특성에 따라 다르게 나타나기 때문에 좌절되는 상황에서 자신을 '조절한다' 또는 '하지 않는다'로만 체크되는 체크리스트는 적절하지 않다. 반면, 위의 | 예 5-14 | 에서 제시한 '영유아가 알고 있는 색'은 상황이나 상호작용하는 사람에 따라 달라지지 않는 정보이므로 체크리스트로 관찰하기 더 적합하다. 체크리스트는 교사가 관찰하고자 하는 행동을 중심으로 항목을 만들어 사용할 수 있으나 다음의 사항에 유의할 필요가 있다.

■ 체크리스트의 효율적인 제작 및 사용 전략

첫째, 어떤 행동의 발생 유무를 체크할 것인가를 사전에 결정해야 한다. 일화 기록은 일화가 발생하면 기록하는 것이기 때문에 특별한 준비가 필요하지 않는 반면 체크리스트는 어떤 행동을 관찰할지 미리 구체적으로 정한 후 관찰될 때마다 체크하는 것이기 때문에 사전 준비가 필요하다. 다음의 몇 가지 예는 제3장에서 제시한 평가 준거로서의 발달 영역, 누리과정 및 표준보육과정, 핵심 능력 중 사회 · 정서 발달 영역을 근거로 제작한 체크리스트이다.

| 예 5-15 | 평가 준거로서의 발달 영역 중 사회 · 정서 발달 영역

하위 영역	세부 영역	그렇다	아니다
자아 개념	• 자신을 이해한다.		
	• 자아 정체성이 있다.		
	• 긍정적 자아 개념을 가지고 있다.		
	• 자신감이 있다.		
사회적 관계	• 타인을 이해한다.		
	• 또래와 관계를 형성한다.		
	• 성인과의 안정적인 관계를 형성한다.		
	• 친사회적 행동을 한다.		
	• 협동을 한다.		
도덕성의 기초	• 질서를 지킨다.		
	• 절제(절약)를 한다.		
	• 예절을 지킨다.		
사회적 지식	• 지역에 대한 관심을 보이고 이해한다.		
	• 경제생활에 대한 관심을 가진다.		
	• 다양한 문화에 대한 관심을 가진다.		

*체크하는 영유아의 연령에 적합한 수준에서 '그렇다'와 '아니다'에 표시함

| 예 5-16 | 평가 준거로서의 교육과정(누리과정) 중 사회관계 영역

내용 범주	내용	그렇다	아니다
나를 알고 존중하기	• 나를 알고 소중히 여긴다.		
	• 나의 일을 스스로 한다.		
나와 다른 사람의 감정을 알고 조절하기	• 나와 다른 사람의 감정을 알고 표현한다.		
	• 나의 감정을 조절한다.		
가족을 소중히 여기기	• 가족과 화목하게 지낸다.		
	• 가족과 협력한다.		
다른 사람과 더불어 생활하기	• 친구와 사이좋게 지낸다.		
	• 공동체에서 화목하게 지낸다.		
	• 사회적 가치를 알고 지킨다.		
사회에 관심 갖기	• 지역사회에 관심을 갖고 이해한다.		
	• 우리나라에 관심을 갖고 이해한다.		
	• 세계와 여러 문화에 관심을 가진다.		

*체크하는 영유아의 연령에 적합한 수준에서 '그렇다'와 '아니다'에 표시함

| 예 5-17 | 평가 준거로서의 핵심 능력 중 사회 · 정서 발달 영역

요소	주제	그렇다	아니다
자신	• 자신의 정서를 인식하고 표현한다.		
	• 자아 개념이 있다.		
	• 스스로를 달랜다.		
	• 스스로를 규제한다.		
	• 스스로를 유능하게 생각한다.		
관계	• 성인과 애착이 잘 되어 있다.		
	• 성인과 적절한 상호작용을 한다.		
	• 또래와 적절한 상호작용을 하고 관계를 맺는다.		
	• 공감을 한다.		

*체크하는 영유아의 연령에 적합한 수준에서 '그렇다'와 '아니다'에 표시함

둘째, 영유아를 이해하는 데 도움이 되는 정보를 수집할 수 있도록 제작해야 한다. 교사가 영유아에 대해 수집한 모든 정보는 영유아를 이해하는 데 도움이 되기는 하나 어떤 정보는 다른 정보보다 영유아를 이해하는 데 더 가치가 있다. 예를 들면, 앞서 언급한 영유아가 아는 색의 종류는 사회적 지식과 관련된 것으로 인지적 발달을 알려주는 정보이기는 하나 핵심 정보는 아닐 수 있다. 인지 발달의 중요 지표로 더 많이 언급되는 것은 감각기관 활용 능력, 기억 능력, 수/과학적 개념 형성 정도, 문제해결 능력(제3장 참조)이다. 한정된 시간에 한정된 자원으로 자료를 수집하는 것이므로 가능하면 의미 있고 핵심적인 정보를 수집할 수 있도록 체크리스트를 제작하는 것이 중요하다.

연습 5-7

- 다음은 급·간식 시간에 체크할 수 있는 항목이다.
- 필수적인 정보를 제공하는 항목이 더 필요하다면 추가적으로 넣는다.
- 각 항목이 영유아를 평가하는 데 필수적인 정보를 제공하는지 여부에 대해 생각하거나 토론하고, 그 이유를 기록한다.

항목	세부 항목	필수/불 필수 선택 및 이유 기록
급·간식 전 준비	• 놀잇감을 정리한다.	
	• 손을 씻는다.	
	• 급·간식 먹을 책상을 준비(예 위에 있는 놀잇감 치우기)한다.	
	• 급·간식 먹을 책상을 닦는다(예 행주질).	
	• 급·간식용 카트나 식기를 가져온다.	
	• 추가 1:	
	• 추가 2:	

▼ 〈계속〉

항목	세부 항목	필수/불 필수 선택 및 이유 기록
급 · 간식 관련 식습관 및 태도	• 식사 도구를 적절히 사용한다.	
	• 자신에게 적절한 급 · 간식 양만큼만 덜어 간다.	
	• 흘리지 않고 먹는다.	
	• 자신이 흘린 것을 치운다.	
	• 적절한 속도로 먹는다.	
	• 급 · 간식을 즐긴다.	
	• 바른 자세로 먹는다.	
	• 편식하지 않고 고루 먹는다.	
	• 또래와 적절히 이야기 나누며 먹는다.	
	• 소리내어 씹지 않는다.	
	• 같은 책상의 또래가 다 먹을 때까지 기다린다.	
	• 먹고 난 식기를 정해진 방식대로 치운다.	
	• 간식 당번 역할을 잘 수행한다.	
	• 추가 1:	
	• 추가 2:	
	• 추가 3:	
	• 추가 4:	
	• 추가 5:	
급 · 간식 후 활동	• 의자를 제자리에 넣는다.	
	• 양치질을 한다.	
	• 급 · 간식 후 해야 하는 활동(예 조용한 활동)을 한다.	
	• 추가 1:	
	• 추가 2:	
사용하는 도구	• 숟가락	
	• 포크	
	• 포크 달린 숟가락	
	• 젓가락	
	• 손/손가락	

셋째, 체크리스트로 관찰하여 수집한 자료를 종합하여 정리하는 자료로 활용할지 또는 기초 관찰 자료로 활용할지 결정한다. 교사는 체크리스트를 두 가지 목적을 위해 사용할 수 있다. 하나는 다양한 방식으로 수집한 자료를 종합하여 정리하는 수단으로 사용하는 것이고 다른 하나는 영유아를 평가하기 위해 다양한 자료를 모으는 기초적인 수단으로 사용하는 것이다.

위에 제시한 |예 5-15|~|예 5-17|(p. 108~109)은 수집한 다양한 자료를 정리하는 수단으로 사용하는 것이 더 적합하다. 왜냐하면 각 영역이 의미하는 바가 광범위하거나 추상적이기 때문에 정확한 평가를 위해서는 다양한 맥락에서 자료를 수집할 필요가 있다. 예를 들면, '평가 준거로서의 발달 영역 중 사회 · 정서 발달 항목〉사회관계〉 친사회적인 행동을 한다.'에 '그렇다' 또는 '아니다'로 체크할 때 교사가 특정 영유아에 대한 인상으로만 평가한다면 부정확한 평가가 될 가능성이 높다. 정확한 평가를 위해서는 타인을 이롭게 하기 위해 하는 자발적인 이타적 행동인 돕기, 나누기, 기부하기, 달래주기 등을 영유아가 다양한 맥락에서 어느 정도 자주 하는지 살펴본 후 종합하여 체크할 필요가 있다.

다음에 제시하는 |예 5-18|은 영유아의 친사회적 행동에 대한 다양한 자료를 수집하는 기초 수단으로 체크리스트를 사용한 것이다. 친사회적 행동의 관찰 여부와 종류뿐만 아니라 친사회적 행동의 핵심 개념인 자발성과 이타성을 각 행동이 반영하는지도 평가할 수 있도록 작성하였다. 정확한 기초 자료가 되기 위해서는 이 체크리스트를 활용하여 일정 기간(예 1주일)동안 관찰하는 것을 주기적으로 반복(예 한 학기에 1회씩)하여 자료를 수집한다.

| 예 5-18 | 다양한 자료 수집을 위한 기초 수단으로서의 체크리스트

친사회적 행동	관찰 여부		자발성		이타성		대상 및 맥락 기록*
	예	아니오	예	아니오	예	아니오	
돕기							
나누기							
달래주기							
양보하기 (주기)							

*체크리스트는 아니지만 어떤 상황에서 친사회적 행동을 하는지에 대한 이해를 높이기 위해 대상(또래 vs. 교사 또는 대상의 이름 기록)과 맥락(예 간식 시간에 또래가 더 먹고 싶어 할 때, 미술 활동 중 자료가 부족했을 때 등)을 기록할 수 있는 공간을 추가함

연습 5-8

- 다음은 영유아의 소근육 발달 또는 눈과 손의 협응력 수준을 관찰하기 위한 체크리스트의 일부이다.
- 영유아의 소근육 발달 또는 눈과 손의 협응력 수준을 관찰할 수 있는 항목을 더 생각하여 '추가 1' 부터 '추가 5' 에 기입한다.
- 특정 연령(예 만 2세)의 영유아 한 명을 선택하여 관찰한 후 그 영유아의 연령에 맞게 항목을 수정한다. 예를 들면, 만 2세 영아가 젓가락을 사용하거나 단추를 여닫거나 가위질을 제대로 하는 것은 거의 불가능하다. '젓가락 사용', '단추 여닫기', '가위질하기' 항목을 삭제하고 관찰하는 연령에 맞는 항목을 넣거나 적절한 어휘(큰 단추 열기나 가위 잡고 자르는 시도하기)로 수정한다.
- 기초 자료로 활용할 목적으로 사용한 체크리스트의 체크 결과를 바탕으로 종합 자료로 활용할 목적으로 작성된 체크리스트에 체크한다.

▼ 〈계속〉

| 연습 5-8 | 〈계속〉

자료 활용 목적	내용	그렇다	아니다
종합 자료로 활용	• 소근육 발달 또는 눈과 손의 협응력이 있다.		
기초 자료로 활용	• 숟가락, 포크 또는 젓가락을 사용한다.		
	• 단추를 잠그고 연다.		
	• 지퍼를 올리고 내린다.		
	• 바느질 교구를 사용한다.		
	• 퍼즐 조각을 끼워 넣고 뺀다.		
	• 필기 도구나 그리기 도구를 잡거나 사용한다.		
	• 손잡이나 문고리를 돌린다.		
	• 끼우기 블록을 끼우고 뺀다.		
	• 가위질을 한다.		
	• 추가 1:		
	• 추가 2:		
	• 추가 3:		
	• 추가 4:		
	• 추가 5:		
기초 자료로 활용 (수정) 관찰 대상 영유아 연령: 세	•		
	•		
	•		
	•		
	•		
	•		
	•		
	•		
	•		
	•		
	•		
	•		
	•		

넷째, 관찰하고자 하는 대상 영유아의 연령에 맞게 제작한다. 체크리스트를 제작하거나 선정할 때는 관찰하고자 하는 대상 영유아의 성, 연령에 따른 발달, 유아교육 또는 보육기관의 특성에 적합해야 한다. 만약 연령, 발달, 기관의 특성에 맞지 않는 항목으로 관찰하고 평가한다면 대상 영유아의 발달, 진보, 학습 정도를 정확히 평가할 수 없다.

영유아의 성을 예로 들면, 소근육 발달 정도를 관찰하기 위해 여아가 주로 참여하는 가위질하기, 바느질하기와 관련된 항목만 넣는다면 남아의 소근육 발달 정도를 정확히 관찰하기 어렵다. 남아의 소근육도 평가하기 위해서는 끼워 맞추기, 블록 끼우기, 퍼즐하기 등 남아가 자주 하는 활동과 관련된 항목도 넣어야 한다. 영유아의 연령을 예로 들면, '가위질을 한다'는 0세나 만 1세 영아에게서는 관찰할 수 없는 항목이고, 만 2세에서 만 5세까지는 다양한 수준의 가위질이 이뤄지기 때문에 단순히 '가위질을 한다'라는 항목으로는 충분하지 않다. 연령에 따른 적절한 관찰이 이루어지기 위해서는 '가위를 잡는 흉내를 낸다', '가위를 제대로 잡는다', '가위로 자르려는 시도를 한다', '가위로 선이나 도형을 찢듯이 오린다', '가위로 선이나 도형을 삐뚤게 오린다', '가위로 선이나 도형을 제대로 오린다' 등 다양한 연령에서 전형적으로 관찰되는 가위질 수준을 반영한 항목을 넣어야 한다. 기관의 특성을 예로 들면, 운영 시간, 기관이 소재한 지역의 특성 때문에 특정한 상황(예 낮잠, 오후 간식, 실외 놀이 중 대근육 활동을 위한 놀이 기구)이 없는 경우가 있다면 고려해서 제작해야 한다.

다음의 |예 5-19|는 The Early Childhood Direction Center(2006)에서 정리한 영유아의 연령별 소근육 발달과 눈과 손의 협응력 수준이다. 교사가 평가해야 하는 항목에 대한 각 연령별 발달 수준에 대한 이해가 있다면, 영유아의 연령에 적절한 체크리스트 제작도 용이하고 관찰 후에도 정확히 표시할 수 있다.

| 예 5-19 | 연령 범주별 소근육과 눈과 손의 협응 정도

8~12개월	• 엄지와 검지로 집음 • 두 개의 작은 블록을 잡고 서로 부딪침 • 통 속에 물건을 넣음 • 통 속에서 물건을 꺼냄 • 둘째 손가락으로 찌름 • 긁적거리기를 흉내내려함
12~24개월	• 자발적으로 긁적거림 • 통 속의 물건을 꺼내기 위해 통을 뒤집음 • 4개 이상의 블록을 쌓음
24~36개월	• 연필이나 크레용으로 수직, 수평, 원을 그림 • 한 장씩 책장을 넘김 • 6개 이상의 블록을 쌓음 • 쓰기를 할 때처럼 연필을 잡음 • 뚜껑이나 볼트와 너트를 잠그고 돌려 개방함 • 돌리는 손잡이를 돌림
만 3~4세	• 사각형을 따라 그림 • 2~4개의 부분으로 몸을 그림 • 가위를 사용함 • 원과 사각형을 그림 • 대문자를 따라 그림 • 숟가락으로 잘 떠먹음
만 4~5세	• 삼각형과 다른 도형을 따라 그림 • 몸과 머리가 분리된 형태로 사람 그림 • 글씨를 씀 • 혼자 옷을 입고 벗음 • 숟가락과 포크를 사용함 • 화장실을 혼자 잘 사용함

연습 5-9

- | 연습 5-8 | (p. 113)과 | 예 5-19 | (p. 116)에 제시된 연령 범주별 소근육과 눈과 손의 협응 정도에 제시된 항목을 참고하여 특정 연령에 적절한 체크리스트를 제작한다.
- 필요하다면 평가하고자 하는 연령의 영유아를 실제로 관찰한 후, 관찰한 것을 체크리스트 제작에 반영한다.
- 남아와 여아 모두에게 적절한지 또는 하루 일과 중 다양한 맥락이나 상황에서 관찰 가능한지 등 제4장에 제시된 원칙을 참고하여 제작한다.
- 다른 연령의 영유아를 선정하여 제작한 체크리스트와 비교하여 영유아의 발달적 경향이 각 연령별 체크리스트에 잘 반영되었는지 토론한다.
- 제4장에 제시된 원칙 중 어떤 원칙이 반영되었는지 토론한다.

선정한 연령	만 세
〈관찰할 항목〉 소근육 발달 및 눈과 손의 협응력 • • • • • • • • • •	

다섯째, 관찰할 항목에 발달적 또는 개념적 순서가 반영된 체크리스트를 제작할지 여부를 결정한다. 체크리스트를 제작할 때는 관찰할 항목에 발달적 또는 개념적 순서가 반영되도록 작성하거나 반영되지 않게 작성할 수 있다. 이를 위해 교사가 관찰하고자 하는 행동의 특성을 파악할 필요가 있다.

다음의 세 가지 예를 살펴보자. | 예 5-20 | 은 어떤 연령의 영유아를 관찰하든지 모두 관찰할 수 있는 항목이고 각 항목이 다른 항목에 비해 발달적 또는 개념적으로 더 높은 수준을 반영하지 않는다. | 예 5-21 | 은 영유아의 연령이 어릴 경우 관찰할 수 없는 기술(예 해석, 가설 설정)도 있어 발달적 또는 개념적 순서를 반영하기도 한

다. 그러나 모든 기술이 과학 활동을 하기 위해 필요한 기술이고, 연령이 증가할수록 과학 활동을 할 때 모든 기술을 사용한다는 측면에서는 발달적 또는 개념적 순서가 반영되어 있지 않다고도 할 수 있다. |예 5-22|는 적목 사용 방식의 발달적 순서를 반영한 것으로 영유아의 연령이 어릴수록 상단에 제시된 행동을 하고 연령이 증가할수록 하단에 제시된 행동을 하며, 높은 연령의 유아는 상단에 제시된 행동을 하지 않는다. 이런 특성을 가진 체크리스트의 사용은 각 영유아의 발달적 진보 상황에 대한 평가가 가능하다는 장점이 있다.

|예 5-20| 행동을 관찰하는 항목에 발달적 또는 개념적 순서가 반영되지 않은 체크리스트

언어 영역에서 영유아가 참여하는 활동	관찰함	관찰 못함
• 책 또는 자료 보기		
• 쓰기 또는 긁적거리기		
• 그림 사전 또는 책 만들기		
• 글자카드, 글자게임, 글자퍼즐 등의 문식성 자료를 이용한 놀이하기		
• 융판 자료, 각종 인형 등의 말하기 자료 이용하기		
• 녹음기, 테이프, CD 등의 듣기 자료 이용하기		

|예 5-21| 행동을 관찰하는 항목에 발달적 또는 개념적 순서가 일부 반영된 체크리스트

과학 활동에서 사용하는 과학적 기술	관찰함	관찰 못함
• 관찰		
• 분류		
• 측정		
• 가설 설정		
• 실험		
• 해석		
• 기록		

| 예 5-22 | 행동을 관찰하는 항목에 발달적 또는 개념적 순서가 반영된 체크리스트

적목 사용 방식의 발달적 순서	관찰함	관찰 못함
• 적목 이리 저리 옮기기		
• 늘어놓기와 쌓기를 통해 간단한 구조물 만들기		
• 간단한 구조물로 단편적인 이름을 붙이거나 표상하기		
• 복잡한 구조물 만들기		
• 장식이 포함된 복잡한 구조물 만들기		
• 구조물을 반영하는 이름 붙이기		
• 만든 구조물을 이용해 일련의 연속된 표상하기		

*이런 특성을 가진 체크리스트를 제작할 때는 해당 연령 영유아에게 전형적으로 나타나는 행동을 중심으로 항목을 선정함.

연습 5-10

- | 예 5-20 | ~ | 예 5-22 | (p. 118~119)와 같이 행동을 관찰하는 항목에 발달적 또는 개념적 순서가 반영되지 않은 체크리스트, 일부 반영된 체크리스트, 전체가 반영된 체크리스트를 제작한다.
- 제작하기 전에 관찰할 행동이나 특성을 관련 책을 찾아 학습한다.
- 같은 행동에 대한 체크리스트를 제작한 다른 사람과 공통점과 차이점에 대해 토론한다.

여섯째, 체크리스트로 수집한 자료를 평가 준거의 기준으로 분류할 때는 정확히 분류한다. 체크리스트로 영유아를 관찰하여 기록하는 이유는 평가를 하기 위해서이다. 평가 준거를 기반으로 제작한 체크리스트는 평가 준거에 맞게 다시 분류할 필요가 없지만, 평가 준거와 관계없이 제작된 체크리스트는 관찰 후 평가 준거를 기준으로 다시 분류해야 한다. 예를 들면, | 예 5-18 | (p. 113)은 평가 준거인 '친사회적 행동'을 직접적으로 관찰하고 체크했기 때문에 추가적인 분석이나 분류가 필요하지 않다.

반면, 급 · 간식 시간과 관련된 | 연습 5-7 | (p. 110)은 급 · 간식 시간에 보이는 다양한 행동을 관찰한 것이기 때문에 관찰한 행동의 성격에 따라 다시 분석과 분류를 해야 한다. 일화 기록에서도 수집한 하나의 일화를 다양한 준거로 분석한 것을 기억할 것이다. 다음의 예는 급 · 간식 시간에 관찰한 행동과 관련 있는 평가 준거를 기술한 것이다. 일화 기록에서 강조한 바와 같이 하나의 행동에 대한 관찰 결과를 다양한 준거를 평가하는 데 활용해야 효율적인 평가가 이루어진다.

| 예 5-23 | 급 · 간식 활동에 대한 관찰 항목과 평가 준거와의 연계

항목	세부 항목	발달 영역	누리과정	표준보육과정	핵심 능력: 오하이오 주
급 · 간식 전 준비	• 놀잇감을 정리한다. • 손을 씻는다. • 급 · 간식 먹을 책상을 준비한다. • 급 · 간식 먹을 책상을 닦는다. • 급 · 간식용 카트나 식기를 가져온다.	신체〉 자조기술의 발달〉 독립적인 자조 능력 신체〉 건강, 영양, 안전〉 건강, 영양, 안전에 대한 이해, 태도 및 실천	사회관계〉 나를 알고 존중하기〉 나의 일 스스로 하기 신체운동 · 건강〉 건강하게 생활하기〉 바른 식생활 하기 및 건강한 일상생활 하기	기본생활〉 건강하게 생활하기	신체적 안녕과 운동 기능 발달〉 자조 및 안전 실천
급 · 간식 관련 식습관 및 태도	• 식사 도구를 적절히 사용한다. • 자신에게 적절한 급 · 간식 양을 안다. • 흘리지 않고 먹는다. • 자신이 흘린 것을 치운다. • 적절한 속도로 먹는다. • 급 · 간식을 즐긴다. • 바른 자세로 먹는다. • 편식하지 않고 고루 먹는다. • 또래와 적절히 이야기 나누며 먹는다. • 소리내어 씹지 않는다. • 같은 책상의 또래가 다 먹을 때까지 기다린다. • 먹고 난 식기를 정해진 방식대로 치운다. • 간식 당번 역할을 잘 수행한다.	신체〉 자조기술의 발달〉 독립적인 자조 능력 신체〉 건강, 영양, 안전〉 건강, 영양, 안전에 대한 이해, 태도 및 실천 언어〉 의사소통	사회관계〉 나를 알고 존중하기〉 나의 일 스스로 하기 신체운동 · 건강〉 건강하게 생활하기〉 바른 식생활 하기 및 건강한 일상생활 하기 의사소통〉 말하기〉 상황에 맞게 바른 태도로 말하기	기본생활〉 건강하게 생활하기 의사소통〉 말하기〉 자신이 원하는 것 말하기	신체적 안녕과 운동 기능 발달〉 자조 및 안전 실천 신체적 안녕과 운동 기능 발달〉 영양 언어와 문해 발달〉 듣기와 말하기〉 사회적 의사소통

항목	세부 항목	발달 영역	누리과정	표준보육과정	핵심 능력: 오하이오 주
급 · 간식 후 활동	• 의자를 제자리에 넣는다.	신체〉 자조기술의 발달〉 독립적인 자조 능력	사회관계〉 나를 알고 존중하기〉 나의 일 스스로 하기	기본생활〉 건강하게 생활하기	신체적 안녕과 운동 기능 발달〉 자조
	• 양치질을 한다.	신체〉 건강, 영양, 안전〉 건강, 영양, 안전에 대한 이해, 태도 및 실천	신체운동 · 건강〉 건강하게 생활하기〉 바른 식생활 하기 및 건강한 일상생활 하기		
	• 급 · 간식 후 하는 활동을 한다.				
사용하는 도구	• 숟가락/포크/포크 달린 숟가락/젓가락/손 및 손가락	신체〉 소근육의 통제와 협응	신체운동 · 건강〉 신체 조절과 기본운동하기〉 신체 조절하기	신체운동〉 신체 조절과 기본운동하기〉 소근육 조절하기	신체적 안녕과 운동 기능 발달〉운동기능 발달〉 소근육

위의 예를 보면 급 · 간식 시간에 체크리스트로 관찰한 많은 항목이 네 가지 평가 준거의 극히 일부분(예 건강, 영양, 안전 습관, 소근육 발달 및 협응, 사회적 의사소통)에만 해당됨을 알 수 있다. 사회 · 문화적 지식에 해당하는 식사 예절이나 급 · 간식 관련 학급 규칙에 대한 이해와 준수에 대한 평가도 가능하나 네 가지 평가 준거에는 유사한 항목이 없다. 교사의 입장에서는 많은 시간과 노력을 들여 그 학급의 모든 영유아를 평가했는데 평가 준거의 극히 일부분만 충족한다면 비효율적이라 생각할 수 있다. 그러나 자조 기술, 식사 습관, 영양이나 건강에 대한 태도를 포괄적으로 평가하기 위해서는 다양한 측면에서 평가할 필요가 있기 때문에 비효율적이라 할 수 없다. 또한 교사가 급 · 간식에 대한 체크리스트를 만들 때 교사가 중시하는 가치나 학급 규칙을 반영한 항목(예 남기지 않고 먹을 수 있게 적절한 양만 가져가기, 간식 당번을 맡은 유아의 역할에 관한 규칙)을 넣을 수 있고, 관찰 결과에 근거하여 각 영유아 또는 학급 전체 영유아에게 더 지도할 사항(예 먹을 때 적당한 소리로 대화하는 것과 큰소리로 대화하는 것, 식기 정리에 대한 더 자세한 지도)이 무엇인지 파악할 수도 있다.

(2) 사건 표집법: 출현 빈도에 대한 표시

사건 표집법은 관찰하고자 하는 행동을 관찰할 때마다 기록하는 방법이다. 사건 표집법은 다음에 제시되는 특성으로 인해 교사가 평가 자료 수집을 위해 사용하기에 효율적인 방법은 아니다. 사건 표집법의 특성 및 사용법을 구체적으로 알아보면 다음과 같다.

■ 사건 표집법을 활용한 관찰에 적절한 행동

사건 표집법은 다음의 두 가지 경우에 사용하는 것이 더 적절하다. 첫째, 발생의 빈도를 알 때 영유아에 대한 정확한 평가가 이루어지는 행동을 관찰하기에 가장 적합하다. 관찰의 초점이 되는 행동이 발생했을 때 한 번만 기록하는 체크리스트와 달리 사건 표집법은 발생할 때마다 기록하기 때문에 얼마나 자주 발생했는지 알 수 있다. 따라서 사건 표집법으로 관찰하기 적절한 행동은 얼마나 자주 발생했는지를 아는 것이 의미 있을 때이다.

예를 들면, 체크리스트에 대한 설명에서 예로 제시된 '알고 있는 색'(| 예 5-14 |, p. 107 참조)은 사건 표집법으로 관찰하기 부적절하다. 왜냐하면 어떤 색을 알고 있는지 한 번만 확인하면 그 색을 안다는 것을 파악할 수 있기 때문에 영유아가 특정 색을 알고 있다는 것을 여러 번 관찰하고 수를 세는 것이 무의미하다. 다른 예를 들면, 영유아가 세모, 네모, 동그라미(또는 삼각형, 사각형, 원) 등의 도형과 각 도형의 명칭을 아는지 알아보기 위해서도 영유아가 도형에 대한 지식을 보일 때 한 번만 기록, 즉 체크리스트로 기록하면 충분하다.

반면, 체크리스트의 예로 제시된 '친사회적 행동'(| 예 5-18 |, p. 113 참조)은 사건 표집법으로 관찰하기에 더 적절하다. 왜냐하면 친사회적 행동을 하는지 여부뿐만 아니라 얼마나 자주 하는지를 알면 특정 영유아가 다른 영유아에 비해 얼마나 더 친사회적인지 판단할 수 있기 때문이다. 친사회적 행동을 관찰할 서식을 사건 표집법의 형태로 제작하면 다음 | 예 5-24 | 와 같다.

| 예 5-24 | 친사회적 행동 관찰을 위한 사건 표집법 서식

구분	돕기	나누기	달래주기	양보하기(주기)	총계
영유아 이름 1	∨∨∨*				
영유아 이름 2					
영유아 이름 3					
영유아 이름 4					

*관찰할 때마다 다양한 기호(예 ∨나 ///, 또는 正)로 표시한 후 총계를 낸다.

둘째, 사건 표집법은 빈번하게 정기적으로 발생하는 행동보다는 빈번하지 않게 부정기적으로 발생하는 행동을 관찰하기에 더 적합하다. 교사에 대한 의존성을 파악하기 위해 얼마나 자주 교사를 부르거나 쳐다보는지 사건 표집법으로 관찰한다고 가정하자. 영유아가 교사를 부르거나 쳐다보는 행동은 매우 빈번하고, 동시다발적으로 발생하고(즉, 여러 영유아가 동시에 부르거나 쳐다봄), 발생한 것을 알아채기 어렵기 때문에(특히, 쳐다보는 것) 교사가 그 때마다 기록하는 것은 거의 불가능하다. 학술 연구를 위해서는 연구자가 따로 관찰만 하기 때문에 가능하다. 그러나 교사가 영유아를 지도하면서 발생할 때마다 정확히 기록하는 것은 불가능하기 때문에 평가를 위한 자료로서의 가치도 낮아진다. 반면, 친사회적 행동이나 공격적 행동은 빈번히 발생하지도 정기적으로 발생하지도 않기 때문에 교사가 사건 표집법으로 기록할 수 있고 평가를 위한 정확한 자료가 될 가능성도 높다.

연습 5-11

- | 예 5-24 | (p. 123)에 제시된 친사회적 행동 관찰을 위한 사건 표집법 서식을 참고하여 공격적 행동을 관찰하기 위한 사건 표집법 서식을 제작한다.
- 공격적 행동을 '언어적인 공격', '신체적인 공격', '언어 + 신체적 공격' 으로 나눠서 관찰할 수 있게 서식을 제작한다.
- 공격적 행동에 대한 문헌을 살펴보고 다른 방식으로도 공격적 행동을 분류하여 서식을 제작할 수 있다.
- 다른 사람이 제작한 서식과 비교하고 유사점과 차이점에 대해 토론한다.

■ 사건 표집법의 효율적인 제작 및 사용 전략

사건 표집법의 효율적인 활용을 위해 다음에 제시된 전략을 참고한다. 첫째, 실현 가능한 관찰 계획을 세운다. 학술 연구에서는 관찰의 초점이 되는 행동이 발생할 때마다 놓치지 않고 기록하기 위해 다양한 방법을 사용한다. 예를 들면, 한 명이 관찰할 때는 특정 영역 또는 활동을 일정 시간 동안 집중적으로 관찰한 후 다른 영역이나 활동으로 옮아가 관찰하기도 한다. 때로는 한 명 이상이 동시에 관찰하면서 담당 영역이나 활동을 정해서 집중적으로 관찰하기도 한다.

그러나 유아교육 또는 보육기관에서 교사는 영유아를 지도하면서 관찰하는 것이기 때문에 실현 가능한 계획을 세워야 한다. 예를 들면, 함께 노는 영유아 집단을 파악하고 있다면 놀이 집단을 중심으로 관찰할 수 있다. 함께 노는 영유아는 함께 놀고, 함께 이동하는 성향이 있기 때문에 관찰하고자 하는 행동이 발생하면 놓치지 않고 기록할 수 있다. 또 다른 예를 들면, 심한 부정적 정서의 표현(예 울기, 소리 지르기)은 빈번히 발생하지 않고, 특정 영유아에게 더 빈번히 발생하는 경향이 있으므로 학급 전체를 대상으로 기록하되, 부정적 정서를 더 빈번히 표출해 온 영유아를 주시하는 방식으로 관찰할 수 있다. 그러나 일화 기록이나 체크리스트에 비해 사건 표집법은 교사가 관찰에 더 집중해야 정확한 빈도가 기록되기 때문에 영유아를 지도하는 것을 주 임무로 하는 교사가 활용하기는 현실적으로 쉽지 않다.

둘째, 어떤 행동에 대한 관찰 빈도를 기록할 것인가를 사전에 결정해야 한다. 체크리스트와 마찬가지로 사건 표집법도 미리 어떤 행동을 관찰할지를 구체적으로 정해야 하므로 준비가 필요하다. 사건 표집법은 발생 빈도를 아는 것이 의미 있는 영유아의 행동을 관찰하는 데 적절하기 때문에 모든 평가 준거가 적용되지는 않는다. 체크리스트에서 평가 준거의 예로 제시한 | 예 5-15 | ~ | 예 5-17 | (p. 108~109)에서 사회 · 정서 발달 항목을 다시 살펴보자. 소수의 항목은 관찰된 빈도가 높으면 영유아의 발달이 더 잘 이뤄졌다고 평가할 수 있지만 대부분의 항목은 그렇지 않다는 것을 발견할 것이다. 예를 들면, 영유아가 '자신에 대한 이해' 나 '자신의 정체성에 대한 이해' 가 있다는 것을 자주 드러내는 것이 '자신에 대한 이해 수준' 이나 '자신의 정체성에 대한 이해 수준' 이 높다고 할 수 있을까? 이런 항목들은 빈도보다는 '다양한 측면' 에서 자신을 이해하거나 '자신의 다양한 특성' 을 통합하여 갖게 되는 자아정체성을 가지고 있는지를 관찰하는 것이 평가 자료로 더 유용할 수 있다.

| 예 5-25 | 평가 준거로서의 발달 영역 중 사회 · 정서 발달 항목

하위 영역	세부 내용	관찰된 횟수	평가 자료로써의 관찰된 횟수의 가치*
자아 개념	• 자신을 이해한다.		높지 않음
	• 자아 정체성이 있다.		높지 않음
	• 긍정적 자아 개념을 가지고 있다.		높지 않음
	• 자신감이 있다.		높지 않음
사회적 관계	• 타인을 이해한다.		높지 않음
	• 또래와 관계를 형성한다.		높지 않음
	• 성인과의 안정적인 관계를 형성한다.		높지 않음
	• 친사회적 행동을 한다.		어느 정도 높음
	• 협동을 한다.		어느 정도 높음
도덕성의 기초	• 질서를 지킨다.		어느 정도 높음
	• 절제(절약)를 한다.		어느 정도 높음
	• 예절을 지킨다.		어느 정도 높음
사회적 지식	• 지역에 대한 관심을 보이고 이해한다.		중간
	• 경제생활에 대한 관심을 가진다.		어느 정도 높음
	• 다양한 문화에 대한 관심을 가진다.		어느 정도 높음

*저자의 주관적 판단이므로 항목에 대한 각 개인의 관점에 따라 판단이 달라질 수 있음.

연습 5-12

- 다음은 [표준보육과정〉 기본생활] 중 만 2세에 적용되는 [건강하게 생활하기]와 [안전하게 생활하기]의 내용이다.
- 각 내용이 사건 표집법으로 관찰하기 적절한지 판단하여 기록한다. 판단할 때는 각 내용을 '많이' 하는 것이 '잘' 하는 것인지 염두에 둔다.
- 다른 사람의 판단과 비교하고 공통점과 차이점에 대해 토론한다.

기본생활	세부 내용	관찰된 횟수	평가 자료로써의 관찰된 횟수의 가치
건강하게 생활하기	• 스스로 손과 몸 씻기를 시도한다.		
	• 스스로 이 닦기를 시도한다.		
	• 음식을 골고루 먹는다.		
	• 도구를 사용하여 스스로 먹는다.		
	• 정해진 자리에서 먹는다.		
	• 일과에 따라 규칙적으로 잠을 잔다.		
	• 정해진 시간에 알맞게 휴식한다.		
	• 하루 일과에 즐겁게 참여한다.		
	• 정해진 곳에서 배변한다. (1수준)		
	• (또는) 화장실에서 배변한다. (2수준)		
안전하게 생활하기	• 놀이기구나 놀잇감을 안전하게 사용한다.		
	• 안전한 장소에서 놀이한다.		
	• 교통수단의 위험함을 안다. (1수준)		
	• (또는) 교통수단의 위험함을 알고 조심한다. (2수준)		
	• 위험한 상황과 위험한 것을 안다. (1수준)		
	• (또는) 위험한 상황과 위험한 것을 알고 조심한다. (2수준)		
	• 위험한 상황 시 어른의 지시에 따른다.		

연습 5-13

- 다음은 체크리스트에서 연습했던 급 · 간식 시간에 관찰할 수 있는 항목이다.
- 각 항목이 사건 표집법으로 관찰하기 적절한지 판단하여 기록한다. 판단할 때는 각 내용을 '많이' 하는 것이 '잘' 하는 것인지 염두에 둔다.
- 다른 사람의 판단과 비교하고 공통점과 차이점에 대해 토론한다.

항목	세부 항목	평가 자료로써의 관찰된 횟수의 가치
급 · 간식 전 준비	• 놀잇감을 정리한다.	
	• 손을 씻는다.	
	• 급 · 간식 먹을 책상을 준비(예 위에 있는 놀잇감 치우기)한다.	
	• 급 · 간식 먹을 책상을 닦는다(예 행주질).	
	• 급 · 간식용 카트나 식기를 가져온다.	
급 · 간식 관련 식습관 및 태도	• 식사 도구를 적절히 사용한다.	
	• 자신에게 적절한 급 · 간식 양을 안다.	
	• 흘리지 않고 먹는다.	
	• 자신이 흘린 것을 치운다.	
	• 적절한 속도로 먹는다.	
	• 급 · 간식을 즐긴다.	
	• 바른 자세로 먹는다.	
	• 편식하지 않고 고루 먹는다.	
	• 또래와 적절히 이야기 나누며 먹는다.	
	• 소리내어 씹지 않는다.	
	• 같은 책상의 또래가 다 먹을 때까지 기다린다.	
	• 먹고 난 식기를 정해진 방식대로 치운다.	
	• 간식 당번 역할을 잘 수행한다.	
급 · 간식 후 활동	• 의자를 제자리에 넣는다.	
	• 양치질을 한다.	
	• 급 · 간식 후 해야 하는 활동(예 조용한 활동)을 한다.	
사용하는 도구	• 숟가락	
	• 포크	
	• 포크 달린 숟가락	
	• 젓가락	
	• 손/손가락	

셋째, 영유아를 이해하는 데 의미 있는 정보를 수집할 수 있도록 제작한다. 어떤 관찰법을 사용하든 영유아를 이해하고 평가하는 데 의미 있는 정보를 수집하는 것이 중요한 것과 마찬가지로 사건 표집법도 그러하다. 특히 사건 표집법은 사건이 발생할 때마다 표시해서 빈도를 세는 것이기 때문에 시간과 노력이 더 필요하다. 따라서 바로 위 | 연습 5-13 |(p. 128)에서 살펴보고 연습한 바와 같이 사건 표집법으로 관찰했을 때 의미가 있는 행동과 특성을 관찰 항목으로 선택할 필요가 있다.

연습 5-14

- | 연습 5-13 | 에서 관찰된 빈도가 평가 자료로써의 가치가 높다고 판단된 항목만을 대상으로 급 · 간식에 관한 사건 표집법 서식을 제작한다.
- 제작된 서식에 대해 사건 표집법으로 급 · 간식 행동을 평가하기에 부족한 것이 없는지 살펴보고 어떤 항목을 추가해야 할지 토론한다. 즉, 급 · 간식에서의 전반적인 행동을 모두 평가할 수 있는지 생각해 본다.

넷째, 사건 표집법으로 관찰한 것을 종합하여 정리하는 자료로 활용할지 또는 기초 관찰 자료로 활용할지 결정한다. 체크리스트는 종합하는 목적과 기초 자료 수집 목적 모두로 활용할 수 있는 반면, 사건 표집법은 두 가지 이유로 기초 자료 수집 목적으로 활용하는 것이 더 유용하다. 첫째, '어떤 행동의 발생 유무를 체크할 것인가에 대한 사전 결정'에서 살펴본 바와 같이 대부분의 항목은 발생빈도 보다는 발생의 유무나 정도가 중요하기 때문에 사건 표집법으로 관찰하여 평가하기에 적절하지 않다. 둘째, 교사가 사용할 수 있는 사건 표집법은 관찰해야 할 사건의 수가 적은 항목이다. | 연습 5-13 |(p. 128)이나 | 연습 5-14 |(p. 129)와 같이 급 · 간식 시간에 사건 표집법으로 관찰할 수 있는 항목이 있다 하더라도 그 수가 많으면 실제로 관찰하는 것이 불가능하다. 따라서 관찰할 항목의 수가 적으면서도 관찰된 빈도가 의미 있는 소수의 항목으로 제한되기 때문에 종합의 목적보다는 기초 자료 수집의 목적으로 활용하는 것이 더 적절하다. 학술 연구에서는 사건 표집법이 다양한 항목으로 구성된 광범위한 행동과 특성을 관찰하는 데 빈번히 사용되지만 교사가 관찰할 수 있는 대표적인 항목의 예는 친사회적 행동 빈도, 공격적 행동 빈도, 부정적 정서 표현 빈도, 또래간 갈등 발생빈도가 있다.

■ 기타

체크리스트의 활용에 대한 설명에 제시된 항목 중 '관찰하고자 하는 대상 영유아의 연령에 맞게 제작', '관찰할 항목에 발달적 또는 개념적 순서가 반영된 체크리스트를 제작할지 여부에 대한 결정', '체크리스트로 수집한 자료를 평가 준거를 기준으로 분류하기'는 사건 표집법에 빈번히 적용되지 않기 때문에 생략하고자 한다.

첫째, 사건 표집법으로 관찰하는 행동은 특정 항목의 세부 항목(예 친사회적 행동이라는 항목에 포함된 돕기, 나누기, 양보하기 등의 세부 항목; 창의성이라는 항목에 포함된 유창성, 융통성 등의 세부 항목)일 경우가 많기 때문에 연령에 관계없이 관찰된다. 물론 만 1세 미만의 영아에게 친사회적 행동이나 창의성을 관찰하기 어렵지만, 일단 친사회적 행동이나 창의성이 관찰되는 연령이 되면, 하위 속성은 어느 연령에서나 관찰된다.

둘째, 사건 표집법으로 관찰하는 행동은 발달적 또는 개념적 순서가 있기보다는 항목에 포함된 개념적인 세부 항목인 경우가 더 많다. 위의 친사회적 행동이나 창의성의 경우에서 보듯이, 그 세부 항목은 연령에 따라 다른 속도로 발현되는 것도 아니고 특정 세부 항목이 다른 것보다 더 중요한 것이 아닌 동등한 가치(예 유창성과 융통성은 동일한 가치를 지님)를 가지기 때문이다.

셋째, 사건 표집법은 특정 평가 준거를 상세히 관찰할 목적으로 사용되는 경우가 더 많기 때문에 일단 자료를 수집하고 평가 준거를 기준으로 다시 분류하는 경우는 적다.

3) 기술 평정 척도와 숫자 평정 척도: 정도

평정 척도(기술 평정 척도와 숫자 평정 척도 모두)는 관찰한 행동의 양적 또는 질적 정도를 일련의 숫자로 기록하는 방법이다. 기술 평정 척도는 일련의 숫자가 의미하는 바가 무엇인지를 관찰하고자 하는 행동의 논리적 단계에 맞춰 구체적으로 기술한 것이다. 이와 비교하여 숫자 평정 척도는 숫자만으로 그 정도를 표시하는 것이다. 일반적으로 연속성 있는 숫자(주로 1~4 또는 1~5)로 정도를 표시하는데 낮은 숫자에 높은 수준의 양적 또는 질적 특성을 부여(즉, 1=매우 그렇다; 5=전혀 그렇지 못하다)하기도 하

고 높은 숫자에 높은 수준의 양적 또는 질적 특성을 부여(즉, 1=매우 그렇지 못하다; 5=매우 그렇다)하기도 한다. 숫자에 부여되는 어휘는 관찰하는 행동을 표현하기 적절하게 정할 수 있다. 예를 들면, '항상 그러함 vs. 거의 그렇지 않음', '매우 잘함 vs. 거의 하지 못함' 또는 '아주 잘함 vs. 아주 못함' 등 다양한 방식으로 표현할 수 있다. 기술 평정 척도와 숫자 평정 척도의 예를 살펴보면 다음 | 예 5-26 | 과 같다.

| 예 5-26 | 기술 평정 척도와 숫자 평정 척도의 예

[누리과정] 신체운동 · 건강 영역〉 건강하게 생활하기〉 몸과 주변을 깨끗이 하기 중 몸을 깨끗이 하기

기술 평정 척도*	숫자 평정 척도				
몸을 깨끗이 하기 ① 교사가 지시해도 손을 씻지 않을 때가 있다. ② 교사가 지시하면 손을 씻는다. ③ 스스로 손을 씻지만 깨끗하게 씻지 않을 때도 있다. ④ 스스로 손을 깨끗하게 잘 씻는다.	몸을 깨끗이 하기				
	1 전혀 못함	2	3	4	5 매우 잘함

*서울특별시유아교육진흥원(2014). 3, 4, 5세 연령별 누리과정 평가 도구: 연령별 누리과정 평가 도구. 저자

평정 척도의 특성 및 사용법을 구체적으로 알아보면 다음과 같다.

■ 평정 척도를 활용한 관찰에 적절한 행동

평정 척도는 정도를 기록함으로써 정확한 평가가 이루어지는 행동을 관찰하기에 가장 적합하다. 관찰하고자 하는 행동의 발생 유무만 기록하는 체크리스트나 발생 빈도를 알 수 있는 사건 표집법과 달리 평정 척도는 정도나 수준에 대한 정보를 제공한다. 따라서 평정 척도로 관찰하기에 적절한 행동은 정도나 수준을 아는 것이 의미 있는 행동이다.

체크리스트나 사건 표집법에 대한 설명 중, 예로 제시된 '알고 있는 색'이나 '알고 있는 도형'은 평정 척도로 관찰하기 부적합하다. 왜냐하면 영유아가 특정 색과 도형의 명칭을 알면 아는 것이지 '어느 정도'로 아는지를 표시하는 것은 무의미하기 때

문이다. 혹자는 '확실히 안다' 부터 '전혀 모른다' 로 이어지는 정도로 표시할 수 있다고 생각할 수 있으나 '개념' 은 정확히 알 때만 아는 것으로 인정받는 경우가 많다. 반면, 사건 표집법으로 관찰할 수 있는 것으로 소개된 '친사회적 행동' 은 평정 척도로도 관찰할 수 있다. 영유아가 친사회적인지 평가하는 데는 친사회적 행동의 빈도뿐만 아니라 친사회적 행동의 정도에 대한 정보도 유용하기 때문이다.

| 예 5-27 | 친사회적 행동 관찰을 위한 숫자 평정 척도 서식

구분	빈도					자발성					이타성				
	1 매우 낮음	2	3	4	5 매우 높음	1 매우 낮음	2	3	4	5 매우 높음	1 매우 낮음	2	3	4	5 매우 높음
돕기	1	2	3	4	5	1	2	3	4	5	1	2	3	4	5
나누기	1	2	3	4	5	1	2	3	4	5	1	2	3	4	5
달래주기	1	2	3	4	5	1	2	3	4	5	1	2	3	4	5
양보하기(주기)	1	2	3	4	5	1	2	3	4	5	1	2	3	4	5

(1) 기술 평정 척도

기술 평정의 방법으로 평정하기 위해 교사가 척도를 제작하는 것은 어렵기 때문에 이미 제작된 척도를 사용하는 것이 좋다. 서울특별시유아교육진흥원(2014)에서 누리과정을 준거로 만 3세, 만 4세, 만 5세 유아를 평가하도록 제작한 척도는 있으나 다른 연령의 영유아를 평가하기 위한 도구나 표준보육과정을 준거로 제작한 척도는 없기 때문에 적용 연령에 제한이 있다.

만 3, 4, 5세 유아용 기술 평정 척도는 유아가 누리과정의 5개 영역에 근거한 교육을 받은 후 어떻게 발달하는지를 1(가장 낮은 수준)~4(가장 높은 수준)수준으로 평정하여 파악하기 위한 목적으로 제작되었다. 각 연령별 전체 문항 수와 영역별 문항 수는 다음과 같다.

| 예 5-28 | 연령별 문항 수

영역	만 3세	만 4세	만 5세
신체운동 · 건강	8	9	10
의사소통	8	9	10
사회관계	8	9	10
예술경험	6	7	8
자연탐구	8	9	10
전체 문항 수	38	43	48

교사가 각 문항을 평정할 때 참고하도록 각 수준별 평정 기준을 기술한 것 이외에도, 주요 관찰 사항, 문항의 평가 목적, 각 수준의 평정 기준을 제시하였다.

| 예 5-29 | 자연탐구 영역(문항 48. 자연현상 탐구하기)

수준	평정 기준
1	• 날씨, 계절의 변화와 같은 자연현상에 관심을 보이지 않는다.
2	• 날씨, 계절의 변화와 같은 자연현상에 단편적인 관심을 보인다.
3	• 날씨, 계절의 변화와 같은 자연현상에 규칙성이 있다는 것을 이해한다.
4	• 날씨, 계절의 변화와 같은 자연현상의 규칙성과 자신의 경험을 연결하여 이야기한다.
주요 관찰 사항	
• "그림자는 왜 생길까?", "바람은 왜 불까?", "하늘에 구름이 잔뜩 끼었네, 어떤 일이 일어날까?" 등 자연현상에 관한 주제로 이야기를 나누거나 기관 주변의 식물 돌아보기를 하면서, 역할 놀이 영역에서 우주선 놀이를 할 때 등 다양한 상황에서 자연현상에 대하여 유아가 갖고 있는 관심과 이해의 정도를 살펴볼 수 있다.	
문항의 평가 목적	
• '자연현상 탐구하기' 는 유아가 생활 속에서 쉽게 접할 수 있는 자연현상에 대한 탐구 과정을 통해 '변화와 규칙성' 이라는 자연의 본질에 대해 이해하는 능력을 평가하기 위한 것이다. (후략)	

▼ 〈계속〉

| 예 5-29 | 〈계속〉

수준	문항 평정 기준
1	• 1수준의 유아는 자신이 경험한 자연현상이나 관련된 활동에 대하여 대부분 자발적인 흥미를 보이지 않는 경우이다.
2	• 1수준의 유아보다 자신이 경험한 자연현상이나 관련된 활동에 관심을 갖고 참여하지만, 지속적인 탐구과정이 부족하거나 규칙성에 대해 이해하지 못한다면 2수준에 속한다. (후략)
3	• 3수준과 4수준의 유아는 자연현상의 규칙성에 대해 궁금해 하거나 이해한 사실을 말한다. (중략). ~라는 규칙성을 인식하는 말을 한다면 3수준으로 평정한다. (후략)
4	• 4수준의 유아는 자연현상의 규칙성과 자신의 경험을 연결시킬 수 있다. 예를 들어, 여름이 되면 날씨가 더워진다는 대화를 하고 있을 때, "여름이 되면, 내 생일이 오는데." (후략)

*서울특별시유아교육진흥원(2012). 유치원 교육과정 내실화를 위한 5세 누리과정 평가도구. p. 287-288.

기술 평정 척도는 1~4 또는 1~5수준이 의미하는 바가 기술되어 있기 때문에 교사 입장에서 사용하기 편리한 측면도 있다. 특히 평가해야 하는 문항의 기본 개념에 대한 이해가 적거나, 평가해야 하는 연령대 영유아의 전형적인 발달 경향에 대한 이해가 적은 교사에게는 도움이 된다.

그러나 문항의 기본 개념과 전형적인 발달 경향에 대한 이해가 있는 교사는 사용에 어려움을 겪을 수 있다. 첫째, 실제 관찰하는 영유아의 행동이 기술된 기준과 맞지 않는 경우는 평정에 어려움을 겪을 수 있다. 예를 들면 | 예 5-26 | (p. 131)의 '몸을 깨끗이 하기'에 관한 기술 평정 척도를 살펴보자. 1~2수준은 교사의 지시 여부가, 3~4수준은 깨끗이 씻는지가 평정의 핵심이다. 상호배타적이지 않은 두 가지의 기준(즉, 교사 지시 여부와 깨끗하게 씻기)이 동시에 평정에 적용되기 때문에 교사가 지시하면 씻긴 하지만 깨끗하게 씻지는 않는 영유아가 있을 경우 어떤 수준으로 평정해야 할지 판단하기 어렵다. 마찬가지로 위의 | 예 5-29 | 의 '자연현상 탐구하기' 항목도 관심과 규칙성 이해라는 두 가지 다른 기준이 적용되기 때문에 같은 문제가 생길 수 있다.

둘째, 관찰할 항목에 대해 교사가 가진 개념과 척도에서 기술한 개념이 맞지 않을 경우도 있다. 예를 들면, 교사가 [누리과정〉 신체운동 · 건강 영역〉 바른 식생활 하기]를 음식을 먹을 때 지켜야 하는 사회적 관습, 편식하지 않는 습관, 식사 양의 조절, 식사 전과 후의 준비 및 치우기 등을 모두 포함하는 광범위한 능력으로 인식한다고 가정하자. 만약 제작된 척도(서울특별시유아교육진흥원, 2014)에서 골고루 먹기와 음식 양 조절에만 국한하여 기술(예 1수준: 음식을 잘 먹지 않는다. → 2수준: 음식을 골고루 먹지 않는다. → 3수준: 음식을 골고루 먹지만 스스로 먹는 양을 조절하기 어렵다. → 4수준: 적당량의 음식을 골고루 먹는다.)하고 있다면 평가에 어려움을 겪을 것이다.

연습 5-15

- 만 3, 4, 5세 연령 중 하나의 연령을 선택한다.
- 누리과정의 5개 영역 중 하나의 영역〉 내용 범주〉 내용을 선택한다.
- 선택한 내용의 개념(예 바른 식생활 하기)을 제대로 평가하기 위해 어떤 기준을 적용해야 할지 생각해 본다.
- 서울특별시유아교육진흥원(2014)이 제작한 유치원교육과정 내실화를 위한 3-5세 누리과정 평가 도구에서 해당 부분을 찾아 제시된 기준과 비교한다.
- 같은 내용을 선택한 다른 사람과 비교하고 공통점과 차이점에 대해 토론한다.

셋째, 담당하는 학급 영유아의 전반적인 발달 경향이 각 수준에 기술된 것과 다를 경우도 문제가 생긴다. 모든 평가 도구는 정규분포를 가정하고 제작된다. 즉, 한 학급 유아 전체 중 적은 수는 낮은 수준과 높은 수준의 발달을 보이고, 많은 수는 중간 수준의 발달을 보이는 것을 가정하고 제작되기 때문에 소수의 영유아가 1 또는 4수준을, 다수의 영유아가 2 또는 3수준을 받도록 문항의 난이도를 조절해서 기술하는 것이 일반적이다(단, 1~5수준이라면 소수의 영유아가 1, 5수준을, 약간 더 많은 수의 영유아가 2, 4 수준을, 다수의 영유아가 3수준을 받도록 기술함). 그런데 만약 모든 영유아가 3수준이나 4수준을 받는다면 교육으로 인해 향상된 상태임을 감안하더라도 정규분포를 가진 평가가 이뤄지도록 각 수준이 기술되었다고 할 수 없을 것이다.

따라서 여러 연령대의 영유아에 대한 정확한 평가를 위해서는 평가하고자 하는 문항에 반영된 개념이나 능력이 전 연령대에 걸쳐 어떻게 나타나는지에 대한 분석에

기초해서 각 수준을 기술해야 한다. 현재 만 3~5세의 [누리과정〉 사회관계 영역〉 나를 알고 존중하기〉 나의 일 스스로 하기(예 옷 입기, 씻기, 자기 물건 간수하기, 작품 만들기)]를 평가하기 위한 수준 기술은 다음 |예 5-30|과 같다.

|예 5-30| '나의 일 스스로 하기'에 대한 연령별 수준 기술

구분	만 3세	만 4세	만 5세
1수준	• 자신의 일을 스스로 하려고 하지 않는다.	• 자신의 일을 잘 하지 못한다.	• 자신의 일을 잘 하지 못한다.
2수준	• 교사가 도와주면 자신의 일을 해보려고 한다.	• 자신의 일을 하다가 필요하면 교사의 도움을 요구한다.	• 자신의 일을 하다가 필요하면 교사의 도움을 요구한다.
3수준	• 자신의 일을 하려고 시도하지만, 끝까지 하지는 못한다.	• 스스로 자신의 일을 하려고 한다.	• 스스로 자신의 일을 하려고 한다.
4수준	• 스스로 자신의 일을 끝까지 하려고 한다.	• 스스로 자신의 일을 잘 한다.	• 스스로 자신의 일을 잘 한다.

각 연령별로 동일한 기준(예 스스로 함 vs. 잘함)으로 서술되어 있지 않은 경우도 있고, 여러 연령(예 만 4세와 만 5세)의 수준이 동일하게 기술되어 있는 경우도 있으므로 다양한 연령대의 영유아를 평가하기 위해서는 다음과 같이 점진적으로 발달하는 다양한 수준을 반영하는 기술이 필요하다.

| 예 5-31 | 다양한 연령대의 영유아를 대상으로 '나의 일 스스로 하기' 평가할 때 연령에 따라 포함될 가능성이 있는 기술*

낮은 연령 ↕ 높은 연령	• 교사가 어떤 일(예 옷 입기)을 해주고자 부를 때 반응(예 웃음, 소리)한다. • 교사가 어떤 일을 반복적으로 해줄 때 반응(예 웃음, 소리)한다. • 교사가 매일 반복되는 일을 하자고 말할 때 어떤 일을 하자고 하는지 이해한다. • 교사가 어떤 일을 해줄 때 점차 협조(예 옷 입힐 때 팔 들어주기)한다. • 교사가 해주거나 도와주는 일이 스스로 할 일임을 일부 인식한다. • 자신이 스스로 해야 하는 다양한 일이 있음을 인식한다. • 교사가 어떤 일을 해줄 때 일부분을 맡아서 하려 한다. • 스스로 잘하는 또는 즐거움을 느끼는 일을 더 적극적으로 맡아서 하려 한다. • 하기 싫어도 스스로 해야 하는 일은 해야 함을 인식한다. • 일의 종류에 따라 다르지만 점차 교사의 도움을 적게 요청한다. • 일의 종류에 따라 다르지만 점차 교사의 도움이 필요한 부분이 적어진다. • 점차 많은 일을 스스로 잘 한다. • 모든 일을 스스로 잘 한다.

*저자의 주관적 판단이므로 수준에 대한 기술은 각 개인의 관점에 따라 판단이 달라질 수 있음.

연습 5-16

- 다양한 연령대의 영유아를 대상으로 '소근육과 눈과 손의 협응력'을 평가할 수 있는 기술 평정 척도를 제작한다.
- 다양한 수준의 '소근육과 눈과 손의 협응력'을 반영하는 기술을 나열하되 낮은 연령에서 관찰할 수 있는 기술부터 높은 연령에서 관찰할 수 있는 기술의 순으로 나열한다.
- | 예 5-19 | (p. 116)에 제시된 연령 범주별 소근육과 눈과 손의 협응력 정도를 참고로 한다.
- 다른 사람과 비교하고 공통점과 차이점을 토론한 후 협력하여 개선안을 마련한다.

낮은 연령 ↕ 높은 연령	

연습 5-17

- 특정 연령대의 영유아(예 만 2세)를 대상으로 [표준보육과정〉 예술경험〉 예술적으로 표현하기〉 모방과 상상 놀이 하기]를 평가할 수 있는 기술 평정 척도를 제작하거나 연령과 평가 내용을 자유롭게 선택하여 제작한다.
- 선택한 평가 내용에 포함되어야 할 기준을 선정한다(| 예 5-29 | (p. 133~134)에서는 관심과 규칙성에 대한 이해).
- 선택한 평가 내용에 대해 선택한 연령대 영유아가 일반적으로 어떤 단계를 거쳐 발달하는지 나열해 본다.
- 나열한 기술 중 대표적이라고 생각되는 것을 선택하여 1~4 또는 1~5를 부여한다.
- 동일한 내용과 연령을 선정하여 제작한 다른 사람의 척도와 비교하고 공통점과 차이점에 대해 토론한다.

<table>
<tr><td>선정한 평가 내용</td><td colspan="3"></td></tr>
<tr><td>선정한 연령</td><td colspan="3"></td></tr>
<tr><td>핵심 기준</td><td colspan="3"></td></tr>
<tr><td colspan="2">1수준:

2수준:

3수준:

4수준:</td><td>또는</td><td>1수준:

2수준:

3수준:

4수준:

5수준:</td></tr>
</table>

다섯째, 연령별로 기술된 내용에 차이가 없을 때도 문제가 생길 수 있다. 서울특별시유아교육진흥원(2014)에 문항 중 연령별로 전혀 차이가 없거나 매우 유사한 문항이 다수 있다. 예를 들면, [누리과정〉 신체운동 · 건강 영역〉 신체 활동에 참여하기]를 평가하기 위한 1~4 수준별 내용의 1~3 수준은 만 3, 4, 5세 동일하고 4수준만 약간 다르다.

| 예 5-32 | '신체 활동에 참여하기'의 연령별 수준 기술

구분	만 3세	만 4세	만 5세
1수준	신체 활동에 참여하지 않을 때도 있다.	동일	동일
2수준	교사가 권유하면 신체 활동에 참여한다.	동일	동일
3수준	신체 활동에 자발적으로 참여한다.	동일	동일
4수준	다양한 신체 활동에 자발적으로 참여한다.	신체 활동에 자발적이고 지속적으로 참여한다.	만 4세와 동일

교사가 연령별로 각 수준에 대해 다른 기준(예를 들어 1수준인 '신체 활동에 참여하지 않을 때도 있다'에 대해 만 3, 4, 5세 교사가 다른 기준을 가지는 경우)을 가지는 경우는 큰 문제가 없을 수 있다. 그러나 같은 기준을 가지고 있는 경우에는 어린 연령 학급(예 만 3세 학급)의 교사가 특정 유아에 대해 이미 높은 수준(예 4수준)으로 평가했을 경우, 상위 연령 학급(즉, 만 4세나 만 5세 학급)의 교사도 높은 수준(즉, 4수준)으로 평가할 수밖에 없다. 교육이 영유아의 지속적인 성장, 발달, 학습을 위한 지원을 의미함을 고려한다면 이미 더 이상 지원할 필요가 없음을 의미할 수도 있기 때문에 교육적인 측면에서 교사에게 혼란이 생길 수 있다.

■ 효율적인 제작 및 사용 전략

기술 평정 척도는 위에 언급한 여러 가지 문제 때문에 교사가 직접 제작하는 것은 쉽지 않다. 그러므로 가능한 이미 제작된 것을 사용하고 제작자가 기술한 사용 안내를 준수한다.

(2) 숫자 평정 척도

교사가 평정하도록 제작된 타당도와 신뢰도 있는 숫자 평정 척도는 무수히 많다.

이 도구의 대부분은 학술 연구에서 사용할 수 있도록 국내 · 외에서 제작된 것이다. 학위논문을 검색하면 영유아의 기질, 창의성, 자기 조절 능력, 사회적 능력, 자아 개념, 유아교육기관 적응 등 수많은 구인을 평정하도록 된 도구를 해당 학위논문의 부록에서 찾아볼 수도 있다.

일반적으로는 높은 수준의 행동이나 특성에 높은 숫자(예 4 또는 5)를 부여하나 도구 개발자에 따라 높은 수준의 행동이나 특성에 낮은 숫자(예 1)(1위를 상징하기도 하므로)를 부여하기도 한다. 다음 | 예 5-33 | 은 자조 능력 발달 평가에 사용될 수 있는 기준에 대해 숫자 평정 척도를 제작한 예이다.

| 예 5-33 | 자조 능력 발달 평가를 위한 숫자 평정 척도

구분	1 전혀 못함	2 못함	3 보통	4 잘함	5 매우 잘함
스스로 옷 입고 벗기	1	2	3	4	5
스스로 씻기	1	2	3	4	5
스스로 먹고 치우기	1	2	3	4	5
스스로 화장실 사용하기	1	2	3	4	5
스스로 놀잇감 정리하기	1	2	3	4	5

■ 효율적인 제작 및 사용 전략

숫자 평정 척도는 1~4 또는 1~5까지의 숫자만 있기 때문에 기술 평정 척도를 사용할 때 겪는 문제를 경험할 가능성은 없으나 효율적으로 제작하고 사용하기 위해 다음의 사항에 유의한다.

첫째, 어떤 행동을 평정할 것인가를 사전에 결정해야 한다. 체크리스트와 사건 표집법에서도 각 관찰 방법에 적절한 행동을 선택하는 것을 강조한 바와 같이 숫자 평정 척도로 평정하기에 적절한 행동, 즉 정도를 아는 것이 의미 있는 것을 중심으로 선택해야 한다(| 예 5-27 |, p. 132 참조).

둘째, 숫자 평정 척도로 관찰한 것을 종합하여 정리하는 자료로 활용할지 또는 기

초 관찰 자료로 활용하지 결정한다. 체크리스트와 마찬가지로 교사는 숫자 평정 척도를 두 가지 목적을 위해 사용할 수 있다. 하나는 다양한 방식으로 수집한 평가 자료를 종합하여 정리하는 수단으로 사용하는 것(| 예 5-34 |)이고 다른 하나는 영유아를 평가하기 위해 다양한 자료를 모으는 기초적인 수단으로 사용하는 것(| 예 5-35 |)이다. 종합하여 정리하는 수단의 예로 [표준보육과정〉 자연탐구〉 수학적 탐구]를 살펴보자. 교사는 수학적 탐구에 속한 다양한 하위 내용을 다양한 맥락에서 관찰한 후 각 영아의 수학적 탐구 능력에 대해 종합적으로 평정을 할 수 있다.

| 예 5-34 | 수학적 탐구에 대한 종합적 평가를 위해 사용한 숫자 평정 척도

내용 범주	하위 내용	1 전혀 못함	2 못함	3 보통	4 잘함	5 매우 잘함
수학적 탐구 (만 2세)	수량 인식하기	1	2	3	4	5
	공간과 도형 인식하기	1	2	3	4	5
	비교하기와 순서 인식하기	1	2	3	4	5
	간단한 규칙성 인식하기	1	2	3	4	5
	구분하기	1	2	3	4	5
	전반적 수학적 탐구 능력	1	2	3	4	5

다음에 제시하는 | 예 5-35 | 는 영아의 '차이에 관심 가지기' 에 대한 다양한 자료를 수집하는 기초 수단으로 숫자 평정 척도를 이용한 것이다. '차이에 관심 가지기' 중 '비교하기' 에는 수, 길이, 부피, 높이, 넓이의 비교 등 다양한 하위 영역이 있을 수 있고, '순서 인식하기' 에는 순서와 서수에 대한 이해의 하위 영역이 있을 수 있다. 교사는 자유선택 활동, 일상생활, 대 · 소집단 활동 중에 영아를 다양한 맥락에서 일정 기간(예 1주일)동안 관찰하는 것을 주기적으로 반복(예 한 학기에 1회씩)하여 자료를 수집한다. 그 후 수집한 자료를 종합하여 | 예 5-34 | 의 셋째 줄 '비교하기와 순서 인식하기' 에 평정할 수 있다.

| 예 5-35 | 다양한 자료 수집을 위한 기초 수단으로서의 숫자 평정 척도

내용 범주	하위 내용	1 전혀 개념 없음	2 거의 없음	3 보통	4 어느 정도 있음	5 확실히 있음
비교하기	수의 비교	1	2	3	4	5
	길이의 비교	1	2	3	4	5
	부피의 비교	1	2	3	4	5
	높이의 비교	1	2	3	4	5
	넓이의 비교	1	2	3	4	5
순서 인식하기	순서 인식(먼저/나중)	1	2	3	4	5
	서수적 순서 인식 (첫 번째, 두 번째 등)	1	2	3	4	5

셋째, 기술 평정 척도에서도 강조하였듯이 교사는 관찰의 초점이 되는 행동이 의미하는 바에 대한 이해가 있어야 한다. 교사는 영유아 발달 관련 도서, 누리과정이나 표준보육과정 해설서 또는 관련 교재에 근거하여 정확한 의미를 파악하고자 노력해야 한다. [누리과정〉 사회관계〉 나와 다른 사람의 감정을 알고 조절하기〉 나의 감정 조절하기]를 준거로 하여 유아를 평가한다고 가정하자. 서울특별시유아교육진흥원(2012, p. 233)의 자료에는 '부정적인 감정을 표현하되, 받아들여질 수 있는 수준으로 조절하여 표현하는지를 관찰하여' 라고 기술하고 있지만, 발달과 관련 서적(예 McDevitt & Ormrod, 2012)에는 감정 조절 능력은 긍정적 감정과 부정적 감정 모두에 적용되는 것이라고 기술되어 있기도 하다.

교사가 관찰하고자 하는 행동을 어떻게 이해하는지에 따라 관찰의 초점이 달라지고, 관찰의 초점에 따라 영유아에 대한 평가가 달라지므로 기술 평정 척도를 사용하기에 앞서 자신의 이해를 점검하고 확고히 할 필요가 있다. 위의 | 예 5-35 | 같은 서식을 만들기 위해서도 '차이에 관심 가지기' 개념을 포괄적으로 이해해야 한다. 다음의 | 예 5-36 | 은 교사가 줄서기를 평가하려 할 때 줄서기를 잘 한다는 것은 '줄을 서야 할 때를 아는 것', '줄을 바로 설 수 있는 것', '자발적으로 줄을 서는 것' 이 모두 포함되는 개념이라고 이해하고 제작한 숫자 평정 척도이다.

| 예 5-36 | 줄서기에 관한 숫자 평정 척도

줄서기		1 전혀 그렇지 않다	2 그렇지 않다	3 보통 이다	4 그렇다	5 매우 그렇다
1	줄을 서야 할 때를 안다. (예 이동시/순서대로 기다릴 때)	1	2	3	4	5
2	줄을 바로 선다. (예 밀지 않는다./새치기를 하지 않는다.)	1	2	3	4	5
3	자발적으로 줄을 선다. (예 부르거나 시키지 않아도 자발적으로 선다.)	1	2	3	4	5

연습 5-18

- 평가 준거(제3장의 발달 영역, 누리과정이나 표준보육과정 또는 핵심 능력 참조) 중 하나를 선택한 후 선택한 평가 준거에서 하나의 영역〉 내용 범주〉 내용을 선택한다.
- 선택한 내용의 개념(예 인지적 기술)을 제대로 평가하기 위해 어떤 기준을 적용해야 할지 생각해 본다. 즉, 인지적 기술을 평가하기 위해서는 어떤 측면을 관찰해야 하는지 생각해 본다.
- 두 명 또는 소집단을 구성하여 제작하거나 독립적으로 제작한 후 다른 사람과 비교하고 공통점과 차이점에 대해 토론한다.

넷째, 영유아를 평가할 때 평정 척도의 숫자가 의미하는 바에 대한 기준을 스스로 세워야 한다. 각 숫자가 의미하는 바를 연령이나 발달 순서에 맞게 기술해 놓은 기술 평정 척도와는 달리 숫자 평정 척도는 평정하는 교사의 기준으로 평정한다. 동일한 영유아의 행동을 보고 난 후 어떤 교사는 5로 다른 교사는 3으로 평정하는 것은 각 교사가 가진 기준이 다르기 때문이다. 예를 들면 | 예 5-33 |(p. 140)에 제시된 자조 능력 발달 평가를 위한 숫자 평정 척도는 어느 연령에나 사용할 수 있는 서식이다. 그러나 만 2세 영아를 지도하는 교사가 평정할 때와 만 5세 유아를 지도하는 교사가 평정할 때는 '전혀 못함', '못함', '보통', '잘함', '매우 잘함'에 대한 기준이 다를 것이다.

따라서 교사가 정확하고 일관된 기준을 가지고 평가하는 것이 매우 중요하다. 이를 위해서는 두 가지 사항을 염두에 두어야 한다. 하나는 교사가 한 학급의 영유아를 평가할 때 정규분포가 되도록 엄격히 평가할 필요는 없지만 그 학급에서 발달, 성장, 학습의 속도가 빠르거나 중간이거나 느린 영유아가 구분될 수 있게 해야 한다는 것이다. 영유아 개인이나 교사가 지도한 결과에 대한 긍정적 시각 때문에 모든 영유아를 높게 평정한다면 평가의 의미가 없게 된다. 다음으로는 어떤 기준으로 평정할 것인가를 결정해야 한다. 교사는

- 발달 교재, 누리과정/표준보육과정, 또는 핵심 능력에 제시된 것을 기준 삼아 또는,
- 교직 생활을 하면서 지도해 왔던 특정 연령(예 만 4세) 유아 전체를 기준 삼아 또는,
- 올해 지도하는 연령의 학급 유아 전체를 기준 삼아 평정할 수 있다.

어떤 것을 기준으로 삼든지, 영유아를 평정할 때 자신이 가진 기준이 흔들리지 않도록 명심하면서 평가할 필요가 있다. 다음의 |예 5-37|은 주도성을 평가할 수 있는 기준으로, Highscope 프로그램에서 평가를 위해 사용하는 'Infant-Toddler COR(The Child Observation Record for Infant and Toddlers)'(제3장, p. 40~41 참조)의 5개 영역 중 하나인 자아 개념(sense of self)의 하위 영역이다.

| 예 5-37 | 자아 개념〉 주도성의 표현(생후 6~36개월 영아 평가용)

수준	정의	예
1	고개를 사람이나 사물로부터 돌림 (이 수준의 고개 돌리기는 단지 고개를 돌리는 것임)	• 우유병으로 우유 먹다 배부르거나 먹기 싫으면 고개 돌림 • 엄마가 데리러 오자 더 놀고 싶어 고개 돌림
2	사람이나 사물과의 접촉을 시도하거나 피함 (이 수준의 접촉은 사람이나 사물을 향해 손 내밀기를 포함하고, 피함은 고개나 몸 돌리기, 고개 흔들기, 손 흔들기 등의 비언어적 표현을 포함함)	• 선생님을 만나자 손을 뻗어 안아달란 표시하고 웃음 • 점심에 싫은 음식 나오자 고개를 돌림
3	원하는 사람이나 물건이 닿을 때까지 지속적으로 움직임 (이 수준의 행동 속성은 수준 5와 유사하나 말 대신 행동으로 표현함; 닿길 원하는 사람이나 사물에 접촉하는지 확인 필요함)	• 선생님에게 기어가서 선생님의 다리를 잡고 일어서서 올려다보며 웃음 • 실내 영아용 종합놀이터 안에 좋아하는 놀잇감이 있을 때 기어가서 가지고 기어 나옴
4	"싫어!"라고 말함 (비언어적 표현은 해당이 안 되고 반드시 언어적으로 "싫어!"라고 해야 함; 비언어적으로 표현했다면 수준 2로 평가함)	• 정리 · 정돈 시간에 치우자고 하자 "싫어!"라고 말함 • 또래가 놀잇감을 달라고 하자 "싫어!"라고 말함
5	선택한 것과 의도를 말로 표현함 (이 수준에서는 말이나 구를 사용하여 원하는 것을 말로 표현할 수 있어야 함)	• 어떤 노래 부를까? 하고 물을 때 "○○○" 하고 노래 제목을 말로 말함 • 역할 놀이 영역에서 "요리해야지!" 하고 말한 후 무엇인가를 만들어 가지고 와서는 "떡볶이야."라고 말함

연습 5-19

- 평가 준거(제3장의 발달 영역, 누리과정이나 표준보육과정 또는 핵심 능력 참조) 중 하나를 선택한 후 선택한 평가 준거에서 하나의 영역〉 내용 범주〉 내용을 선택한다.
- 선택한 평가 내용에 포함되어야 할 기준을 선정한다(| 예 5-29 | (p. 133~134)에서는 관심과 규칙성에 대한 이해).
- 선택한 내용에 대해 선택한 연령의 영유아를 관찰하면서 어떤 행동을 보일 때 1~4 또는 1~5로 평정할지에 대한 각자의 기준을 적어 본다.
- 동일한 내용과 연령을 선택한 2명 이상이 모여 비교하고 차이점과 공통점에 대해 토론한다.
- 영유아에 대해 너무 높거나 낮은 기대를 하고 있다면 그 이유에 대해 생각해 본다.

<table>
<tr><td>선정한 평가 내용</td><td colspan="2"></td></tr>
<tr><td>선정한 연령</td><td colspan="2"></td></tr>
<tr><td>핵심 기준</td><td colspan="2"></td></tr>
<tr><td colspan="2">평정자 1</td><td>평정자 2</td></tr>
<tr><td colspan="2">1수준:

2수준:

3수준:

4수준:

5수준:</td><td>1수준:

2수준:

3수준:

4수준:

5수준:</td></tr>
<tr><td colspan="3">[공통점]

[차이점]</td></tr>
</table>

연습 5-20

- 평가 준거(제3장의 발달 영역, 누리과정이나 표준보육과정 또는 핵심 능력 참조) 중 하나를 선택한 후 선택한 평가 준거에서 하나의 영역〉 내용 범주〉 내용을 선택한다.
- 2명이 한 조가 되어 같은 영유아 한 명을 선택한 후 따로 평정해 본다.
- 2명이 평정한 결과를 비교하고 만약 다르다면 그 이유에 대해 생각해 본다.

<table>
<tr><td colspan="2">선정한 평가 내용</td><td colspan="8"></td></tr>
<tr><td colspan="2">선정한 연령</td><td colspan="8"></td></tr>
<tr><td colspan="5">평정자 1</td><td colspan="5">평정자 2</td></tr>
<tr><td>1</td><td>2</td><td>3</td><td>4</td><td>5</td><td>1</td><td>2</td><td>3</td><td>4</td><td>5</td></tr>
<tr><td colspan="10">[공통점]

[차이점]

[다른 이유]</td></tr>
</table>

다섯째, 숫자 평정 척도로 수집한 자료를 다시 평가 준거에 맞게 분류하는 방법도 가능하다. 숫자 평정 척도로 영유아를 관찰하여 기록하는 이유는 평가를 하기 위해서이다. 평가 준거를 기반으로 제작한 숫자 평정 척도(예 | 예 5-34 |, p. 141, 수학적 탐구 참조)는 평가 준거에 맞게 다시 분류할 필요가 없다. 그러나 평가 준거와 관계없이 제작된 숫자 평정 척도는 평정 후 평가 준거를 기준으로 다시 분류해야 한다. 교사가 게임 활동을 하면서 관찰할 수 있는 유아의 다양한 능력을 평정할 수 있는 서식을 제작했다고 가정하자. | 예 5-38 | 은 교사가 게임을 하면서 유아의 다양한 능력을 관찰하고 평정한 후, 각 능력에 해당하는 평가 준거를 기록한 것이다.

| 예 5-38 | 게임을 통해 관찰한 능력에 대한 분석 후 평가 준거에 적용

게임

- 징검다리 건너 감 따오기(감 따기에 필요한 장대와 바구니를 들고 징검다리를 건너서 감 5개를 딴 후 돌아올 때는 달려서 오는 게임)

게임형식 편 게임/릴레이

게임연령 만 5세

게임순서

- 각자 의자 가져 와서 양편으로 앉기 → 양편의 수가 같은지 수 세기 →
  편 이름 정하기 → 게임 도구 보여주고 게임 방법 예측하기 →
  게임 방법 최종 결정하기 → 게임 규칙 정하기 →
  게임 관람/응원 규칙 정하기 → 유아가 시범 보이기 →
  게임하기 → 평가하기 →
  두 번째 게임하기 → 종합 평가하기 →
  의자 정리하기 → 활동실로 이동하기 →

▼ 〈계속〉

| 예 5-38 | 〈계속〉

유아명*:

게임 활동 중 관찰 가능한 능력	1	2	3	4	5	평가 준거(누리과정)와의 연계
[교사 지시 이해] • 게임 준비, 게임, 게임 후 교사가 하는 다양한 지시 이해(예 의자 가져와 양편으로 앉기, 게임 일시 중단하기, 평가하기, 정리하기 등)						의사소통〉 듣기〉 이야기 듣고 이해하기
[수 개념 및 순서 개념] • 각 팀의 인원 알아보기 위한 수세기 • 따와야 하는 감의 수 • 릴레이 시 자신의 순서에 대한 이해						자연탐구〉 수학적 탐구하기〉 수와 연산의 기초 개념 알아보기
[창의성] • 편 이름 짓기에서의 창의성 • 게임 방법 예측에서의 창의성/논리성						누리과정 영역과는 무관하나 창의성 평가 가능
[대근육 및 협응 능력] • 감 따올 바구니와 장대 이용하기 • 징검다리 건널 때 균형감 • 돌아올 때 달려오기의 속도와 자세 • 전반적인 민첩성						신체운동 · 건강〉 신체 조절과 기본 운동하기〉 신체 조절하기/기본 운동하기 신체운동 · 건강〉 신체 활동에 참여하기〉 기구를 이용하여 신체 활동하기
[규칙에 대한 이해 및 준수] • 게임 규칙에 대한 이해 • 게임 규칙 준수						의사소통〉 듣기〉 이야기 듣고 이해하기 사회관계〉 다른 사람과 더불어 생활하기〉 공동체에서 화목하게 지내기
[감정의 표현과 조절] • 응원할 때의 감정 표현 및 조절 • 이기거나 졌을 때 감정 표현 및 조절						사회관계〉 나와 다른 사람의 감정을 알고 조절하기〉 나와 다른 사람의 감정 알고 표현하기/나의 감정 조절하기

* 모든 유아에 대해 평정하는 것은 사실상 불가능하므로 다른 유아에 비해 수집한 자료가 적은 유아나 게임에 적극적으로 참여해왔기 때문에 많은 정보를 얻을 수 있다고 판단되는 유아를 대상으로만 평정할 수 있음

연습 5-21

- 위의 | 예 5-38 | 에서는 평가 준거 중 누리과정과의 연계만 제시하였다. 발달 영역과 핵심 능력을 평가 준거로 선정했다고 가정하고 관련된 영역을 명시한다.
- 같은 준거를 선택한 다른 사람과 비교하고 공통점과 차이점에 대해 토론한다.

연습 5-22

- 위의 | 예 5-38 | 에서는 게임 활동을 예로 제시하였다. 만 5세를 제외한 다른 연령에서 다른 활동을 한다고 가정하고 평정할 수 있는 서식을 만든 후, 하나의 평가 준거를 선정하여 관련된 영역을 명시한다.
- 같은 활동이지만 다른 연령을 선택하여 제작한 사람과 비교하고 공통점과 차이점에 대해 토론한다.

■ 기타

체크리스트, 사건 표집법, 또는 기술 평정 척도에 제시된 항목 중 숫자 평정 척도에 적용되지 않는 효율적인 제작 및 사용 전략은 제외하였다.

2 영유아가 제공한 정보를 통한 자료 수집

교사가 영유아를 평가할 때 지금까지 학습한 다양한 관찰 방법을 통해 자료를 수집하기도 하지만, 영유아가 만들어 놓은 것(예 미술 활동을 하면서 그리거나 만들어 놓은 것, 쌓기 놀이 영역에서 만든 구성물, 역할 놀이 영역에서 차린 상, 영유아가 만든 사전 등)도 평가를 위한 자료가 된다. 특히, 포트폴리오가 활성화되면서 교사들은 매우 빈번히 영유아가 만들어 놓은 것을 포트폴리오에 넣어 수집한다. 평면으로 된 것은 그대로 넣지만 입체로 된 것은 사진으로 찍어 넣기도 한다.

영유아가 만들어 놓은 것이 평가를 위한 자료가 되기 위해서는 분석이 반드시 필요하다. 교사가 분석할 때는 관찰을 통한 자료 수집에서 학습한 것 중 일화 기록을 제외한 체크리스트, 사건 표집법, 기술 및 숫자 평정 척도법을 활용할 수 있다. 일화 기록을 사용할 수 없는 이유는 일화 기록은 그 작품을 만들 때의 상황에 대한 기록이 수반되어야 하는데, 영유아의 작품 자체에는 그런 기록이 없기 때문이다. 다음은 영유아가 만들어 놓은 작품을 분석을 위한 자료로 활용할 때 거쳐야 하는 단계이다.

■ 1단계: 어떤 준거에 대한 평가를 할 수 있는지 파악하기

영유아가 제공한 작품에 대한 평가는 일화 기록을 통한 평가와 유사하다. 체크리스트, 사건 표집법, 기술 및 숫자 평정 척도법을 사용할 때는 평가할 내용(예 정서 조절과 표현; 친사회적 행동)과 그 내용이 포함하는 개념 또는 하위 내용(예 긍정적 정서와 부정적 정서; 돕기, 나누기, 달래주기, 양보하기)을 미리 정한 후 그것을 평가할 수 있는 행동이나 특성을 관찰하는 것이 일반적이다. 그러나 영유아가 만들어 놓은 작품을 분석할 때는 그 작품에서 어떤 내용에 해당하는 평가할 수 있는지 분석해야 한다. 마치 일화 기록에서 일화를 먼저 확보한 후, 일화에서 다양한 영역과 개념 또는 하위 내용을 분석해 내는 것과 같은 방식으로 진행되어야 한다. 다음 |예 5-39|의 예는 만 4~5세 유아가 주로 만드는 그림사전을 분석할 때 적용할 수 있는 예와 해당 영역/개념 또는 하위 내용 영역이다.

| 예 5-39 | 그림사전을 활용한 분석

분석할 수 있는 것의 예	해당 영역/개념 또는 하위 내용 영역
그림사전에 붙이기 위해 오린 그림의 정교성	• 발달〉 신체 소근육의 통제와 협응 • 누리과정〉 신체운동 · 건강〉 신체 조절과 기본 운동하기〉 신체 조절하기 • 핵심 능력*〉 신체적 안녕과 운동기능 발달〉 운동기능 발달〉 소근육
그림에 쓴 단어(어휘)의 다양성 그림에 쓴 단어의 정확성 그림에 쓴 단어의 모양 및 크기 그림에 쓴 문장의 길이 그림에 쓴 문장의 완성도	• 발달〉 언어〉 말하기〉 어휘, 문장 구성, 이야기 구성 • 발달〉 언어〉 쓰기〉 신체적 조절 및 태도, 문해적 표현 • 누리과정〉 의사소통〉 쓰기〉 쓰기에 관심 가지기, 쓰기 도구 사용하기 • 핵심 능력*〉 쓰기〉 초기 쓰기
그림을 오려 붙인 후 장식하거나 내용을 풍부하게 하기 위해 그린 그림이나 추가한 글의 창의성	• 발달〉 언어〉 쓰기〉 문해적 표현 • 누리과정〉 예술경험〉 예술적 표현하기〉 미술 활동으로 표현하기 • 핵심 능력*〉 학습에의 접근〉 창의성
장식하거나 내용을 추가하기 위해 사용한 자료(예 다양한 미술 자료)의 다양성	• 누리과정〉 예술경험〉 예술적 표현하기〉 미술 활동으로 표현하기 • 핵심 능력*〉 학습에의 접근〉 창의성

* 미국 오하이오 주의 조기 학습과 발달 기준(제3장. 평가 준거 결정하기 참고)

연습 5-23

- 쌓기 영역에서 영유아가 만든 작품을 찍은 사진 또는 임의로 선택한 영유아의 작품을 활용하여 분석한다.
- 위의 | 예 5-39 | (p. 152)에서와 같이 발달, 누리과정 또는 표준보육과정, 핵심 능력을 준거로 하여 분석한다.
- 동일한 작품에 대해 한 명 이상이 분석했다면 서로 비교하고 공통점과 차이점에 대해 토론한다.

연령	
영유아 작품에 대한 간단한 설명 또는 사진	
분석할 수 있는 것의 예	해당 영역/개념 또는 하위 내용 영역

다음의 예는 만 5세 유아의 포트폴리오에 철해진 학습지 유형의 과제에 대한 교사의 평가에 대한 분석이다.

| 예 5-40 | 포트폴리오에 철해진 학습지에 대한 교사의 평가

<table>
<tr><th colspan="2">질경이와 조개 프로젝트 수업 중의 부분 평가*</th></tr>
<tr><td>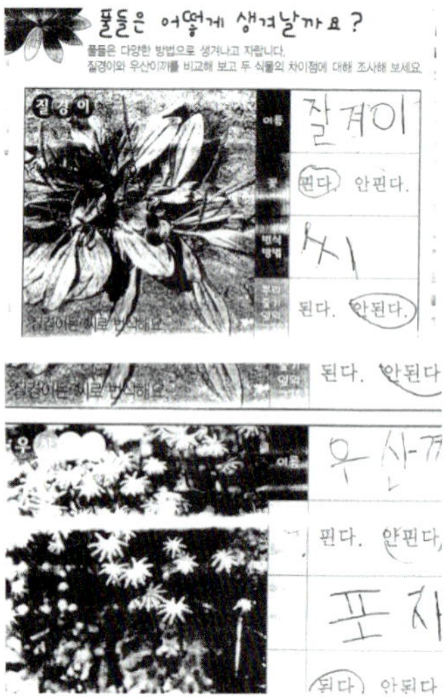
</td><td>숫기가 없어서 표현을 잘 하지 않습니다. 친구가 장난감을 뺏어도 자기 것이 없어도 말하거나 다른 표현을 하지 않습니다. 활동을 하다가 잘 몰라도 질문하지 않고 가만히 있습니다.

처음에는 말하거나 글자를 읽는 것에 대해 자신감이 없었습니다. 그러니 글자를 쓰는 것도 어려워했습니다. 무얼 써야 하는지, 얼마만큼의 크기로 써야 하는지 모르고 가만히 있었습니다. 프로젝트 수업을 진행하는 과정 속에서 표현 활동 및 다양한 언어 활동(예 글자 오려 붙이기, 글자 따라 쓰기 등)으로 글자 크기 조절도 하고 속도도 빨라지고 문장이 왼쪽에서 오른쪽으로 쓰인다는 것을 알고 글자를 쓰기 시작했습니다. 현재는 알고 있는 몇 개의 단어는 보지 않고 쓰기도 합니다.</td></tr>
<tr><th>참고</th><th>교사 평가에 대한 분석</th></tr>
<tr><td>• 질경이 프로젝트를 한 후 학습지 형식의 학습장을 푼 것을 포트폴리오에 넣은 것임
• 학습지에 기록하는 형식으로 진행되는 프로젝트는 진정한 의미의 프로젝트가 아님
• 학습지 형식의 자료를 평가의 자료로 활용해서는 안 됨

※ 질경이와 우산이끼를 알아보는 것이 유아기 과학적 지식의 범위를 넘어서는지에 대한 논의는 | 예 6-19 | (p. 255~260) 참고</td><td>• 포트폴리오에 철해져 있는 교사 평가는 과학적 지식과 직접적인 관련이 없음. 따라서 과학적 지식에 대한 평가가 있어야 함
• 주로 사회 · 정서 및 언어(특히 쓰기)에 대한 평가가 이루어졌으나 왼쪽의 자료에서는 유추할 수 없는 평가임. 특정 자료에 기반해 평가할 때는 그 자료를 통해서 분석할 수 있는 것에 대해서만 평가해야 함</td></tr>
</table>

*교사의 기록을 맞춤법만 수정한 후 그대로 옮긴 것임

연습 5-24

- 위의 | 예 5-40 | 에서 '질경이와 조개 프로젝트 수업 중의 부분 평가'가 부정확한 것이지만 연습을 위해 정확한 평가라고 가정한다.
- 제3장에 제시된 세 가지 평가 준거를 활용해서 | 예 5-39 | (p. 152)와 같은 방법으로 분석한다.
- 다른 사람이 한 분석과 서로 비교하고 공통점과 차이점에 대해 토론한다.

분석할 수 있는 것의 예	해당 영역/개념 또는 하위 내용 영역
자기주장을 강하게 못함 • 원하는 것 표현 • 또래 간 갈등	• 발달〈 연습하는 사람이 기술 • 누리과정〈 • 핵심 능력
(이하 연습하는 사람이 기술)	• 발달〈 • 누리과정〈 • 핵심 능력
	• 발달〈 • 누리과정〈 • 핵심 능력

■ 2단계: 어떤 관찰법으로 평가하는 것이 가장 적절한지 파악하기

영유아의 작품을 어떤 준거로 평가하고 분석할지 결정한 후, 다음으로 해야 할 일은 어떤 방법으로 영유아의 작품을 '관찰' 즉, 살펴보고 어느 정도의 발달, 성장, 학습을 이뤘는지 평가하는 것이다. 작품에 특정 요소가 나타났는지의 여부를 본다면 체크리스트로 평가할 수 있고, 특정 내용이 얼마나 빈번히 나타났는지(즉, 빈도)를 본다면 사건 표집법으로 정리하여 평가할 수 있고, 특성 내용의 수준 또는 정도를 보는 것이 중요하다면 평정 척도법으로 정리하여 평가할 수 있다. 현실적으로는 사건 표집법을 활용하기 어려운데, 그 이유는 한 시점을 보여주는 작품을 가지고 일정 기간 동안 특정 행동이나 특성이 얼마나 반복해서 관찰되는지 보는 것은 불가능하기 때문이다. 다음의 예는 만 4~5세 유아가 주로 만드는 그림사전을 분석할 때 적용할 수 있는 관찰법이다.

| 예 5-41 | 그림사전을 활용한 관찰

분석할 수 있는 것의 예	적용 가능한 관찰법
그림사전에 붙이기 위해 오린 그림의 정교성	• 정교성의 유무(체크리스트) • 정교성의 정도(평정 척도법)
그림에 쓴 단어(어휘)의 다양성	• 다양성의 유무(체크리스트) • 쓴 단어의 수(사건 표집법) • 다양성의 정도(평정 척도법)
그림에 쓴 단어의 정확성	• 정확성의 유무(체크리스트) • 정확성의 정도(평정 척도법)
그림에 쓴 단어의 모양 및 크기	• 소근육 조절의 우수성 여부(체크리스트) • 소근육 조절의 우수성 정도(평정 척도법)
그림에 쓴 문장의 길이	• 문장 길이의 적절성 정도(평정 척도법)
그림에 쓴 문장의 완성도	• 문장의 완성도 여부(체크리스트) • 문장 완성도의 정도(평정 척도법)
그림을 오려 붙인 후 장식하거나 내용을 풍부하게 하기 위해 그린 그림이나 추가한 글의 창의성	• 창의성의 유무(체크리스트) • 창의성의 정도(평정 척도법)
장식하거나 내용을 추가하기 위해 사용한 자료(예 다양한 미술 자료)의 다양성	• 사용한 자료의 다양성 여부(체크리스트) • 사용한 자료의 수(사건 표집법) • 다양성의 정도(평정 척도법)

연습 5-25

- 쌓기 영역에서 영유아가 만든 작품을 찍은 사진 또는 임의로 선택한 영유아의 작품을 활용하여 분석한다.
- 위의 | 예 5-41 | 에서와 같이 각 내용에 적용할 수 있는 관찰법을 기록한다.
- 동일한 작품에 대해 한 명 이상이 기록했다면 서로 비교하고 공통점과 차이점에 대해 토론한다.

연령	
영유아 작품에 대한 간단한 설명 또는 사진	
분석할 수 있는 것의 예	적용 가능한 관찰법

Chapter 6

평가 준거 영역별 내용과 평가 실제와의 연계

1 신체 영역

2 언어와 문해 발달 영역

3 사회 · 정서 및 사회과 지식 영역

4 학습에 필요한 인지적 성향 및 수 · 과학 지식 영역

5 기타: 예술적 활동에의 참여와 창의성

일러두기

- 본 장에 제시된 모든 예, 즉 |예 6-1|부터 |예 6-20|은 교사가 사용하는 서식임을 가정하고 작성한 것이므로 각 영유아에 대한 개인적 정보를 기록하는 칸은 생략하였다.
- 모든 예는 기초 관찰한 것을 기록하는 서식이 아니라 다양한 상황에서 일정 기간 동안 관찰한 것을 종합하여 정리하는 서식이다.
- 기초 관찰 서식과 종합하여 정리하는 서식에 대한 자세한 설명은 제5장에 제시되어 있으므로 참고한다.

제3장에서는 영유아의 평가 준거로 사용할 수 있는 세 가지 준거, 즉 발달을 중심으로 한 준거, 누리과정과 표준보육과정을 중심으로 한 준거, 핵심 능력을 중심으로 한 준거를 간단히 소개하고 각 준거별 강점과 약점을 살펴보았다. 또한 제5장에서는 영유아를 평가할 자료를 수집하는 데 사용할 수 있는 다양한 관찰법의 특성을 소개하고 각 관찰법별 강점과 약점을 살펴보았다. 본 장에서는 평가 준거의 각 영역과 하위 영역의 상세한 내용과 영유아의 발달적 경향 및 적절한 관찰법에 대해 자세히 살펴보고자 한다.

본 장에서 제시되는 평가 준거는 발달을 중심으로 한 준거, 누리과정과 표준보육과정을 중심으로 한 준거, 핵심 능력을 중심으로 한 준거의 공통적 영역과 특정 준거가 포함하지 않는 영역을 보완하여 제시한 것이다. 제3장에서 제시된 바와 같이, 발달을 중심으로 하는 준거는 '영역〉 하위 영역〉 세부 영역' 의 단계로, 누리과정과 표준보육과정은 '영역〉 내용 범주〉 내용' 의 단계로, 핵심 능력을 중심으로 하는 준거는 '영역〉 요소〉 주제의 단계' 로 준거 개발자에 따라 달리 설명하고 있다. 본 장에서는 위의 세 가지 준거와 혼돈되지 않도록 하기 위해 '영역〉 하위 영역〉 하위 영역별 내용〉 내용별 하위 요소의 단계' 로 제시하고자 한다. 평가 준거 영역은 5개로 설정했으며, 각 영역의 명칭은 신체 영역, 언어와 문해 발달 영역, 사회·정서 및 사회과 지식 영역, 학습에 필요한 인지적 성향 및 수·과학 지식 영역, 기타(예술적 활동에의 참여와 창의성)이다.

| 표 6-1 | 평가 준거 5가지 영역

영역	하위 영역	하위 영역별 내용	기본 개념
신체	운동 기능 발달	감각과 신체 인식	• 자신의 감각 기관과 신체에 대한 인식과 명칭 및 기능 이해
		대 · 소근육의 통제와 협응	• 다양한 대근육 통제 및 대근육 간의 협응 능력 발달과 손과 손가락의 통제 및 눈과 손/손가락의 협응 능력
	신체적 안녕	신체 활동 참여	• 다양한 종류의 신체 활동에의 적극적 참여
		자조 능력	• 일상생활과 관련한 활동을 성인의 도움 없이 스스로 하는 능력
		건강, 영양, 안전	• 건강한 생활, 균형 잡힌 식생활, 안전한 생활을 위한 조건에 대한 이해와 실천 능력
언어와 문해 발달	듣기	–	• 수용 언어(비언어적 의사소통 수단과 언어로 표현된 것 듣기)
	말하기	어휘(단어)	• 발음의 정확성, 어휘의 증가 및 정확한 어휘 사용 능력
		문장 및 문법	• 문장의 발음, 문장의 길이 및 문법적 지식
	의사 소통	–	• 말하고 듣는 의사소통에서의 일반적 규칙과 사회에서 강조하는 의사소통 관습
	읽기	음운과 낱자/단어의 인식 및 이해	• 읽기의 기초가 되는 음운에 대한 인식과 음운과 낱자/단어와의 관계에 대한 이해
		인쇄물에 대한 이해와 문학 작품 즐기기	• 인쇄물과 책의 기능과 사용에 대한 지식 및 다양한 유형의 문학과 문학 작품에 대한 선호
	쓰기	–	• 쓰기 관습에 대한 지식과 쓰기 능력

▼ 〈계속〉

| 표 6-1 | 〈계속〉

영역	하위 영역	하위 영역별 내용	기본 개념
사회 · 정서 및 사회과 지식	사회	자아에 대한 인식과 존중	• 자신에 대한 이해, 자신에 대한 긍정적 시각, 자신이 가진 욕구의 적절한 조절
		사회적 관계 형성 및 공동체에서의 역할 수행	• 성인/또래/가족과의 긍정적 관계 형성, 친사회적 행동, 자신이 속한 집단에서의 역할 수행과 규범 준수
	정서	자신과 타인의 감정 인식 및 자신의 감정 표현과 조절	• 자신과 타인의 정서 인식, 자신이 가진 정서의 적절한 표현과 조절, 타인의 감정에 대한 관심과 공감
	사회과 지식	사회 · 심리적, 역사적, 지리적, 경제적 지식	• 유아의 수준에서 학습할 수 있는 다양한 학문 분야의 사회과 지식
학습에 필요한 인지적 성향 및 수 · 과학 지식	학습 성향	–	• 학습에 필요한 기본적인 성향(호기심, 관찰력, 주도성, 주의 집중, 끈기, 계획–실행–점검하는 능력)과 문제 해결에 필요한 창의력
	수학	수학 지식	• 수와 연산, 기하(공간관계, 도형), 대수(집단/범주화, 패턴), 측정과 자료 분석 중 유아의 수준에서 학습할 수 있는 수학 지식
	과학	과학적 기술과 지식	• 과학적 활동을 하는 데 필요한 다양한 기술과 지구와 우주 과학, 물리 과학, 생명 과학 분야 중 유아의 수준에서 학습할 수 있는 과학 지식
기타	예술적 활동에의 참여		• 음악 및 동작 활동, 미술 활동, 동시 · 동화 및 극화 활동에 참여하고 즐기는 성향
	예술적 활동에서의 창의성		• 음악 및 동작 활동, 미술 활동, 동시 · 동화 및 극화 활동에서 유창성, 융통성, 독창성, 정교성, 민감성, 재구성력 있게 접근하여 탐색, 표현, 감상하는 성향

1 신체 영역

신체 영역은 운동기능 발달과 신체적 안녕의 두 가지 하위 영역으로 구성되어 있다. 운동기능 발달은 발달적 측면에서 영유아를 평가하는 내용이고, 신체적 안녕은 유아교육 또는 보육기관에서 강조하는 교육적 측면에서 영유아를 평가하는 내용이다.

| 표 6-2 | 신체 영역(하위 영역, 하위 영역별 내용 및 기본 개념)

하위 영역	하위 영역별 내용	기본 개념
운동기능 발달	감각과 신체 인식	• 자신의 감각기관과 신체에 대한 인식과 명칭 및 기능 이해
	대 · 소근육의 통제와 협응	• 다양한 대근육 통제 및 대근육 간의 협응 능력 발달과 손과 손가락의 통제 및 눈과 손/손가락의 협응 능력
신체적 안녕	신체 활동 참여	• 다양한 종류의 신체 활동에의 적극적 참여
	자조 능력	• 일상생활과 관련한 활동을 성인의 도움 없이 스스로 하는 능력
	건강, 영양, 안전	• 건강한 생활, 균형 잡힌 식생활, 안전한 생활을 위한 조건에 대한 이해와 실천 능력

각 하위 영역과 하위 영역별 내용에 대한 기본 개념, 내용별 하위 요소, 각 요소의 일반적 진보 양상, 각 요소를 관찰할 시기와 맥락에 대한 계획, 관찰할 때 사용할 수 있는 척도에 대한 계획, 평가할 때 초점을 두어야 할 점이나 주의할 점을 자세히 살펴보면 다음 | 표 6-3 | 과 같다. 먼저, 신체〉 운동기능 발달〉 감각과 신체 인식에 대해 살펴보자.

| 표 6-3 | 신체〉 운동기능 발달〉 감각과 신체 인식

영역	신체
하위 영역	• 운동기능 발달
하위 영역별 내용	• 감각과 신체 인식
기본 개념	• 자신의 감각기관과 신체를 인식하고, 명칭과 기능을 이해함
내용별 하위 요소	• 없음
일반적 진보 양상	❶ 감각기관 및 신체 부분 인식 • 영아기–걸음마기 초기: - 자신의 감각기관 및 신체의 존재 인식 - 질문 받으면 몇 가지 대표적인 감각기관(예 눈, 코, 귀) 및 신체 부분(예 얼굴, 팔, 다리)을 가리킴 • 걸음마기–유아기: 질문 받으면 가리키거나 말로 표현할 수 있는 감각기관 및 신체 부분 명칭이 증가함(예 손가락, 발가락, 무릎 등) ❷ 신체기관의 기능의 이해 • 걸음마기–유아기: 일부 감각기관 및 신체 부분의 대표적인 기능을 알고 설명함(예 눈은 보는 것, 입은 먹는 것, 위는 먹은 음식이 내려가는 곳)
계획: 시기 및 맥락	• 영아기: 일상의 놀이/손유희 • 걸음마기: 일상의 놀이/손유희/전이 활동 • 유아기: 손유희/전이 활동/생활 주제 '나'와 관련된 다양한 활동, 놀이, 교재교구
계획: 관찰 방법	• 모든 항목: 일화 기록 • 알고 있는 명칭과 기능의 다양성 및 정확성: 체크리스트/평정 척도
평가 주안점	• 각 영유아의 연령대에서 알아야 하는 감각기관 및 신체의 명칭과 기능이 정해진 것은 아니므로 교사가 다양한 맥락에서 자주 언급했던 것을 아는지를 중심으로 평가 • 영아기와 걸음마기에는 명칭을 아는지를 주로 평가 • 유아기는 다양한 부분의 명칭을 아는지와 대표적인 기능까지 이해하는지를 주로 평가 • 유아기에 다양한 신체 부분의 구체적인 기능까지 알기를 기대하는 것은 부적절함

위의 준거를 관찰한다고 가정했을 때 사용할 수 있는 서식의 예는 다음과 같다. 예에 제시된 항목은 일부에 불과하므로 | 표 6-3 | '일반적 진보 양상'과 교사가 중점적으로 지도한 내용을 고려하여 항목을 추가할 수 있다.

| 예 6-1 | 신체〉 운동기능 발달〉 감각과 신체 인식을 관찰한 후 종합하여 정리하는 서식

관찰기간 20○○년 ○월 ○일~○월 ○일

내용 감각과 신체 인식

항목 *

- 인식하는 감각기관 및 신체 부분의 예: 머리, 몸, 팔, 다리, 얼굴, 눈, 코, 입, 뺨, 이마, 손가락, 발가락, 손목, 팔꿈치 등
- 이해하는 신체기관의 기능의 예: 뇌, 눈, 코, 입, 귀, 팔, 다리, 위, 심장 등

기록방법 **

- 체크리스트: 감각기관 및 신체 부분에 대한 인식을 평가하길 원하면 알고 있는 것에 ∨표시(구체적인 항목은 연령에 맞게 기입)

예

감각기관 및 신체 부분 인식	∨	감각기관 및 신체 부분 인식	∨
머리		눈	
몸		코	
팔		입	
다리		(교사 추가 기입)	
얼굴		(교사 추가 기입)	

- 체크리스트: 이해하는 신체기관의 기능을 평가하길 원하면 알고 있는 것에 ∨표시(구체적인 항목은 연령에 맞게 기입)

예

이해하는 신체기관기능 이해	∨	이해하는 신체기관기능 이해	∨
머리		눈	
팔		코	
다리		입	
(교사 추가 기입)		(교사 추가 기입)	

- 평정 척도
  - 걸음마기 이후: 얼마나 다양한 감각기관 및 신체 부분을 알고 있는지 평가하길 원할 때 [적은 수의 기관]-[다양한 기관]으로 이어지는 5점 평정 척도로 평정

▼ 〈계속〉

| 예 6-1 | 〈계속〉

예

항목	1	2	3	4	5
인식의 다양성					
• 알고 있는 기관:					

- 유아기 후기: 신체기관의 기능을 얼마나 다양하게 알고 있는지 또는 대표적인 기능을 얼마나 알고 있는지 평가하길 원할 때 [적은 수의 기관]-[다양한 기관], 또는 [전혀 이해 못함]-[정확히 이해함]로 이어지는 5점 평정 척도로 평정

예

항목	1	2	3	4	5
인식의 다양성					
정확성					
• 기능을 알고 있는 신체기관:					
• 대표적인 기능을 알고 있는 신체기관:					

기초자료

- 기초 관찰 시 수집한 일화, 체크리스트, 평정 척도, 사진, 영유아의 작품 사진 삽입함

관련척도

- 누리과정 유아관찰 척도(서술 평정 척도)와의 관련성
  I. 신체운동 · 건강 영역〉 문항 1(만 3세); 문항 1(만 4세); 문항 1(만 5세)

* 이 연령의 영유아가 알아야 된다고 생각하는 것 또는 교사가 주로 소개한 것을 나열

** 어떤 기준으로 관찰하고 평가할지 미리 결정(예 일반적 발달 경향에 비추어/내가 지도한 경험이 있는 이 연령 영유아의 발달 경향에 비추어/올해 지도하는 이 학급 영유아의 발달 경향에 비추어)

연습 6-1

- 신체〉 운동기능 발달〉 감각과 신체 인식을 평가할 수 있는 영유아의 행동을 관찰한 후 종합하여 정리하는 서식을 제작한다.
- 위의 예시에 제시된 것 이외에 중요하다고 생각하는 준거나 항목을 추가하여 제작한다.
- 두 명 또는 소집단을 구성하여 제작하거나 독립적으로 제작한 후 다른 사람과 비교하고 공통점과 차이점에 대해 토론한다.

다음으로 신체〉 운동기능 발달〉 대 · 소근육의 통제와 협응에 대한 기본 개념, 내용별 하위 요소, 각 요소의 일반적 진보 양상, 각 요소를 관찰할 시기와 맥락에 대한 계획, 관찰할 때 사용할 수 있는 척도에 대한 계획, 평가할 때 초점을 두어야 할 점이나 주의할 점을 자세히 살펴보면 다음 | 표 6-4 | 와 같다.

| 표 6-4 | 신체〉 운동기능 발달〉 대 · 소근육의 통제와 협응

영역	신체
하위 영역	• 운동기능 발달
하위 영역별 내용	• 대 · 소근육의 통제와 협응
기본 개념	• 다양한 대근육 통제 및 대근육 간의 협응 능력 발달과 손과 손가락의 통제 및 눈과 손/손가락의 협응 능력
내용별 하위 요소	• 머리와 몸의 통제와 협응: 고개 들기, 가슴 들기, 앉기, 기기, 잡고 서기, 서기, 걷기 등 • 대근육의 통제: 걷기, 달리기, 위로 뛰기, 오르기, 넘기, 던지기, 잡기, 돌기, 차기, 호핑, 스키핑 등 • 대근육의 협응: 달리다 넘기, 그네 타기 등 두 가지 이상의 대근육 통제 • 손과 손가락의 통제 • 눈과 손 및 손가락의 협응
일반적 진보 양상	❶ 대근육 통제 및 대근육 간의 협응 능력 • 영아기: 머리와 몸의 통제와 협응 능력 발달하여 고개 가누기부터 시작하여 한 두 걸음 걷기가 가능해짐 • 걸음마기-유아기: 다양한 대근육 통제와 협응 능력이 점차 발달하고 세련되어져 걷기부터 시작하여 다양한 종류의 대근육 협응이 가능해짐 ❷ 손과 손가락의 통제 및 눈과 손/손가락의 협응 능력 • 영아기: 손 및 손가락의 통제력 점차 증가(손바닥 잡기 → 집게 손가락 잡기)함 • 걸음마기-유아기: 손가락 통제력이 점차 증가하고, 눈과 손 및 손가락 협응력이 점차 발달함

▼ 〈계속〉

| 표 6-4 | 〈계속〉

<table>
<tr><th>영역</th><th>신체</th></tr>
<tr><td>계획: 시기 및 맥락</td><td>❶ 대근육 통제 및 대근육 간의 협응 능력
• 영아기: 일상생활
• 걸음마기-유아기: 일상생활, 실내 · 외 대근육 활동 및 놀이, 실외 놀이, 율동 및 게임

❷ 손과 손가락의 통제 및 눈과 손/손가락의 협응 능력
• 영아기: 일상생활, 잡을 수 있는 놀잇감을 가지고 하는 다양한 놀이, 손유희
• 걸음마기-유아기:
- 급 · 간식 시 식사 도구 사용(예 숟가락, 포크 달린 숟가락, 젓가락 등)
- 옷 입고 벗기(예 단추, 지퍼, 신발 끈 묶기 등)
- 손과 손가락 통제 및 협응이 필요한 교재교구(예 퍼즐, 통 안에 넣고 빼기, 구슬 꿰기, 구슬 끼우기, 바느질 등의 조작교구)
- 조형 활동에서의 도구 및 자료 사용(예 크레파스, 가위, 스테이플러, 작은 꾸미기 자료, 점토 사용 등)
- 쓰기 및 읽기 활동 시 자료 사용(예 연필 잡기 및 쓰기, 책장 넘기기)
- 쌓기 및 역할 놀이 영역에서의 자료 사용(예 작은 끼우기 블록, 가정용품 사용)</td></tr>
<tr><td>계획: 관찰 방법</td><td>• 모든 항목: 일화 기록
• 대근육 통제 및 대근육 간의 협응 능력
- 머리와 몸의 통제와 협응이 발달 순서에 따라 진행되는지 여부: 체크리스트 (고개 들기 → 가슴 들기 → 뒤집기 → 기대 앉기 → 앉기 → 기기 → 잡고 서기 → 서기 → 걷기)
- 각 대근육의 통제가 순조롭게 진행되는지 여부 및 정도: 체크리스트/평정 척도
- 다양한 대근육 협응이 이루어지는 정도: 평정 척도
- 전반적인 운동 능력: 평정 척도
• 손과 손가락의 통제 및 눈과 손/손가락의 협응 능력
- 손과 손가락 통제력의 정도: 평정 척도
- 눈과 손 및 손가락의 협응 정도: 평정 척도</td></tr>
<tr><td>평가 주안점</td><td>❶ 대근육 통제 및 대근육 간의 협응 능력
• 머리와 몸의 통제와 협응이 발달 순서에 따라 진행되는지 평가
• 하위 개념에 제시된 각 대근육의 통제가 순조롭게 진행되는지 평가
• 다양한 대근육 협응이 순조롭게 이뤄지는지 평가
• 전반적인 운동 능력 및 운동 신경이 있는지 평가

❷ 손과 손가락의 통제 및 눈과 손/손가락의 협응 능력
• 가위질뿐만 아니라 위에 제시한 다양한 관찰 맥락에서 관찰 후 종합하여 평가
• 영아기: 손 → 손가락 통제로 발달하는지 평가
• 걸음마기-유아기: 손가락 통제의 정교성 및 다양한 활동에서 눈과 손가락 통제력이 발달하는지 평가</td></tr>
</table>

위의 준거를 관찰한다고 가정했을 때 사용할 수 있는 서식의 예는 다음과 같다. 예에 제시된 항목은 일부에 불과하므로 | 표 6-4 | 의 '일반적 진보 양상' 교사가 중점적으로 지도한 내용을 고려하여 항목을 추가할 수 있다.

| 예 6-2 | 신체〉 운동기능 발달〉 대 · 소근육의 통제와 협응을 관찰한 후 종합하여 정리하는 서식

관찰기간 20ㅇㅇ년 ㅇ월 ㅇ일~ㅇ월 ㅇ일

내용 대 · 소근육의 통제와 협응: 대근육 통제와 협응

항목 *

- 만 1세 이하: 대근육 통제의 예: 고개 들기, 가슴 들기, 앉기, 기기, 잡고 서기, 서기, 걷기 등
- 그 이후: 대근육 통제의 예: 걷기, 달리기, 위로 뛰기, 오르기, 넘기, 던지기, 받기, 돌기, 차기, 호핑, 스키핑 등
  대근육 협응의 예: 달리다 위로 뛰기, 잡고 돌기 등

기록방법 **

- 체크리스트:
  - 만 1세 이하: 대근육 통제 항목 중 할 수 있는 것에 ∨표시(구체적인 항목은 연령에 맞게 기입)

예

대근육 통제	∨	대근육 통제	∨
엎드려 고개 들기		지지해 주면 앉기	
엎드려 가슴 들기		혼자서 앉기	
앉아서 고개 가누기		엎드려 길 준비 자세 하기	
앞에서 뒤로 뒤집기		(교사 추가 기입)	
뒤에서 앞으로 뒤집기		(교사 추가 기입)	
• 특별히 잘 되거나 안 되는 대근육 통제 분야:			

  - 그 이후 연령: 각 영유아의 연령을 고려하여 대근육 통제나 협응 항목 중 가능한 것에 ∨표시(구체적인 항목은 연령에 맞게 기입)

▼ 〈계속〉

예

대근육 통제와 협응	V	대근육 통제와 협응	V
걷기		넘기	
달리기		호핑	
위로 뛰기/점프하기		스키핑	
건너뛰기		(교사 추가 기입)	
던지기		(교사 추가 기입)	
• 특별히 잘 되거나 안 되는 대근육 통제 분야: • 특별히 잘 되거나 안 되는 대근육 협응 분야:			

• 평정 척도:

- 만 1세 이하: 전반적인 대근육 통제가 정상적인 발달 속도에 맞게 발달하는지 평가하길 원할 때 [아주 느림]–[조금 느림]–[정상]–[조금 빠름]–[아주 빠름]으로 이어지는 5점 평정 척도로 평정

예

항목	1	2	3	4	5
발달 속도					

- 그 이후 연령: 전반적인 대근육 통제와 협응의 발달 속도를 평가하길 원할 때 [아주 느림]–[조금 느림]–[정상]–[조금 빠름]–[아주 빠름]으로 이어지는 5점 평정 척도 작성

예

항목	1	2	3	4	5
대근육 통제					
대근육 협응					

- 그 이후 연령: 전반적인 대근육 통제와 협응 모두 고루 발달하는지 평가하길 원할 때 [불균형적]–[균형적]으로 이어지는 5점 평정 척도 작성

예

항목	1	2	3	4	5
대근육 통제					
대근육 협응					
[불균형적 발달일 경우] • 특히 느리게 발달하는 항목: • 특히 잘 발달된 항목:					

▼ 〈계속〉

| 예 6-2 | 〈계속〉

관찰기간 20○○년 ○월 ○일~○월 ○일

내용 대 · 소근육의 통제와 협응: 소근육 통제와 협응

기록방법 **

- 체크리스트:
  - 만 1세 이하: 손바닥 잡기와 손가락 잡기 시도가 가능(즉, 통제)한지 ∨표시 또는 손 뻗어 사물잡기나 사물 옮기기가 가능(즉, 협응)한지 ∨표시(구체적인 항목은 연령에 맞게 기입)

예

항목	∨	항목	∨
손바닥으로 잡기		손 뻗어 잡으려는 사물 쉽게 잡음	
집게 손가락으로 잡기		한 손의 사물 다른 손으로 옮기기	
잡으려는 사물을 향해 손 뻗기		(교사 추가 기입)	
정확하지는 않지만 손 뻗어 잡으려 시도		(교사 추가 기입)	

  - 그 이후 연령: 다양한 맥락에서 다양한 종류의 소근육 통제와 협응이 가능한지 또는 교사가 다양한 활동을 통해 소근육 통제와 협응력을 관찰했는지 확인하길 원할 때 가능한 것 또는 관찰한 활동에 ∨표시(구체적인 항목은 연령에 맞게 기입: 예를 들면, 옷의 경우는 단추 크기, 지퍼, 신발 끈 종류 기입; 식사 도구 경우는 손가락, 포크, 숟가락, 포크 달린 숟가락, 젓가락 중에서 기입)

예

항목	∨	항목	∨	항목	∨
급 · 간식		작은 미술 자료		가위질	
옷 입고 벗기		작은 미술 도구		조작 교구 사용	
가위질		바느질		쓰기 도구 사용	
끼워 맞추기 블록		(교사 추가 기입)		(교사 추가 기입)	

- 평정 척도:
  - 모든 연령: 전반적인 소근육 통제와 협응이 정상적인 속도로 발달하는지 평가하길 원할 때 [아주 느림]-[조금 느림]-[정상]-[조금 빠름]-[아주 빠름]으로 이어지는 5점 평정 척도로 평정

예

항목	1	2	3	4	5
소근육 통제					
소근육 협응					

▼ 〈계속〉

- 걸음마기 이후: 각 활동에서의 소근육 통제와 협응 능력을 평가하길 원할 때 [아주 느림]-[조금 느림]-[정상]-[조금 빠름]-[아주 빠름]으로 이어지는 5점 평정 척도로 평정

예

항목	1	2	3	4	5	항목	1	2	3	4	5
급 · 간식						작은 미술 자료					
옷 입고 벗기						작은 미술 도구					
가위질						바느질					
조작 교구 사용						끼워 맞추기 블록					
쓰기 도구 사용						(교사 추가 기입)					
• 특히 느리게 발달하는 항목(또는 활동 맥락):											
• 특히 잘 발달된 항목(또는 활동 맥락):											

기초자료

- 기초 관찰 시 수집한 일화, 체크리스트, 평정 척도, 사진, 영유아의 작품 사진 삽입함

관련 척도

- 누리과정 유아관찰 척도(서술 평정 척도)와의 관련성
  I. 신체운동 · 건강 영역〉 문항 2, 4(만 3세); 문항 2~3, 5(만 4세); 문항 2~3, 5(만 5세)

* 이 연령의 영유아가 알아야 된다고 생각하는 것 또는 교사가 주로 소개한 것을 나열

** 어떤 기준으로 관찰하고 평가할지 미리 결정(예 일반적 발달 경향에 비추어/내가 지도한 경험이 있는 이 연령 영유아의 발달 경향에 비추어/올해 지도하는 이 학급 영유아의 발달 경향에 비추어)

연습 6-2

- 신체〉 운동기능 발달〉 대 · 소근육의 통제와 협응을 평가할 수 있는 영유아의 행동을 관찰한 후 종합하여 정리하는 서식을 제작한다.
- 위의 예시에 제시된 것 이외에 중요하다고 생각하는 준거나 항목을 추가하여 제작한다.
- 두 명 또는 소집단을 구성하여 제작하거나 독립적으로 제작한 후 다른 사람과 비교하고 공통점과 차이점에 대해 토론한다.

다음으로 신체〉 신체적 안녕〉 신체 활동 참여에 대한 기본 개념, 내용별 하위 요소, 각 요소의 일반적 진보 양상, 각 요소를 관찰할 시기와 맥락에 대한 계획, 관찰할 때 사용할 수 있는 척도에 대한 계획, 평가할 때 초점을 두어야 할 점이나 주의할 점을 자세히 살펴보면 다음 | 표 6-5 | 와 같다.

| 표 6-5 | 신체〉 신체적 안녕〉 신체 활동 참여

영역	신체
하위 영역	• 신체적 안녕
하위 영역별 내용	• 신체 활동 참여
기본 개념	• 다양한 종류의 신체 활동에의 적극적 참여
내용별 하위 요소	• 없음
일반적 진보 양상	• 발달적 진보와는 관련 없음 • 신체 활동을 선호하는 영유아의 성향과 관련 있음 • 성인의 적극적 안내를 통한 긍정적 경험 후 다양한 신체 활동에 참여하게 됨
계획: 시기 및 맥락	• 영아기: - 성인과의 신체적 놀이(예 높이 안아 올리기, 무릎 위에 놓고 흔들기, 잡기 놀이)나 실외 놀이 • 걸음마기-유아기: - 실외 자유선택 활동 - 성인이 계획한 대근육 활동, 게임, 율동 - 축구나 잡기 놀이 등의 또래와 하는 게임
계획: 관찰 방법	• 모든 항목: 일화 기록 • 신체적 활동의 선호 및 기분: 평정 척도 • 참여하는 신체적 활동의 다양성: 체크리스트/평정 척도 • 신체적 활동 참여의 자발성: 평정 척도
평가 주안점	• 신체적 활동을 즐기는 정도(예 실외 놀이 선호도/기분)에 대한 평가 • 얼마나 다양한 신체 활동에 참여하는지 평가 • 신체 활동에 자발적으로 참여하는지 평가

위의 준거를 관찰한다고 가정했을 때 사용할 수 있는 서식의 예는 다음과 같다. 예에 제시된 항목은 일부에 불과하므로 | 표 6-5 | 의 '일반적 진보 양상'과 교사가 중점적으로 지도한 내용을 고려하여 항목을 추가할 수 있다.

| 예 6-3 | 신체〉 신체적 안녕〉 신체 활동 참여를 관찰한 후 종합하여 정리하는 서식

관찰기간 20○○년 ○월 ○일~○월 ○일

내용 다양한 종류의 신체 활동에의 적극적 참여

항목 *

예 성인과의 신체적 놀이, 실외 자유선택 활동, 대근육 활동, 축구, 공놀이, 율동, 게임

기록방법 **

- 체크리스트:
  - 모든 연령: 얼마나 다양한 신체 활동에 참여하는지 평가하기를 원하면, 참여하는 활동에 V표시(구체적인 항목은 연령에 맞게 기입)

예

항목	V	항목	V	항목	V
실내 그네		대근육 기구(실외)		달리기, 잡기(실외)	
교사와의 신체 놀이		축구		율동	
미는 놀잇감		대근육 활동(실내)		게임	
끄는 놀잇감		교사와의 잡기 놀이		(교사 추가 기입)	

- 평정 척도:
  - 모든 연령: 각 신체 활동에 얼마나 적극적으로 참여하는지 평가하길 원할 때 [거의 참여하지 않음]–[적극적 참여]로 이어지는 5점 평정 척도로 평정(구체적인 항목은 연령에 맞게 기입)

예

항목	1	2	3	4	5
성인과의 신체 놀이					
실외 대근육 기구					
(교사 추가 기입)					
(교사 추가 기입)					

  - 모든 연령: 전반적으로 신체 활동에 적극적으로 참여하는지 평가하길 원할 때 [거의 참여하지 않음]–[적극적 참여]로 이어지는 5점 평정 척도로 평정

▼ 〈계속〉

| 예 6-3 | 〈계속〉

예

항목	1	2	3	4	5
전반적 참여 적극성					
• 특히 적극적으로 참여하는 활동: • 특히 참여하길 원하지 않는 활동:					

기초자료

• 기초 관찰 시 수집한 일화, 체크리스트, 평정 척도, 사진, 영유아의 작품 사진 삽입함

관련 척도

• 누리과정 유아관찰 척도(서술 평정 척도)와의 관련성
  I. 신체운동 · 건강 영역〉 문항 3(만 3세); 문항 4(만 4세); 문항 4(만 5세)

* 이 연령의 영유아가 알아야 된다고 생각하는 것 또는 교사가 주로 소개한 것을 나열

** 어떤 기준으로 관찰하고 평가할지 미리 결정(예 일반적 발달 경향에 비추어/내가 지도한 경험이 있는 이 연령 영유아의 발달 경향에 비추어/올해 지도하는 이 학급 영유아의 발달 경향에 비추어)

연습 6-3

- 신체〉 신체적 안녕〉 신체 활동에의 참여를 평가할 수 있는 영유아의 행동을 관찰한 후 종합하여 정리하는 서식을 제작한다.
- 위의 예시에 제시된 것 이외에 중요하다고 생각하는 준거나 항목을 추가하여 제작한다.
- 두 명 또는 소집단을 구성하여 제작하거나 독립적으로 제작한 후 다른 사람과 비교하고 공통점과 차이점에 대해 토론한다.

다음으로 신체〉 신체적 안녕〉 자조 능력에 대한 기본 개념, 내용별 하위 요소, 각 요소의 일반적 진보 양상, 각 요소를 관찰할 시기와 맥락에 대한 계획, 관찰할 때 사용할 수 있는 척도에 대한 계획, 평가할 때 초점을 두어야 할 점이나 주의할 점을 자세히 살펴보면 다음 | 표 6-6 | 과 같다.

| 표 6-6 | 신체〉 신체적 안녕〉 자조 능력

영역	신체
하위 영역	• 신체적 안녕
하위 영역별 내용	• 자조 능력
기본 개념	• 일상생활과 관련된 활동을 성인의 도움 없이 스스로 하는 능력
내용별 하위 요소	• 하위 요소는 없으나 다음의 일상 활동에 대한 자조 능력을 관찰하고 평가해야 함 - 스스로 해야 하는 일상생활 활동: 급 · 간식 준비 및 먹기, 씻기(양치질 포함), 화장실 사용하기, 옷 입고 벗기, 정리 · 정돈, 잠자리 준비 및 정리
일반적 진보 양상 (| 예 5-31 |, p. 137 참조)	• 영아기-걸음마기: - 성인이 전적으로 해줌 → 일상생활이 반복된다는 것 인식함 → 성인이 해줄 때 약간 협조함(예 몸이나 팔 들어주기) → 한 활동 중 쉬운 부분을 맡아서 함(예 바지 내리기) → 쉬운 활동은 혼자서 함(예 손 씻기) • 유아기: 점차 많은 일상생활을 스스로 할 수 있고, 속도(예 옷 입는 속도)나 숙련도(예 옷을 제대로 입기/제자리에 바르게 정리하기)도 증가함
계획: 시기 및 맥락	• 영아기-유아기: 다양한 일상생활 관련 활동(즉, 급 · 간식 준비 및 먹기, 양치질 및 씻기, 화장실 사용하기, 옷 입고 벗기, 정리 · 정돈, 잠자리 준비 및 정리)
계획: 관찰 방법	• 모든 항목: 일화 기록 • 스스로 하는 일상생활 관련 활동의 수: 체크리스트 • 일상생활 관련 활동의 숙련도: 평정 척도
평가 주안점	• 하나의 일상생활 활동이 아니라 다양한 일상생활 활동을 보고 평가 • 영아기-걸음마기: '일반적 진보 양상'에 서술된 경향이 나타나는지 평가 • 유아기: - 스스로 하는 일상생활 활동의 수가 증가하는지 평가 - 스스로 하는 일상생활 활동 시 숙련도가 높아지는지 평가
기타	• 일상생활 관련 활동을 하기 위해서는 눈과 손 및 손가락 협응력 발달이 함께 이루어져야 함 • 기본생활 습관과의 관련성: 기본생활 습관에는 두 가지 개념이 포함됨 - 일상생활과 관련된 활동 스스로 하기(즉, 자조 능력의 발달) - 대인 관계에서 필요한 예절(예 식사, 인사, 언어 예절 등), 절약, 절제 등 사회적 규범에 대한 이해 발달 • 기본생활 습관을 독립적으로 평가하고자 하는 교사는 위의 두 가지 개념을 모두 평가해야 함

위의 준거를 관찰한다고 가정했을 때 사용할 수 있는 서식의 예는 다음과 같다. 예에 제시된 항목은 일부에 불과하므로 | 표 6-6 | 의 '일반적 진보 양상'과 교사가 중점적으로 지도한 내용을 고려하여 항목을 추가할 수 있다.

| 예 6-4 | 신체〉 신체적 안녕〉 자조 능력을 관찰한 후 종합하여 정리하는 서식

관찰기간 20○○년 ○월 ○일~○월 ○일

내용 자조 능력

항목 *

예 급 · 간식(준비, 먹기, 치우기) 씻기(손, 세수, 양치질), 화장실 사용(옷 내리고 올리기, 뒤처리, 물 내리기), 옷 입고 벗기, 정리 · 정돈 및 치우기(놀잇감 치우기, 자기 물건 간수하기), 휴식 및 낮잠(준비, 정리)

기록방법 **

- 체크리스트:
  - 걸음마기 이후: 얼마나 다양한 일상생활에서 자조성을 보이는지 평가하기를 원하면, 스스로 하려고 시도하는 활동에 ∨표시(구체적인 항목은 연령에 맞게 기입)

예

항목	∨	항목	∨	항목	∨
급 · 간식(준비)		화장실(옷)		옷(입기)	
급 · 간식(먹기)		화장실(뒷처리)		옷(벗기)	
급 · 간식(정리)		화장실(물 내리기)		정리 · 정돈(치우기)	
씻기(손)		낮잠(준비)		정리 · 정돈(개인물건)	
씻기(양치질)		낮잠(정리)		(교사 추가 기입)	

- 평정 척도:
  - 영아기: 교사가 도와줄 때 얼마나 협조하는지 또는 영아가 스스로 하는 부분이 점차 많아지는지 평가하길 원할 때 [매우 의존적]-[점차 스스로]로 이어지는 5점 평정 척도로 평정(구체적인 항목은 연령에 맞게 기입)

▼ 〈계속〉

| 예 6-4 | 〈계속〉

예

항목	1	2	3	4	5
전반적 자조 능력					
또는 영아기에 중요한 일상생활 분야를 교사가 선택해서 각 분야별로 평정 예 먹기, 옷 벗기					
(교사가 선택한 일상생활 분야 추가 기입)					
(교사가 선택한 일상생활 분야 추가 기입)					

- 그 이후: 전반적으로 또는 각 일상생활 관련 활동에 대한 자조성이 얼마나 있는지 평가하길 원할 때 [혼자 못함]-[스스로 함]으로 이어지는 5점 평정 척도로 평정(구체적인 항목은 연령에 맞게 기입)

예

항목	1	2	3	4	5
전반적 자조 능력					
중요한 일상생활 분야를 교사가 선택해서 각 분야별로 평정					
(교사가 선택한 일상생활 분야 추가 기입)					
(교사가 선택한 일상생활 분야 추가 기입)					

- 그 이후: 스스로 하는 각 일상생활 관련 활동 각 분야의 숙련 정도를 평가하길 원할 때 [거의 제대로 못함]-[혼자 완벽히 함]으로 이어지는 5점 평정 척도로 평정(구체적인 항목은 연령에 맞게 기입)

예

항목	1	2	3	4	5
(교사가 선택한 일상생활 분야 기입)					
(교사가 선택한 일상생활 분야 기입)					
• 특히 완벽히 잘 하는 분야:					
• 특히 제대로 못하는 분야:					

기초자료

- 기초 관찰 시 수집한 일화, 체크리스트, 평정 척도, 사진, 영유아의 작품 사진 삽입함

관련 척도

- 누리과정 유아관찰 척도(서술 평정 척도)와의 관련성
  III. 사회관계 영역〉 문항 7, 18(만 3세); 문항 8, 20(만 4세); 문항 9, 22(만 5세)

* 이 연령의 영유아가 알아야 된다고 생각하는 것 또는 교사가 주로 소개한 것을 나열

** 어떤 기준으로 관찰하고 평가할지 미리 결정(예 일반적 발달 경향에 비추어/내가 지도한 경험이 있는 이 연령 영유아의 발달 경향에 비추어/올해 지도하는 이 학급 영유아의 발달 경향에 비추어)

연습 6-4

- 신체〉 신체적 안녕〉 자조 능력을 평가할 수 있는 영유아의 행동을 관찰한 후 종합하여 정리하는 서식을 제작한다.
- 위의 예시에 제시된 것 이외에 중요하다고 생각하는 준거나 항목을 추가하여 제작한다.
- 두 명 또는 소집단을 구성하여 제작하거나 독립적으로 제작한 후 다른 사람과 비교하고 공통점과 차이점에 대해 토론한다.

다음으로 신체〉 신체적 안녕〉 건강, 영양, 안전에 대한 기본 개념, 내용별 하위 요소, 각 요소의 일반적 진보 양상, 각 요소를 관찰할 시기와 맥락에 대한 계획, 관찰할 때 사용할 수 있는 척도에 대한 계획, 평가할 때 초점을 두어야 할 점이나 주의할 점을 자세히 살펴보면 다음 | 표 6-7 | 과 같다.

| 표 6-7 | 신체〉 신체적 안녕〉 건강, 영양, 안전

영역	신체
하위 영역	• 신체적 안녕
하위 영역별 내용	• 건강, 영양, 안전
기본 개념	• 건강한 생활, 균형 잡힌 식생활, 안전한 생활을 위한 조건에 대한 이해와 실천 능력
내용별 하위 요소	• 건강한 생활을 위한 조건에 대한 이해와 실천: 청결한 신체, 청결한 환경, 운동 및 휴식, 질병의 예방 • 균형 잡힌 식사의 중요성에 대한 이해와 실천: 몸에 이로운 음식과 이롭지 않은 음식 구별하여 먹기, 몸에 이로운 다양한 음식 먹기(편식하지 않기), 적절한 양의 음식 먹기 • 안전한 생활을 위한 조건에 대한 이해와 실천 - 일상생활에서의 안전과 관련된 교육(예 교통, 보행, 놀이기구 사용, 자전거 타기, 가위 사용법, 요리 도구 사용법 등) - 예방을 목적으로 하는 안전 교육(예 화재, 납치, 성폭력 등)에의 적극적 참여 및 대응 방법에 대한 이해 - 개인 정보(자신의 이름과 나이, 부모님 성함, 전화번호, 다니는 기관 이름)의 적절한 사용

▼ 〈계속〉

| 표 6-7 | 〈계속〉

영역	신체
일반적 진보 양상	❶ 건강 • 영아기–걸음마기: 교사의 지원으로 깨끗하게 씻고, 놀잇감을 치우고, 적절히 운동하고 휴식하는 습관을 익힘 • 유아기: 건강한 생활을 위한 조건이 왜 필요한지에 대한 이해가 증가하고 스스로 실천하는 능력이 발달함 ❷ 영양 • 영아기–걸음마기: 교사의 지원으로 몸에 좋은 다양한 음식 먹기를 경험하고 그 음식에 점차 익숙해짐 • 유아기: 몸에 이로운 음식, 몸에 좋은 다양한 음식 섭취의 중요성, 적절한 양의 음식을 섭취하는 것의 중요성에 대한 이해와 실천 능력 점차 발달 ❸ 안전 • 영아기–걸음마기: 안전하지 않은 상황에서 말 또는 신호로 알려주면 반응 • 유아기: - 안전 관련 약속에 주의를 기울이고 기억하는 능력 점차 증가 - 일상생활과 관련된 규칙을 기억하고 지키는 능력 증가 - 예방 차원에서 실시하는 훈련(예 화재, 성폭력, 납치)에서의 대응 방법에 대한 이해 증가 - 개인 정보를 알려줄 상대(예 경찰)와 알려주지 않아야 할 상대(예 모르는 사람)를 구별하는 능력 증가
계획: 시기 및 맥락	❶ 건강 • 영아기–걸음마기: 건강한 생활을 위한 조건과 관련된 다양한 일상생활 활동(예 씻기, 정리 · 정돈 하기, 청소하기, 대근육 운동 및 실외 활동) • 유아기: - 건강한 생활을 위한 조건과 관련된 다양한 일상생활 활동(예 깨끗이 씻기, 건강한 식생활, 청소하기, 휴식 및 낮잠, 규칙적인 운동 및 실외 활동) - 건강한 생활과 관련된 생활 주제(예 나, 여름 위생)에서의 다양한 활동 및 도서 - 건강한 생활과 관련된 정기적 활동(예 의사가 기관을 방문해서 하는 치과 검진, 예방 주사 맞기, 유아교육 또는 보육기관 소독)

▼ 〈계속〉

<table>
<tr><th>영역</th><th>신체</th></tr>
<tr><td>계획: 시기 및 맥락
(계속)</td><td>❷ 영양
• 영아기–걸음마기: 급 · 간식 시간
• 유아기:
- 급 · 간식 시간
- 음식이 언급되는 생활 주제(예 나, 여름 위생, 우리나라, 세계 여러 나라)에서의 다양한 활동 및 도서
- 역할 놀이 영역에서의 음식 주제로 한 놀이

❸ 안전
• 영아기–걸음마기:
- 놀이하다 위험한 상황이 예견되어 교사가 안내할 때
- 예방 차원에서 실시하는 안전 교육 및 훈련 시간
• 유아기:
- 일상생활에서 스스로 안전 규칙을 준수할 때
- 일상생활에서 안전 규칙 준수 여부를 관찰할 수 있는 상황
- 야외학습에서 안전 규칙 준수 여부를 관찰할 수 있는 상황
- 예방 차원에서 실시하는 안전 교육 및 훈련 시간
- 안전한 행동이 언급되는 생활 주제(예 지역사회)나 시기(여름휴가/추석 등 여행이 빈번한 시기나 화재의 가능성이 높은 겨울)</td></tr>
<tr><td>계획: 관찰 방법</td><td>• 모든 항목: 일화 기록
• 건강
- 건강한 생활을 위한 각 조건에 대한 이해 및 이해 정도: 체크리스트, 평정 척도
- 건강한 생활을 위한 조건의 실천 정도: 평정 척도
• 영양
- 몸에 이로운 음식에 대한 이해 및 실천: 평정 척도
- 편식하지 않고 몸에 좋은 음식을 고루 먹는 것의 중요성에 대한 이해 및 실천: 평정 척도
- 적절한 양의 음식을 먹는 것의 중요성에 대한 이해 및 실천: 평정 척도
• 안전
- 안전 규칙이 적용되는 각 분야(예 교통, 보행, 가위 사용 등)에서의 준수 여부: 체크리스트
- 개인 정보 사용법 이해 여부: 체크리스트
- 다양한 분야의 안전 규칙에 대한 이해 정도: 평정 척도</td></tr>
</table>

▼ 〈계속〉

| 표 6-7 | 〈계속〉

영역	신체
평가 주안점	• 하나의 조건이 아니라 다양한 조건에 대한 이해와 실천을 보고 평가 • 건강 - 교사가 건강한 생활과 관련된 다양한 일상생활 활동을 지원할 때의 협조 또는 습관화된 정도 평가 - 건강한 생활과 관련된 활동을 실천하는지 평가(예 손 씻을 때 깨끗이 씻는지 또는 피곤할 때 앉아서 쉬는지) • 영양 - 교사가 몸에 좋은 다양한 음식을 적절한 양으로 먹게 지원할 때의 반응 보고 평가 - 몸에 이로운 음식과 해로운 음식을 구별할 수 있는지 평가 - 편식하지 않고 먹는 것의 중요성을 알고 실천하는지 평가 - 적절한 양의 음식을 먹는 것의 중요성을 알고 적절히 먹는지 평가 • 안전 - 건강한 생활을 하기 위한 조건이 왜 필요한지에 대한 이해가 증가하는지 평가 - 건강한 생활과 관련된 활동을 자발적으로 하는지 평가(예 실외 놀이나 화장실 사용 후 교사의 지시 없이도 손 씻기) - 일상생활 관련 안전 규칙에 대한 암기보다는 실천 여부에 더 초점을 두어 평가 - 다양한 상황(예 보행, 도구 사용, 놀이기구 사용 등)에서 안전하게 행동하는지 관찰하고 평가
기타	• '자조성'에서의 '먹기'는 스스로 먹는 능력에 초점을 둔 것이고, '건강'에서의 '건강한 식생활'은 건강하게 먹는 것의 중요성에 대한 이해와 실천에 초점을 둔 것임 • '영양'에서도 건강해지기 위해서 어떻게 먹어야 하는지를 이해하고 실천하는 것에 초점을 둔 것이므로 건강에서의 건강한 식생활과 동일한 내용이라 할 수 있음 • 따라서 관찰하여 평정한 후 '건강한 생활'과 '영양'을 동시에 평가하는 자료로 사용할 수 있음

위의 준거를 관찰한다고 가정했을 때 사용할 수 있는 서식의 예는 다음과 같다. 예에 제시된 항목은 일부에 불과하므로 | 표 6-7 | 의 '일반적 진보 양상'과 교사가 중점적으로 지도한 내용을 고려하여 항목을 추가할 수 있다.

| 예 6-5 | 신체〉 신체적 안녕〉 건강, 영양, 안전을 관찰한 후 종합하여 정리하는 서식

관찰기간 20○○년 ○월 ○일~○월 ○일

내용 건강, 영양, 안전

항목 *

- 건강한 생활을 위한 조건의 예: 씻기, 청결한 환경, 운동 및 휴식, 질병 예방
- 건강한 식생활을 위한 조건의 예: 몸에 이로운 음식 먹기, 편식하지 않고 고루 먹기, 적절한 양의 음식 먹기
- 안전한 생활을 위한 조건의 예: 생활 도구(요리 도구, 미술 활동 자료 및 도구)의 안전한 사용, 놀잇감의 안전한 사용, 놀이 기구의 안전한 사용(예 대근육 활동 기구), 안전 교육(교통, 화재, 납치 등), 개인 정보 알기

기록방법 **

- 체크리스트:
  - 걸음마기 이전: 교사가 해주거나 도와줄 때 기꺼이 따르는지 여부를 V로 표시
  - 유아기: 교사가 상기시키면 하거나 상기시키지 않아도 스스로 하는지 여부를 V로 표시(구체적인 항목은 연령에 맞게 기입)

예

항목(건강)	V	항목(식생활)	V	항목(안전)	V
손 씻기(식사 전, 놀이 후)		몸에 좋은 음식 먹기		놀잇감(예 뾰족한 퍼즐)	
양치질하기		골고루 먹기(편식 않기)		도구(예 가위, 요리용 칼)	
놀잇감 치우기		적절한 양의 음식 먹기		놀이기구(예 그네)	
쓰레기통에 버리기		(교사 추가 기입)		화재 예방 교육 참여	
실외 활동 참여하기				교통안전 교육 참여	
대근육 활동 참여하기				납치 예방 교육 참여	
낮잠 규칙적으로 자기				성폭력 예방 교육 참여	
예방 주사(부모한테 질문)				(교사 추가 기입)	
(교사 추가 기입)					

- 평정 척도:
  - 걸음마기 이전: 교사가 해주거나 도와줄 때 얼마나 기꺼이 따르는지
  - 유아기: 교사가 상기시키면 하거나 상기시키지 않아도 어느 정도 스스로 하는지 평가하길 원할 때 [전혀 못함]-[매우 잘함]으로 이어지는 5점 평정 척도로 평정

▼ 〈계속〉

- 유아기: 각종 안전 교육 훈련을 실시할 때 얼마나 유아가 적극적으로 참여하고 주의 집중하는지, 교사의 지시를 잘 따르는지를 보고 판단하며 교통안전의 경우는 실외자유선택 활동, 등 · 하원, 야외 학습에서의 유아 행동을 함께 고려하여 판단함

예

항목(건강)	1	2	3	4	5
건강한 생활을 위한 전반적인 이해와 실천					
각 연령별로 중요한 건강한 생활을 위한 조건을 교사가 선택해서 각 조건별로 평정					
(교사가 선택한 건강한 생활 조건 기입)					
(교사가 선택한 건강한 생활 조건 기입)					
• 특히 잘 하는 조건: • 특히 제대로 못하는 조건:					

항목(식생활)	1	2	3	4	5
건강한 식생활을 위한 전반적인 이해와 실천					
각 연령별로 중요한 건강한 식생활을 위한 조건을 교사가 선택해서 각 조건별로 평정					
(교사가 선택한 건강한 식생활 조건 기입)					
(교사가 선택한 건강한 식생활 조건 기입)					
• 특히 잘 하는 조건: • 특히 제대로 못하는 조건:					

항목(안전)	1	2	3	4	5
안전한 생활을 위한 전반적인 이해와 실천					
각 연령별로 중요한 안전한 생활을 위한 조건을 교사가 선택해서 각 조건별로 평정					
(교사가 선택한 안전한 생활 조건 기입)					
(교사가 선택한 안전한 생활 조건 기입)					
• 특히 잘 하는 조건: • 특히 제대로 못하는 조건:					

기초자료

- 기초 관찰 시 수집한 일화, 체크리스트, 평정 척도, 사진, 영유아의 작품 사진 삽입함

▼ 〈계속〉

| 예 6-5 | 〈계속〉

관련 척도

- 누리과정 유아관찰 척도(서술 평정 척도)와의 관련성

  Ⅰ. 신체운동 · 건강 영역〉 문항 5, 6, 8(만 3세); 문항 6, 7, 9(만 4세); 문항 6~8, 10(만 5세)

* 이 연령의 영유아가 알아야 된다고 생각하는 것 또는 교사가 주로 소개한 것을 나열

** 어떤 기준으로 관찰하고 평가할지 미리 결정(예 일반적 발달 경향에 비추어/내가 지도한 경험이 있는 이 연령 영유아의 발달 경향에 비추어/올해 지도하는 이 학급 영유아의 발달 경향에 비추어)

연습 6-5

- 신체〉 신체적 안녕〉 건강, 영양, 안전을 평가할 수 있는 영유아의 행동을 관찰한 후 종합하여 정리하는 서식을 제작한다.
- 위의 예시에 제시된 것 이외에 중요하다고 생각하는 준거나 항목을 추가하여 제작한다.
- 두 명 또는 소집단을 구성하여 제작하거나 독립적으로 제작한 후 다른 사람과 비교하고 공통점과 차이점에 대해 토론한다.

2 언어와 문해 발달 영역

언어와 문해 발달 영역은 듣기, 말하기, 의사소통, 읽기, 쓰기의 5개 하위 영역으로 구성되어 있다. 듣기는 수용 언어에, 말하기는 표현 언어에 해당하고, 의사소통은 동시에 일어나는 듣기와 말하기에서의 일반적 규칙과 사회에서 강조되는 관습적 규칙에 관련된 내용이다. 읽기는 일반적 읽기와 다양한 형태의 문학 작품 읽기를, 쓰기는 쓰기 관습에 대한 지식과 쓰기 능력을 포함한다.

| 표 6-8 | 언어와 문해 발달 영역(하위 영역, 하위 영역별 내용 및 기본 개념)

하위 영역	하위 영역별 내용	기본 개념
듣기 (수용 언어)	–	• 수용 언어(즉, 비언어적 의사소통 수단과 언어로 표현된 것 듣기)
말하기 (표현 언어)	어휘(단어)	• 발음의 정확성, 어휘의 증가 및 정확한 어휘 사용 능력
	문장 및 문법	• 문장의 발음, 문장의 길이 및 문법적 지식
의사소통	–	• 말하고 듣는 의사소통에서의 일반적 규칙과 사회에서 강조하는 의사소통 관습
읽기	음운과 낱자/단어의 인식 및 이해	• 읽기의 기초가 되는 음운에 대한 인식과 음운과 낱자/단어와의 관계에 대한 이해
	인쇄물에 대한 이해와 문학 작품 즐기기	• 인쇄물과 책의 기능과 사용에 대한 지식 및 다양한 유형의 문학과 문학 작품에 대한 선호
쓰기	–	• 쓰기 관습에 대한 지식과 쓰기 능력

각 하위 영역과 하위 영역별 내용에 대한 기본 개념, 내용별 하위 요소, 각 요소의 일반적 진보 양상, 각 요소를 관찰할 시기와 맥락에 대한 계획, 관찰할 때 사용할 수 있는 척도에 대한 계획, 평가할 때 초점을 두어야 할 점이나 주의할 점을 자세히 살펴보면 다음과 같다. 먼저, '언어와 문해 발달〉 듣기' 에 대해 살펴보자.

| 표 6-9 | 언어와 문해 발달〉 듣기

영역	언어와 문해 발달
하위 영역	• 듣기(수용 언어)
하위 영역별 내용	• 없음
기본 개념	• 비언어적 의사소통 수단(예 몸짓, 표정, 소리)과 언어(말)에 대한 관심 및 이해
내용별 하위 요소	• 없음
일반적 진보 양상	• 영아기: - 소리와 언어(말)에 주의 기울이고 구별 - 자주 듣는 소리와 말에 반응 - 선호하는 소리와 말에 다르게 반응 - 듣고 이해함을 쳐다보기, 옹알이, 손으로 가리키기, 기어가기 등으로 표시 - 얼굴을 보고 1:1로 하는 말을 더 잘 이해 - 줄거리보다는 그림(예 '토끼, 코 자' 등과 같은 사물의 명칭과 행동)을 중심으로 책을 읽어줄 경우 듣고 이해 • 걸음마기-유아기: - 언어(말)의 사용이 증가하나 비언어적 의사소통 수단도 평생 보조적으로 사용 - 얼굴을 보지 않고 말하거나 1:1로 말하는 것이 아니고 소집단(만 2세 후반) 또는 대집단 상황(만 3세 이후)에서 하는 말도 이해하는 능력 점차 증가 - 2단계(만 2세)나 3단계(만 3세)로 구성된 지시나 여러 단계이지만 간단한 지시(만 4세 이상)를 이해하고 따름 - 일상적이고 반복적인 활동을 중심으로 한 이야기(예 날씨, 하루 일과, 활동)에 대한 이해 → 처음 듣거나 일상적이지 않은 이야기(주로 만 4~5세)에 대한 이해력 증가 - 상대가 하는 말의 높낮이, 속도, 강세 등을 듣고 말의 내용을 파악하는 능력 증가 - 문학작품을 읽어 줄 때, 그림 중심의 이해에서 줄거리 중심의 이해로 발달 - 들은 어휘와 문장에 대한 이해 수준이 말할 수 있는 어휘와 문장 수준보다 훨씬 높음
계획: 시기 및 맥락	• 영아기-걸음마기 초기: 일상의 다양한 상황과 책 읽어 줄 때 • 걸음마기-유아기: - 일상생활, 대 · 소집단 활동, 개인적 상호작용할 때 - 교사가 지시하거나 요청한 것 수행할 때 - 문학 작품을 들려주면서 반응을 볼 수 있을 때 - 교사뿐만 아니라 또래와 대화할 때 - 특정 주제(예 생활 주제에 따른 이야기 나누기 주제)에 대한 대화를 할 때 - 이야기 상대가 표정, 억양, 속도, 강세 등을 달리해서 말할 때

▼ 〈계속〉

| 표 6-9 | 〈계속〉

영역	언어와 문해 발달
계획: 관찰 방법	• 모든 항목: 일화 기록 • 영아기-걸음마기 초기: - 자주 듣는 소리와 말에 반응하는지 여부/선호하는 소리와 말에 다르게 반응하는지 여부/들은 말을 이해함을 다양한 방법으로 표시하는지 여부: 체크리스트 - 얼굴을 보고 1:1로 하는 말에 대한 이해/그림 중심의 그림책 들은 후의 이해: 평정 척도 • 걸음마기-유아기: - 일상생활과 관련된 내용에 대한 이해/특정 주제와 관련된 내용에 대한 이해/지시나 요청에 대한 이해/개인, 소집단, 대집단으로 이야기할 때의 이해/다양한 대화 상대(성인 및 또래)와의 대화에서의 이해/들려준 문학 작품에 대한 이해/상대의 표정, 행동, 어조에 녹아 있는 뉘앙스에 대한 이해: 평정 척도
평가 주안점	• 비언어적 의사소통 수단에 담긴 의미도 이해하는지 평가 • 단어(어휘의 수준 및 다양성), 문장(다양한 수준의 문법적 구조로 된 문장과 다양한 길이의 문장), 내용(다양한 주제에 관한 내용과 내용의 난이도) 측면에서의 평가 • 듣기에 대한 평가는 영유아의 행동이나 반응을 보고 유추하는 것이므로 더욱 주의 깊게 관찰해야 함

위의 준거를 관찰한다고 가정했을 때 사용할 수 있는 서식의 예는 다음과 같다. 예에 제시된 항목은 일부에 불과하므로 | 표 6-9 |의 '일반적 진보 양상'과 교사가 중점적으로 지도한 내용을 고려하여 항목을 추가할 수 있다.

| 예 6-6 | 언어와 문해 발달〉 듣기를 관찰한 후 종합하여 정리하는 서식

관찰기간 20○○년 ○월 ○일~○월 ○일

내용 듣기(수용 언어)

항목 *

- 비언어적 의사소통 수단으로 전해지는 말 듣기의 예: 소리와 말에 주의 기울이기, 성인의 말소리에 반응하기, 선호하는 소리와 말에 다르게 반응하기 등
- 언어로 전해지는 말 듣기의 예: 단어나 문장으로 한 말의 뜻 이해하기, 상대가 하는 말의 억양, 속도, 강세 등에서 상대의 의도 파악하기 등

기록방법 **

- 체크리스트:
  - 영아기: 사람의 말, 환경이나 사물의 소리에 반응하는지 등의 여부를 V로 표시
  - 걸음마기 이후: 들은 후 의미 파악하는지, 상대의 의도 파악하는지, 주의 집중하는지 등의 여부를 V로 표시(구체적인 항목은 연령에 맞게 기입)

예

영아기	V
소리(사람, 사물, 음악 등)에 반응함(예 고개 돌리기, 하던 일 멈추기, 옹알이)	
친숙한 소리에 달리 반응함	
친숙한 성인이 말한 후 이해했음을 표시하는 반응함(예 기어가기, 쳐다보기, 울음 그치기, 웃기)	
말, 음악, 소리의 리듬에 반응함	
마주 보고 이야기할 때 더 잘 반응함	
(이하 교사 추가 기입)	

유아기 (연령에 따라 관찰할 수 있는 항목 다름)	V
정확한 단어나 말로 표현 못해도 성인이 말하면 이해(수용 언어의 빠른 발달)	
들은 것을 이해했음을 단어, 표정, 소리, 행동으로 표시함	
1:1(만 2세) → 소집단(만 2~3세) → 대집단(만 4~5세) 맥락에서 주의집중해서 듣기 가능	
상대의 표정, 억양, 목소리 크기, 강세 등에서 의도 파악	
반복적으로 하는 일과나 활동에 대한 이야기에 대한 듣기 능력(이해력) 증가	
점차 긴 문장으로 하는 말에 대한 듣기 능력(이해력) 증가	
처음 듣는 이야기에 대한 이해력 증가	
점차 길이와 내용의 수준 측면에서 어려워지는 그림책/책을 읽어주는 것 들을 때 이해력 증가	
(이하 교사 추가 기입)	

▼ 〈계속〉

- 평정 척도:
  - 영아기: 전반적인 듣기 능력과 다양한 말과 소리에 반응하는지 평가하길 원할 때 [전혀 못함]-[매우 잘함]으로 이어지는 5점 평정 척도로 평정(구체적인 항목은 연령에 맞게 기입)

예

항목	1	2	3	4	5
인간, 사물, 자연의 소리에 반응					
소리 듣고 들었음을 비언어적 수단으로 표현					
친숙한 소리에 적극적으로 반응					
(교사가 중요하다고 생각하는 항목 추가 기입)					

  - 유아기: 전반적인 이해 능력과 다양한 측면의 듣기 능력을 평가하길 원할 때 [매우 부족]-[매우 뛰어남]으로 이어지는 5점 평정 척도로 평정(구체적인 항목은 연령에 맞게 기입)

예

항목	1	2	3	4	5
읽어 주는 책, 대화, 지시를 들은 것에 대한 전반적인 이해 능력					
개인, 대 · 소집단 상황 맥락에서 들을 때의 주의집중 능력					
비언어적 수단을 통해 함께 전달되는 의미 파악 능력					
(교사가 중요하다고 생각하는 항목 추가 기입)					

기초자료

- 기초 관찰 시 수집한 일화, 체크리스트, 평정 척도, 사진, 영유아의 작품 사진 삽입함

관련 척도

- 누리과정 유아관찰 척도(서술 평정 척도)와의 관련성
  II. 의사소통 영역〉 문항 9~11(만 3세); 문항 10~12(만 4세); 문항 11~13(만 5세)

* 이 연령의 영유아가 알아야 된다고 생각하는 것 또는 교사가 주로 소개한 것을 나열

** 어떤 기준으로 관찰하고 평가할지 미리 결정(예 일반적 발달 경향에 비추어/내가 지도한 경험이 있는 이 연령 영유아의 발달 경향에 비추어/올해 지도하는 이 학급 영유아의 발달 경향에 비추어)

연습 6-6

- 언어와 문해 발달〉 듣기를 평가할 수 있는 영유아의 행동을 관찰한 후 종합하여 정리하는 서식을 제작한다.
- 위의 예시에 제시된 것 이외에 중요하다고 생각하는 준거나 항목을 추가하여 제작한다.
- 두 명 또는 소집단을 구성하여 제작하거나 독립적으로 제작한 후 다른 사람과 비교하고 공통점과 차이점에 대해 토론한다.

다음으로 언어와 문해 발달〉 말하기〉 어휘에 대해 내용별 하위 요소, 각 요소의 일반적 진보 양상, 각 요소를 관찰할 수 있는 맥락, 관찰할 때 사용할 수 있는 척도, 평가할 때 초점을 두어야 할 점이나 주의할 점을 자세히 살펴보면 다음 | 표 6-10 | 과 같다.

| 표 6-10 | 언어와 문해 발달〉 말하기〉 어휘

영역	언어와 문해 발달
하위 영역	• 말하기(표현 언어)
하위 영역별 내용	• 어휘(단어)
기본 개념	• 발음의 정확성 증가, 어휘의 증가 및 정확한 어휘 사용 능력 증가
내용별 하위 요소	• 발음의 정확성 증가 • 어휘의 수 증가 • 말하고자 하는 의미에 맞는 어휘의 사용 증가
일반적 진보 양상	• 영아기-걸음마기: - 많은 어휘를 부정확하게 발음 - 만 1세경에 첫 단어/만 2세까지 약 50개의 단어 습득 - 한정된 단어로 표현하고, 정확한 의미를 모르는 경우가 많아 의미를 확대 또는 축소하여 사용(예 한 단어로 여러 의미 표현/그 단어의 의미가 아닌데 사용 등) • 유아기: - 만 4세경이면 대부분의 단어 정확히 발음 - 만 3세까지 300개 이상의 단어 습득 - 만 4세 이후 매일의 대화를 통해 어휘가 급속히 증가 - 어휘의 확장과 정확한 의미에 대한 이해 증가로 정확한 어휘 사용 능력 향상
계획: 시기 및 맥락	• 영아기-걸음마기: 일상생활의 다양한 상황에서 영아가 말할 때 • 유아기: 유아가 말할 때 언제나

▼ 〈계속〉

| 표 6-10 | 〈계속〉

영역	언어와 문해 발달
계획: 관찰 방법	• 모든 항목: 일화 기록 • 발음: 평정 척도(특히 안 되는 발음 기록) • 어휘의 수의 정상적인 증가: 평정 척도(만 2세 이후의 각 영유아 어휘의 수 세기는 실질적으로 불가능) • 어휘의 정확성: 평정 척도(특히 축소/확대해서 부정확하게 사용하는 어휘 기록)
평가 주안점	• 다양한 상황(예 개인적 대화, 일상생활 활동, 대 · 소집단 활동)에서 말하는 것 관찰하고 발음, 사용하는 어휘의 수, 정확한 어휘의 사용에 대해 평가 • 다양한 대상(예 교사와 또래)과 말하는 것 관찰하고 평가

위의 준거를 관찰한다고 가정했을 때 사용할 수 있는 서식의 예는 다음과 같다. 예에 제시된 항목은 일부에 불과하므로 | 표 6-10 | 의 '일반적 진보 양상'과 교사가 중점적으로 지도한 내용을 고려하여 항목을 추가할 수 있다.

| 예 6-7 | 언어와 문해 발달〉 말하기〉 어휘를 관찰한 후 종합하여 정리하는 서식

관찰기간 20ㅇㅇ년 ㅇ월 ㅇ일~ㅇ월 ㅇ일

내용 어휘

항목 *

예 어휘(단어)를 발음할 때의 정확성, 연령에 적합한 속도로 증가하는 어휘 수, 상황에 맞는 어휘(단어) 사용 등

기록방법 **

• 체크리스트:
- 만 1세 이후: 발음의 정확성, 어휘 수, 어휘 사용의 정확성 여부를 V로 표시(구체적인 항목은 연령에 맞게 기입)

▼ 〈계속〉

예

항목	V
발음은 부정확한 경향 있음(만 3세 이전)	
발음이 대체로 정확함(약 만 4세 이후)	
만 2세경에 약 50개 단어 사용	
한 단어를 여러 가지 의미 또는 다른 의미로 사용	
만 3세경에 약 300개 단어 사용	
(이하 교사가 중요하다고 생각하는 항목 추가 기입)	
• 각 영유아가 특히 부정확하게 발음하는 단어 기입: • 각 영아가 자주 사용하는 단어 기입: • 각 영아가 한 단어를 여러 의미 또는 다른 의미로 사용하는 사례 기입:	

• 평정 척도:

- 모든 연령: 발음의 정확성, 어휘 수, 어휘 사용의 정확성 정도를 평가하길 원할 때 [매우 부족]-[매우 뛰어남]으로 이어지는 5점 평정 척도로 평정(구체적인 항목은 연령에 맞게 기입)

예

항목	1	2	3	4	5
해당 연령에 적절한 발음의 정확성					
해당 연령에 적합한 수의 어휘 습득					
다양한 경험을 반영하는 어휘의 확장(만 4세 이후)					
해당 연령에 적절한 어휘의 정확한 사용					
(이하 교사가 중요하다고 생각하는 항목 추가 기입)					

기초자료

• 기초 관찰 시 수집한 일화, 체크리스트, 평정 척도, 사진, 영유아의 작품 사진 삽입함

▼ 〈계속〉

| 예 6-7 | 〈계속〉

관련 척도

- 누리과정 유아관찰 척도(서술 평정 척도)와의 관련성
  II. 의사소통 영역〉 관련 문항 없음(만 3세); 관련 문항 없음(만 4세); 문항 14(만 5세)

* 이 연령의 영유아가 알아야 된다고 생각하는 것 또는 교사가 주로 소개한 것을 나열
** 어떤 기준으로 관찰하고 평가할지 미리 결정(예 일반적 발달 경향에 비추어/내가 지도한 경험이 있는 이 연령 영유아의 발달 경향에 비추어/올해 지도하는 이 학급 영유아의 발달 경향에 비추어)

연습 6-7

- 언어와 문해 발달〉 말하기〉 어휘를 평가할 수 있는 영유아의 행동을 관찰한 후 종합하여 정리하는 서식을 제작한다.
- 위의 예시에 제시된 것 이외에 중요하다고 생각하는 준거나 항목을 추가하여 제작한다.
- 두 명 또는 소집단을 구성하여 제작하거나 독립적으로 제작한 후 다른 사람과 비교하고 공통점과 차이점에 대해 토론한다.

다음으로 언어와 문해 발달〉 말하기〉 문장 및 문법에 대한 기본 개념, 내용별 하위 요소, 각 요소의 일반적 진보 양상, 각 요소를 관찰할 시기와 맥락에 대한 계획, 관찰할 때 사용할 수 있는 척도에 대한 계획, 평가할 때 초점을 두어야 할 점이나 주의할 점을 자세히 살펴보면 다음 | 표 6-11 | 과 같다.

| 표 6-11 | 언어와 문해 발달〉 말하기〉 문장 및 문법

영역	언어와 문해 발달
하위 영역	• 말하기(표현 언어)
하위 영역별 내용	• 문장 및 문법
기본 개념	• 문장 발음의 정확도, 문장의 길이, 문법적 지식의 향상
내용별 하위 요소	• 문장 발음의 정확성 증가 • 문장의 길이 증가 • 문법적 지식 증가

▼ 〈계속〉

| 표 6-11 | 〈계속〉

영역	언어와 문해 발달
일반적 진보 양상	• 걸음마기: - 문장으로 말할 때도 발음 부정확 - 대명사 '나', 소유격 '내 것' 사용 시작 - 자주 사용하는 몇 가지 문장을 존댓말로 말하는 것 가능(예 네, 안녕하세요?) - '안녕하세요? 감사합니다.' 등의 사회적 예절 용어 사용 시작 - 주로 3단어로 구성된 문장 사용 가능 - 이름 말할 수 있음 - '~인체' 하거나 창조하기 위한 언어 사용 증가 • 만 3세경: - 시간 개념과 관계된 말을 함(예 낮잠 시간이야!) - '무엇'과 '왜'에 대한 질문 많이 사용 - 문장에 위치(예 안, 밖)에 관한 용어 사용 - 5~6단어로 구성된 문장 사용 가능 • 만 4세경: - 감정이나 행동에 대해 구체적으로 묘사하는 문장 사용 - 완전한 문장으로 대화 가능 - 성인이나 또래와 대화를 지속할 수 있는 수준의 문장으로 대화 - 더 상세한 정보를 얻기 위한 질문과 추가적 질문 가능 • 만 5세경: - 의사전달이 비교적 분명히 되도록 완전한 문장으로 말함 - 집단 토의에서 의견을 내고, 발표하는 것에 관한 규칙 준수 가능 - 친숙한 사람, 사건, 장소, 활동에 대한 생각, 감정, 의견을 명확한 문장으로 말함 - 듣거나 읽은 정보를 기억해서 문장으로 말함 - 문법적으로 큰 실수가 없는 문장으로 말함(단, 복문이나 긴 문장으로 말할 때는 실수 많음)
계획: 시기 및 맥락	• 영아기: 일상생활의 다양한 상황에서 영아가 말할 때 • 걸음마기-유아기: 유아가 다양한 상황에서 다양한 대상과 말할 때
계획: 관찰 방법	• 모든 항목: 일화 기록 • 발음: 평정 척도(특히 문장으로 말할 때 안 되는 발음 기록) • 문장의 길이: 평정 척도 • 문법 발달: 체크리스트가 적절하나 실제 모든 영유아에 대한 체크가 쉽지 않으므로 연령적 발달 경향에 비추어 평정 척도로 평정
평가 주안점	• 문장으로 말할 때 특히 안 되는 발음이 있는지 관찰 • 연령적 발달 경향에 비추어 문장의 길이가 점차 길어지는지 관찰 • 연령적 발달 경향에 비추어 문법적 오류가 줄어드는지 관찰

위의 준거를 관찰한다고 가정했을 때 사용할 수 있는 서식의 예는 다음과 같다. 예에 제시된 항목은 일부에 불과하므로 | 표 6-11 | 의 '일반적 진보 양상'과 교사가 중점적으로 지도한 내용을 고려하여 항목을 추가할 수 있다.

| 예 6-8 | 언어와 문해 발달〉 말하기〉 문장 및 문법을 관찰한 후 종합하여 정리하는 서식

관찰기간 20○○년 ○월 ○일~○월 ○일

내용 문장 및 문법

항목 *

예 문장 발음의 정확성, 문장의 길이, 문법적 지식의 습득

기록방법 **

- 체크리스트:
  - 걸음마기 이후: 문장 발음이 정확한지와 다양한 문법적 지식을 습득하는지 평가하기를 원하면, 해당 항목에 V표시(구체적인 항목은 연령에 맞게 기입)

예

구분	항목	V
주로 걸음마기	문장으로 말할 때 발음이 부정확함	
	대명사를 사용함	
	소유격을 사용함	
	몇 가지 자주 쓰는 문장은 존댓말로 말함(예 주세요. 네)	
	사회적 예절 용어를 사용함(예 감사합니다. 안녕하세요?)	
	3~4단어로 구성된 문장을 사용함	
	가정하거나 ~인체 하는 문장을 사용함	
	(교사가 중요하다고 생각하는 항목 추가 기입)	
주로 만 3세경	5~6단어로 구성된 문장을 사용함	
	위치를 나타내는 문장을 사용함	
	시간 개념이 반영된 문장을 사용함	
	시제가 반영된 문장을 사용함	
	(교사가 중요하다고 생각하는 항목 추가 기입)	
주로 만 4세경	감정이나 행동을 구체적으로 묘사하는 문장을 사용함	
	완전한 문장을 사용함	
	성인이나 또래와 대화를 지속할 수 있는 길이의 문장을 사용함	
	상세한 정보를 얻기 위한 질문이 포함되는 문장을 사용함	
	(교사가 중요하다고 생각하는 항목 추가 기입)	

▼ 〈계속〉

구분	항목	V
주로 만 5세경	실수가 있으나 복문이나 긴 문장 사용 가능함	
	듣거나 읽은 정보를 기억해서 문장으로 말함	
	사람, 사건, 경험, 활동 등에 대해 명확한 문장으로 말함	
	(교사가 중요하다고 생각하는 항목 추가 기입)	
• 특히 발음이 어려운 문장: • 특히 어려움을 보이는 문법 유형:		

• 평정 척도:

- 걸음마기 이후: 발음의 정확성과 문법적 지식의 습득 정도를 평가하길 원할 때 [매우 부족]-[매우 뛰어남]으로 이어지는 5점 평정 척도로 평정(구체적인 항목은 연령에 맞게 기입)

예

항목	1	2	3	4	5
해당 연령에 적절한 문장 발음의 정확성					
해당 연령에 적절한 길이의 문장					
해당 연령에 적절한 문법적 지식의 습득(전반적 평가)					
- 대명사의 사용					
- 소유격의 사용					
- 시제의 사용					
(이하 교사가 중요하다고 생각하는 항목 추가 기입)					

기초자료

• 기초 관찰 시 수집한 일화, 체크리스트, 평정 척도, 사진, 영유아의 작품 사진 삽입함

관련 척도

• 누리과정 유아관찰 척도(서술 평정 척도)와의 관련성

Ⅱ. 의사소통 영역〉 관련 문항 없음(만 3세); 관련 문항 없음(만 4세); 관련 문항 없음(만 5세)

* 이 연령의 영유아가 알아야 된다고 생각하는 것 또는 교사가 주로 소개한 것을 나열

** 어떤 기준으로 관찰하고 평가할지 미리 결정(예 일반적 발달 경향에 비추어/내가 지도한 경험이 있는 이 연령 영유아의 발달 경향에 비추어/올해 지도하는 이 학급 영유아의 발달 경향에 비추어)

연습 6-8

- 언어와 문해 발달〉 말하기〉 문장 및 문법을 평가할 수 있는 영유아의 행동을 관찰한 후 종합하여 정리하는 서식을 제작한다.
- 위의 예시에 제시된 것 이외에 중요하다고 생각하는 준거나 항목을 추가하여 제작한다.
- 두 명 또는 소집단을 구성하여 제작하거나 독립적으로 제작한 후 다른 사람과 비교하고 공통점과 차이점에 대해 토론한다.

다음으로 언어와 문해 발달〉 의사소통에 대한 기본 개념, 내용별 하위 요소, 각 요소의 일반적 진보 양상, 각 요소를 관찰할 시기와 맥락에 대한 계획, 관찰할 때 사용할 수 있는 척도에 대한 계획, 평가할 때 초점을 두어야 할 점이나 주의할 점을 자세히 살펴보면 다음 | 표 6-12 | 와 같다.

| 표 6-12 | 언어와 문해 발달〉 의사소통

영역	언어와 문해 발달
하위 영역	• 의사소통
하위 영역별 내용	• 없음
기본 개념	• 말하고 듣는 의사소통에서의 일반적 규칙과 사회에서 강조하는 의사소통 관습
내용별 하위 요소	• 없음
일반적 진보 양상	• 영아기-걸음마기: - 연령이 어릴수록 성인이 다양한 방법으로 노력(예 눈높이 맞춰서 이야기, 짧은 말로 반복해서 이야기, 영아의 수준에 맞게 이야기, 다양한 억양으로 이야기)할 때 주의 깊게 들음 - 자기 조절 능력이 발달함에 따라 점차 자발적 주의 집중 가능 - 상대의 말이 끝나길 기다렸다 말하는 성인의 모범을 통해 의사소통 규칙과 관습에 대한 이해 점차 향상 - 대화 상대가 사용하는 반복적 표현, 표정, 몸짓, 손짓, 억양, 속도, 강세를 활용해서 제한된 어휘로 인한 이해 부족을 보완(즉, 주된 수단으로 사용) - 영아도 반복적 표현, 표정, 몸짓, 손짓, 억양, 속도, 강세 등을 적극적으로 활용해서 자신의 부족한 어휘를 보완

▼ 〈계속〉

| 표 6-12 | 〈계속〉

영역	언어와 문해 발달
일반적 진보 양상 (계속)	• 유아기: - 한 사람이 말한 후 다른 사람이 말한다는 대화 순서의 규칙을 실천하는 능력 점차 향상 - 상대가 말할 때 잘 듣거나 내가 말할 때 상대가 잘 들어야 의사소통이 순조롭다는 것에 대한 이해와 실천 능력 점차 향상 - 상대가 말할 때 비언어적 수단(예 고개 끄덕여 주기, 웃기)으로 반응을 보여야 의사소통이 순조롭다는 것에 대한 이해와 실천 능력 점차 향상 - 의사소통의 비언어적 보조 수단(예 몸짓, 얼굴 표정, 속도, 어조 등)을 상대가 하는 말의 뉘앙스를 파악하거나 내가 하는 말의 의미를 강조하는 수단으로 사용하는 능력 점차 향상(즉, 보조 수단으로 이용) - 의사소통하는 상대와 같은 주제로 대화해야 함을 점차 이해(즉, 각자 하고 싶은 말을 하는 집단적 방백에서 대화로 발전) - 의사소통을 시작할 때 상대를 부르기, 손들기 또는 '할 말 있어요.' '질문 있어요.' 같은 신호를 보내는 것 같은 사회적 관습에 대한 이해와 실천 능력 점차 향상 - 상대와 상황에 맞는 어휘, 문장, 태도로 말하기(예 상대에 따른 존댓말의 사용)
계획: 시기 및 맥락	• 영아기: 일상생활의 다양한 상황에서 영아가 말할 때 • 걸음마기-유아기: 유아가 다양한 상황에서 다양한 대상과 말할 때
계획: 관찰 방법	• 모든 항목: 일화 기록 • 의사소통 규칙과 관습: 평정 척도
평가 주안점	• 얼마나 주의집중해서 들었는지를 질문에 대한 대답, 또래나 교사가 한 말에 대한 반응, 진행되고 있는 이야기와 관련된 말을 하는지 등을 보고 평가 • 의사소통을 촉진하는 다양한 규칙과 사회적 관습을 실천하는지 관찰

위의 준거를 관찰한다고 가정했을 때 사용할 수 있는 서식의 예는 다음과 같다. 예에 제시된 항목은 일부에 불과하므로 | 표 6-12 | 의 '일반적 진보 양상'과 교사가 중점적으로 지도한 내용을 고려하여 항목을 추가할 수 있다.

| 예 6-9 | 언어와 문해 발달〉 의사소통을 관찰한 후 종합하여 정리하는 서식

관찰기간 20○○년 ○월 ○일~○월 ○일

내용 의사소통

항목*

예 차례대로 말하기, 대화 시 같은 주제 유지하기, 언어적/비언어적 의사소통 수단으로 반응하기, 대화 상대에 주의집중하기, 상대에 따라 적절한 말과 태도로 의사소통하기 등

기록방법**

- 체크리스트:
  - 모든 연령: 의사소통의 일반적 규칙과 사회에서 강조하는 의사소통 규칙을 습득했는지 평가하기를 원하면, 해당 항목에 ∨표시(구체적인 항목은 연령에 맞게 기입)

예

구분	항목(연령에 따라 관찰할 수 있는 항목 다름)	∨
주로 영아기	가까운 사람이 말을 걸면 적극적으로 반응함	
	대화 상대가 하는 말의 고저, 강세, 속도에 주의 기울임	
	의사를 울음, 표정, 목울림 소리, 옹알이 등의 방식으로 전달함	
	(교사가 중요하다고 생각하는 항목 추가 기입)	
그 이후 연령	해당 연령에 적절한 수준에서 상대가 말할 때 주의를 기울임	
	흥분한 상태가 아니면, 해당 연령에 적절한 수준에서 상대가 말할 때는 듣고, 상대의 말이 끝나면 자신이 말할 수 있음(유아기 초기 이후 가능)	
	각자 하고 싶은 말을 하기보다는 같은 주제에 대해 또래와 의사소통함(유아기 중반 이후 가능)	
	언어를 사용하기 시작한 이후에는 비언어적 의사소통 수단을 이용해서 효율적으로 하고자 하는 말을 전달함	
	상대가 말할 때 비언어적 의사소통 수단을 이용하여 적극적으로 반응함으로써 대화를 지속시킴	
	상대가 하는 말이나 수반되는 비언어적 의사소통 수단을 보고 뉘앙스 이해	
	1:1 대화 상황에서만 의사소통 가능함	
	개인 및 소집단 상황에서 의사소통 가능함	
	개인, 소집단 및 대집단 상황에서 의사소통 가능함	
	대화를 시작하거나 발언권을 얻을 때 사회 관습적 방식 사용함	
	의사소통 시 상대의 연령(예 어린 동생, 또래, 성인)에 따라 달라지는 사회 관습적 방식 중 일부를 사용함	
	(교사가 중요하다고 생각하는 항목 추가 기입)	

▼ 〈계속〉

| 예 6-9 | 〈계속〉

구분	항목(연령에 따라 관찰할 수 있는 항목 다름)	V
• 특히 뛰어난 영역:		
• 특히 어려움을 보이는 영역:		

• 평정 척도:
- 영아기 이후: 일반적 의사소통 규칙과 사회 관습적 의사소통 규칙의 습득 정도를 평가하길 원할 때 [매우 부족]–[매우 뛰어남]으로 이어지는 5점 평정 척도로 평정

예

항목	1	2	3	4	5
해당 연령에 적절한 일반적 의사소통 규칙의 습득(전반적 평가)					
- 주의 집중					
- 대화 순서					
- 같은 주제 공유					
(이하 교사가 중요하다고 생각하는 항목 추가 기입)					
해당 연령에 적절한 관습적 의사소통 규칙의 습득(전반적 평가)					
- 대화 시작 방식					
- 대화 상대에 적절한 용어 사용과 태도					
(이하 교사가 중요하다고 생각하는 항목 추가 기입)					

기초자료

• 기초 관찰 시 수집한 일화, 체크리스트, 평정 척도, 사진, 영유아의 작품 사진 삽입함

관련 척도

• 누리과정 유아관찰 척도(서술 평정 척도)와의 관련성
Ⅱ. 의사소통 영역〉 문항 12~13(만 3세); 문항 13~14(만 4세); 문항 15~16(만 5세)

* 이 연령의 영유아가 알아야 된다고 생각하는 것 또는 교사가 주로 소개한 것을 나열

** 어떤 기준으로 관찰하고 평가할지 미리 결정(예 일반적 발달 경향에 비추어/내가 지도한 경험이 있는 이 연령 영유아의 발달 경향에 비추어/올해 지도하는 이 학급 영유아의 발달 경향에 비추어)

연습 6-9

- 언어와 문해 발달〉 의사소통을 평가할 수 있는 영유아의 행동을 관찰한 후 종합하여 정리하는 서식을 제작한다.
- 위의 예시에 제시된 것 이외에 중요하다고 생각하는 준거나 항목을 추가하여 제작한다.
- 두 명 또는 소집단을 구성하여 제작하거나 독립적으로 제작한 후 다른 사람과 비교하고 공통점과 차이점에 대해 토론한다.

다음으로 언어와 문해 발달〉 읽기〉 음운과 낱자/단어의 인식 및 이해에 대한 기본 개념, 내용별 하위 요소, 각 요소의 일반적 진보 양상, 각 요소를 관찰할 시기와 맥락에 대한 계획, 관찰할 때 사용할 수 있는 척도에 대한 계획, 평가할 때 초점을 두어야 할 점이나 주의할 점을 자세히 살펴보면 다음 | 표 6-13 | 과 같다.

| 표 6-13 | 언어와 문해 발달〉 읽기〉 음운과 낱자/단어의 인식 및 이해

영역	언어와 문해 발달
하위 영역	• 읽기
하위 영역별 내용	• 음운과 낱자/단어의 인식 및 이해
기본 개념	• 읽기의 기초가 되는 음운에 대한 인식과 낱자/단어와의 관계에 대한 이해
내용별 하위 요소	• 음운 인식 • 음운과 낱자 또는 단어와의 관계 이해(소리와 글의 관계에 대한 이해)
일반적 진보 양상	• 영아기–걸음마기: - 목울림 소리를 내고 옹알이하고 첫 단어를 말하면서 자음과 모음 발음 능력 발달 - 동물 소리, 다양한 자연의 소리 또는 환경에서 나는 다양한 사물의 소리 들으면서 소리에 대한 구별 능력 발달 - 같은 소리와 다른 소리 구별할 수 있는 능력 발달 - 성인의 말, 노래, 짧은 동시 등을 들으면서 자음과 모음 및 운율 구별 능력 발달 - 구어에서 음절 인식하고 음절을 섞어 단어 만듦 - 성인이 책을 읽어 줄 때나 혼자 책을 볼 때 '읽는 행동'(예 중얼거리기, 들었던 내용을 기억해서 단편적으로 이야기하기, 그림을 보면서 말하기)을 하나 형식적인 읽기 능력이 나타나는 시기가 아님 - 환경에 써 있는 글자(예 출석판의 자신과 또래의 이름, 자기 장의 표시나 이름, 영역 명칭)에 관심을 보이고 읽는 시늉을 함 • 유아기: - 그림과 낱자/단어를 구별함 - 낱자가 모여 단어가 되고, 단어가 모여 문장이 된다는 것 이해함 - 낱자에는 각각의 이름이 있고, 단어에는 뜻이 있다는 것 점차 이해함 - 낱자/단어의 이름, 모양, 소리 간의 관계(즉, 각 낱자/단어는 다른 모양과 다른 소리를 가짐) 이해 - 인쇄(즉, 쓰여진 것)는 의미를 나타낸다는 것(즉, 그림이 아니라 쓰여 있는 글을 보고 읽는 것)을 이해함 - 아는 단어(예 이름이나 좋아하는 놀잇감의 명칭을 구성하는 낱자나 단어)를 중심으로 읽기 시작 - 유아에 따라 능숙하게 읽을 수 있음 - 읽기의 정확성과 유창성 수준은 의미에 대한 이해 수준과 동일하게 발달하지 않음(즉, 읽어도 의미를 모르는 경우 많음)
계획: 시기 및 맥락	• 영아기–걸음마기 초기: 일상생활의 다양한 상황에서 영아가 말하거나 노래하거나, 소리를 듣거나, 책 읽어주는 것을 듣거나 혼자 읽는 시늉을 할 때 • 걸음마기–유아기: 유아가 다양한 상황에서 읽기 흉내나 읽기와 관련된 행동을 할 때

▼ 〈계속〉

| 표 6-13 | 〈계속〉

영역	언어와 문해 발달
계획: 관찰 방법	• 모든 항목: 일화 기록과 평정 척도
평가 주안점	• 말하기 능력이 정상적으로 발달하는지 관찰(영아기는 말하기와 읽기의 기초가 동일) • 운율 있는 말, 손유희, 동시, 노래를 즐기고 운율감 있게 따라하거나 동작하는지 관찰 • 환경에서 나는 다양한 소리에 관심을 보이고 구별하는지 관찰 • 읽어주는 것에 관심을 보이는지 관찰 • 읽기(읽기 흉내 포함)에 관심을 보이는지 관찰 • 실제로 어느 정도 읽을 수 있는지 관찰 • 읽기 수준과 이해 수준이 유사한지 관찰
기타	• 우리나라의 경우 읽기와 쓰기를 어린 연령부터 의도적으로 가르치는 경우가 많기 때문에 읽기 및 쓰기 능력의 개인차가 매우 심함(전혀 읽지 못하는 유아부터 아는 단어나 낱자를 중심으로 읽는 유아, 매우 유창하게 읽는 유아까지 다양함) • 한글은 뜻을 몰라도 읽을 수 있는 특성을 가졌으므로, 잘 읽는 유아에 대해 의미도 이해하는 것으로 평가하지 않도록 유의할 필요 있음 • 아직 배우지 않았거나 관심이 없어서 읽기 능력이 낮은 것을 문제 상황으로 평가하지 않도록 유의할 필요 있음

위의 준거를 관찰한다고 가정했을 때 사용할 수 있는 서식의 예는 다음과 같다. 예에 제시된 항목은 일부에 불과하므로 | 표 6-13 | 의 '일반적 진보 양상'과 교사가 중점적으로 지도한 내용을 고려하여 항목을 추가할 수 있다.

| 예 6-10 | 언어와 문해 발달〉 읽기〉 음운과 낱자/단어의 인식 및 이해를 관찰한 후 종합하여 정리하는 서식

관찰기간 20○○년 ○월 ○일~○월 ○일

내용 음운과 낱자/단어의 인식 및 이해

항목 *

예 자음과 모음 및 자모음이 결합된 소리(음운) 인식, 그림과 낱자/단어의 구별, 낱자/단어와 소리와의 관계 이해, 초기 읽기 등

기록방법 **

- 체크리스트:
  - 모든 연령: 읽기의 기초 형성 및 읽기 능력을 평가하기를 원하면, 해당 항목에 ∨표시(구체적인 항목은 연령에 맞게 기입)

예

구분	항목(연령에 따라 관찰할 수 있는 항목 다름)	∨
주로 영아기 (말하기와 동일)	목울림 소리를 내고 옹알이를 함(자/모음 소리 구별과 발음)	
	다양한 소리(사람, 자연, 사물)를 구별하고 달리 반응함	
	같은/다른 소리와 친숙한/낯선 소리를 구별하고 달리 반응함	
	(교사가 중요하다고 생각하는 항목 추가 기입)	
그 이후 연령	그림이나 도형을 자/모음 또는 낱자와 구별	
	자/모음을 섞어 낱자(또는 낱자를 합해 단어)를 만들려는 시도함	
	낱자마다 고유의 소리가 있음을 이해(예 같은 낱자는 항상 같은 소리로 읽음)	
	단어와 소리를 연결시키는 시도를 하나 아직 1:1로 대응시키지 못함(예 자신의 이름에 있는 낱자 하나를 보고 이름 전체 ○○○로 읽음)	
	쓰여진 단어와 소리를 대응시킴	
	환경에 써진 글은 의미를 가지고 있고 읽을 수 있다는 것 이해함	
	친숙한 단어(예 자신의 이름)을 환경에서 찾아 읽음	
	친숙한 단어를 중심으로 확장하여 읽기를 시작함	
	능숙하게 읽음	
	읽은 내용을 이해함	
	(교사가 중요하다고 생각하는 항목 추가 기입)	

▼ 〈계속〉

• 평정 척도:

- 영아기 이후: 읽기의 기초 형성 및 읽기 능력의 수준을 평가하길 원할 때 [매우 부족]-[매우 뛰어남]으로 이어지는 5점 평정 척도로 평정(구체적인 항목은 연령에 맞게 기입)

예

항목	1	2	3	4	5
읽기에의 관심					
초기 읽기 행동(그림, 도형과 자/모음이나 낱자 구별)					
초기 읽기 행동(자/모음이나 낱자와 소리 관계 이해)					
초기 읽기 행동(낱자/단어와 소리 1:1 대응)					
초기 읽기 행동(인쇄물과 읽기와의 관계 이해)					
읽기 수준(읽을 수 있는 것에 초점)					
읽기 이해 수준(읽은 내용을 이해하는 것에 초점)					
(이하 교사가 중요하다고 생각하는 항목 추가 기입)					

기초자료

• 기초 관찰 시 수집한 일화, 체크리스트, 평정 척도, 사진, 영유아의 작품 사진 삽입함

관련 척도

• 누리과정 유아관찰 척도(서술 평정 척도)와의 관련성
Ⅱ. 의사소통 영역〉 문항 14(만 3세); 문항 15(만 4세); 문항 17(만 5세)

* 이 연령의 영유아가 알아야 된다고 생각하는 것 또는 교사가 주로 소개한 것을 나열

** 어떤 기준으로 관찰하고 평가할지 미리 결정(예 일반적 발달 경향에 비추어/내가 지도한 경험이 있는 이 연령 영유아의 발달 경향에 비추어/올해 지도하는 이 학급 영유아의 발달 경향에 비추어)

연습 6-10

- 언어와 문해 발달〉 읽기〉 음운과 낱자/단어의 인식 및 이해를 평가할 수 있는 영유아의 행동을 관찰한 후 종합하여 정리하는 서식을 제작한다.
- 위의 예시에 제시된 것 이외에 중요하다고 생각하는 준거나 항목을 추가하여 제작한다.
- 두 명 또는 소집단을 구성하여 제작하거나 독립적으로 제작한 후 다른 사람과 비교하고 공통점과 차이점에 대해 토론한다.

다음으로 언어와 문해 발달〉 읽기〉 인쇄물에 대한 이해와 문학 작품 즐기기에 대한 기본 개념, 내용별 하위 요소, 각 요소의 일반적 진보 양상, 각 요소를 관찰할 시기와 맥락에 대한 계획, 관찰할 때 사용할 수 있는 척도에 대한 계획, 평가할 때 초점을 두어야 할 점이나 주의할 점을 자세히 살펴보면 다음 | 표 6-14 | 와 같다.

| 표 6-14 | 언어와 문해 발달〉 읽기〉 인쇄물에 대한 이해와 문학 작품 즐기기

영역	언어와 문해 발달
하위 영역	• 읽기
하위 영역별 내용	• 인쇄물에 대한 이해와 문학 작품 즐기기
기본 개념	• 인쇄물(주로 그림 책)의 기능과 사용법에 대한 지식 증가와 다양한 유형의 문학 작품에 대한 선호
내용별 하위 요소	• 인쇄물에 대한 지식 • 문학 작품에 대한 선호
일반적 진보 양상	• 영아기-걸음마기 초기: - 성인이 들려주는 반복적인 말, 노래, 찬트, 이야기에 관심 보이고 즐김 - 사물(놀잇감)로 책을 인식(영아기)하다 놀잇감과 책을 구별(걸음마기)함 - 성인이 책을 읽어줄 때 관심을 보이고 즐김(예 책 읽어 줄 때 주의집중하기/책 읽어준다고 할 때 무릎에 앉기/웃기, 그림 가리키기, 등장물의 소리 흉내내기 등을 통해 적극적으로 참여) - 좋아하는 그림책에 대한 선호 표현(같은 책을 반복해서 읽어 달라 요청)함 - 책의 외형적 특성에 관심 보임(예 대체로 사각형임, 표지의 그림, 넘길 수 있음) - 그림을 보고 책을 바로 잡을 수 있음 - 그림을 인식하고, 그림을 보고 책의 내용을 이해함 - 같은 책에는 같은 내용(즉, 어떤 내용을 다시 읽으려면 그 책을 다시 읽어야 한다는 것)이 있음을 이해함 • 걸음마기-유아기: - 인쇄물(책)에서 낱자와 단어는 그림과 다르다는 것을 이해하고 구별함 - 소리와 낱자 또는 단어와의 관계(즉, 각 낱자/단어는 고유의 소리/발음이 있다는 것)를 이해함 - 인쇄된 그림(예 과자 그림)과 그 그림이 상징하는 것(예 과자 이름)의 의미를 연결시킴 - 글은 의미를 나타낸다는 것(즉, 그림이 아니라 글을 보고 읽는다는 것)을 이해함 - 책은 한 장씩 넘기는 것임을 이해함 - 책의 단어와 글을 보고 책의 방향을 바로 잡음

▼ 〈계속〉

| 표 6-14 | 〈계속〉

영역	언어와 문해 발달
일반적 진보 양상 (계속)	- 책은 앞쪽에서 뒷쪽으로 넘기는 것임을 이해함 - 책은 위에서 아래로 읽는 것임을 이해함 - 책에는 표지, 제목, 작가, 그림 그린 사람이 있다는 것 이해함 - 그림이나 제목을 보고 내용을 예측함 - 책의 내용을 이해하고 전개에 관심을 가짐 - 교사나 또래와 함께 책을 보며 내용에 대해 이야기 나눔 - 사실과 허구를 구별함 - 책의 내용과 실생활의 경험을 연결함 - 선호하는 유형의 책(예 정보책)이나 내용의 책(예 동물 책)이 생김 - 책을 선호하는 정도(즉, 어느 정도 책을 좋아하는지)의 개인차가 생기기 시작 - 유아기 후반이 되면 그림 없는 책도 읽기 시작
계획: 시기 및 맥락	• 영아기-걸음마기 초기: 일상의 다양한 상황에서 성인이 책 읽어주는 것을 영아가 듣거나 혼자 읽는 시늉을 할 때 • 유아기: 유아가 다양한 상황에서 인쇄물이나 책을 읽을 때
계획: 관찰 방법	• 모든 항목: 일화 기록 • 인쇄물에 대한 지식: 체크리스트/평정 척도 • 책 읽기와 문학작품에 대한 선호: 체크리스트/평정 척도
평가 주안점	• 책을 바르게 사용하는지 봄으로써 인쇄물의 특성 이해하는지 관찰함 • 책 읽기를 선호하는지 관찰(선호하는 문학작품 유형이나 내용 포함)함

위의 준거를 관찰한다고 가정했을 때 사용할 수 있는 서식의 예는 다음과 같다. 예에 제시된 항목은 일부에 불과하므로 | 표 6-14 | 의 '일반적 진보 양상'과 교사가 중점적으로 지도한 내용을 고려하여 항목을 추가할 수 있다.

| 예 6-11 | 언어와 문해 발달〉 읽기〉 인쇄물에 대한 이해와 문학 작품 즐기기를 관찰한 후 종합하여 정리하는 서식

관찰기간 20○○년 ○월 ○일~○월 ○일

내용 인쇄물에 대한 이해와 문학 작품 즐기기

항목*

예 인쇄물의 기능 및 사용법에 대한 이해, 책읽기에 대한 선호, 특정 주제의 책에 대한 선호 등

기록방법**

- 체크리스트:
  - 모든 연령: 인쇄물의 기능 및 사용법에 대한 이해와 문학 작품에 대한 선호를 평가하려면, 해당 항목에 V표시(구체적인 항목은 연령에 맞게 기입)

예

구분	항목	V
인쇄물의 기능 및 사용법	인쇄물(책 포함)은 의미가 담겨 있고 읽는 것이라는 것 이해함(예 책과 놀잇감을 다른 방식으로 다룸/읽기를 못해도 읽는 시늉을 함)	
	(그림)책과 인쇄물의 위와 아래를 구별함	
	(그림)책과 인쇄물을 앞장에서 뒷장으로 넘겨가며 읽음	
	(그림)책과 인쇄물을 한 장씩 넘겨가며 읽음	
	(그림)책과 인쇄물을 위에서 아래로 읽음	
	같은 (그림)책과 인쇄물에는 같은 내용이 써 있다는 것 이해(예 같은 책을 다시 읽을 때는 유사한 반응을 보임)	
	그림은 글을 보완한다는 것 이해(책의 그림을 보고 내용을 추측함)	
	(교사가 중요하다고 생각하는 항목 추가 기입)	
문학 작품 즐기기	성인이 해주는 반복적인 말, 리듬, 이야기, 말놀이를 즐김	
	성인이 책을 읽어줄 때 관심을 보이고 들으러 옴	
	책을 읽어달라고 가지고 옴	
	특정 책을 반복해서 읽어 달라고 요청하거나 스스로 읽는 등 선호를 보임	
	혼자 또는 또래와 책보기를 즐김	
	읽기 수준과 무관하게 책보기를 즐김	
	특정 주제 또는 장르의 책에 대한 선호를 보임	
	책에 묘사된 허구와 사실을 구별함	

▼ 〈계속〉

| 예 6-11 | 〈계속〉

구분	항목	V
문학 작품 즐기기 (계속)	책을 읽은 후 하는 다양한 활동(예 그림 그리기, 작가에게 편지 쓰기, 이어지는 이야기 만들기 등)을 즐김	
	운율을 가지고 하는 말놀이나 찬트를 즐김	
	동시 듣기와 짓기를 즐김	
	대 · 소집단으로 들려주는 동화 듣기를 즐김	
	(교사가 중요하다고 생각하는 항목 추가 기입)	

- 평정 척도:
  - 영아기 이후: 인쇄물의 기능 및 사용법에 대한 이해와 문학 작품을 즐기는 정도를 평가하길 원할 때 [매우 부족]-[매우 뛰어남]으로 이어지는 5점 평정 척도로 평정(구체적인 항목은 연령에 맞게 기입)

예

항목	1	2	3	4	5
인쇄물의 기능 및 사용법에 대한 전반적 이해					
- 기능(기능별로 분리해서 평정 가능)					
- 사용법(사용법별로 분리해서 평정 가능)					
문학 작품 즐기기					
- 듣기					
- 스스로 읽기					
- 사후 활동 참여					
(교사가 중요하다고 생각하는 항목 추가 기입)					

기초자료

- 기초 관찰 시 수집한 일화, 체크리스트, 평정 척도, 사진, 영유아의 작품 사진 삽입함

관련 척도

- 누리과정 유아관찰 척도(서술 평정 척도)와의 관련성
  Ⅱ. 의사소통 영역〉 문항 15(만 3세); 문항 16(만 4세); 문항 18(만 5세)

* 이 연령의 영유아가 알아야 된다고 생각하는 것 또는 교사가 주로 소개한 것을 나열

** 어떤 기준으로 관찰하고 평가할지 미리 결정(예 일반적 발달 경향에 비추어/내가 지도한 경험이 있는 이 연령 영유아의 발달 경향에 비추어/올해 지도하는 이 학급 영유아의 발달 경향에 비추어)

연습 6-11

- 언어와 문해 발달〉 읽기〉 인쇄물에 대한 이해와 문학 작품 즐기기를 평가할 수 있는 영유아의 행동을 관찰한 후 종합하여 정리하는 서식을 제작한다.
- 위의 예시에 제시된 것 이외에 중요하다고 생각하는 준거나 항목을 추가하여 제작한다.
- 두 명 또는 소집단을 구성하여 제작하거나 독립적으로 제작한 후 다른 사람과 비교하고 공통점과 차이점에 대해 토론한다.

다음으로 언어와 문해 발달〉 쓰기에 대한 기본 개념, 내용별 하위 요소, 각 요소의 일반적 진보 양상, 각 요소를 관찰할 시기와 맥락에 대한 계획, 관찰할 때 사용할 수 있는 척도에 대한 계획, 평가할 때 초점을 두어야 할 점이나 주의할 점을 자세히 살펴보면 다음 | 표 6-15 | 와 같다.

| 표 6-15 | 언어와 문해 발달〉 쓰기

영역	언어와 문해 발달
하위 영역	• 쓰기
하위 영역별 내용	• 없음
기본 개념	• 쓰기 관습에 대한 지식과 쓰기 능력
내용별 하위 요소	• 없음
일반적 진보 양상	• 참고: 쓰기는 소근육 통제 및 눈과 손의 협응력 발달이 선행되어야 함 • 만 1세 이후–걸음마기 후반: - 크레파스로 점을 찍듯이 찍거나 비정형적인 선을 그음 - 자발적인 긁적거리기 → 글자 형태와 유사한 긁적거리기(걸음마기 후반)로 발전함 - 선이나 원을 이용해 그린 후 ○○라고 명명하고 쓰는 듯이 긁적거림 - 생각, 느낌, 경험 등을 표현할 때 무엇인가를 쓴다는 것을 막연히 이해함(걸음마기) - 자신이 '쓴 것(즉, 제대로 된 쓰기가 아닌 긁적거리기)'을 읽음(걸음마기 후반) - 성인에게 자신이 원하는 것을 받아쓰도록 요청함

▼ 〈계속〉

| 표 6-15 | 〈계속〉

영역	언어와 문해 발달
일반적 진보 양상 (계속)	• 영아기 이후: - 다양한 쓰기 도구로 실험함 - 글자 형태로 긁적거리기를 하고, 모양/그림/기호 등 다양한 형태의 '쓰기'를 시도함 - 그림을 그리듯이 자/모음, 낱자나 쉬운 단어를 베껴 쓰기 시작함 - 쓰고자 하는 단어의 자음이나 모음의 일부, 소리 나는 대로 쓴 낱자, 제대로 된 낱자나 단어를 이용해 의미를 전달하려는 시도를 함(즉, 쓰기는 전달 수단이라는 것 이해함) - 소리와 기록 사이에는 예측 가능한 관계가 있다는 것(즉, 특정 자음과 모음의 결합은 특정 낱자로 기록됨)을 이해함 - 말하는 속도와 쓰는 속도가 다름을 점차 이해함(예 말한 후 교사가 받아쓰기를 할 동안 멈췄다가 다시 말함) - 쓰기 관습(즉, 왼쪽에서 오른쪽으로, 위에서 아래로)을 지켜 씀 - 자신이나 또래의 이름에 있는 낱자, 좋아하는 사물 명칭의 일부 낱자 등 친숙한 단어를 활용해서 쓰기 시작함 - 소리 나는 대로 쓰는 성향이 강해(즉, 발음과 쓰기 방식이 다름에 대한 이해 부족으로) 맞춤법 실수가 잦음 - 쓰기에 관한 문법적 규칙(예 마침표, 띄어쓰기, 쉼표 등)에 대한 이해는 유아기 후반에 일부 유아에게만 나타나기 시작함
계획: 시기 및 맥락	• 성인에게 부탁하여 쓰게 하거나 유아가 직접 쓰는 모든 상황
계획: 관찰 방법	• 모든 항목: 일화 기록 • 쓰기에 대한 지식: 체크리스트/평정 척도 • 쓰기: 평정 척도
평가 주안점	• 쓰기의 기능(기록)과 쓰기 관습에 대한 이해가 있는지 관찰 • 연령적 발달 경향에 맞는 다양한 방식(예 그림, 긁적거리기, 자/모음의 일부, 단어 등)으로 쓰기를 하는지 관찰 • 어느 정도 잘 쓸 수 있는지 관찰
기타	• 우리나라의 경우 읽기와 쓰기를 어린 연령부터 의도적으로 가르치는 경우가 많기 때문에 읽기 및 쓰기 능력의 개인차가 매우 심함(전혀 쓰지 못하는 유아부터 상당히 잘 쓰는 유아까지 다양함) • 아직 배우지 않았거나 관심이 없어서 쓰기 능력이 낮은 것을 문제 상황으로 평가하지 않도록 유의할 필요 있음

위의 준거를 관찰한다고 가정했을 때 사용할 수 있는 서식의 예는 다음과 같다. 예에 제시된 항목은 일부에 불과하므로 | 표 6-15 | 의 '일반적 진보 양상'과 교사가 중점적으로 지도한 내용을 고려하여 항목을 추가할 수 있다.

| 예 6-12 | 언어와 문해 발달〉 쓰기를 관찰한 후 종합하여 정리하는 서식

관찰기간 20○○년 ○월 ○일~○월 ○일

내용 쓰기

항목 *

예 다양한 쓰기 전(前) 행동, 쓰기 관습에 대한 지식, 쓰기

기록방법 **

- 체크리스트:
  - 걸음마기 이후: 쓰기의 기초 및 쓰기 능력을 평가하기를 원하면, 해당 항목에 ∨표시(구체적인 항목은 연령에 맞게 기입)

예

구분	항목(연령에 따라 관찰할 수 있는 항목 다름)	∨
주로 걸음마기 이후	점을 찍듯이 찍거나 비정형적인 선을 그림	
	긁적거리기 또는 글자 형태와 유사한 긁적거리기를 함	
	무엇(예 이름)을 쓴다고 말하고 긁적거림	
	그림과 구별된 쓰기를 통해 하고 싶은 말을 기록한다는 것 이해함	
	공식적인 쓰기는 아니지만 자신이 '쓴 것'을 읽음	
	그림을 그리듯이 자/모음이나 단어를 모방해서 씀	
	성인에게 받아쓰게 함	
	(교사가 중요하다고 생각하는 항목 추가 기입)	
영아기 이후	써 준 낱자나 단어를 따라 씀	
	자신의 이름이나 좋아하는 사물에 있는 자/모음 또는 낱자를 씀	
	아는 자/모음과 만들어 쓴 글자로 쓰기를 시도함	
	특정 소리는 특정한 방식으로 기록한다는 것 이해함	
	소리 나는 대로 쓰기를 함	
	거울 이미지처럼 낱자의 좌우를 바꿔 씀	
	단어 중심의 쓰기에서 문장 쓰기로 발전함	
	말하는 속도와 쓰는 속도가 다름을 이해함	
	왼쪽에서 오른쪽으로 써 나가는 관습을 이해함	
	위에서 아래로 써 나가는 관습을 이해함	
	문장 기호를 쓰기 시작함(주로 마침표와 물음표를 먼저 사용 시작)	
	(교사가 중요하다고 생각하는 항목 추가 기입)	

▼ 〈계속〉

| 예 6-12 | 〈계속〉

- 평정 척도:
  - 걸음마기 이후: 쓰기 전(前) 행동, 쓰기 관습, 쓰기 능력을 평가하기를 원할 때 [거의 나타나지 않음]-[빈번히 나타남], 또는 [매우 부족]-[매우 뛰어남]으로 이어지는 5점 평정 척도로 평정

예

항목(연령에 따라 평정할 수 있는 항목 다름)	1	2	3	4	5
다양한 쓰기 전 행동의 출현(쓰기 전 행동 유형별로 평정 가능)					
쓰기 관습의 이해(쓰기 관습별로 평정 가능)					
쓰기의 전반적 수준					
(교사가 중요하다고 생각하는 항목 추가 기입)					

기초자료

- 기초 관찰 시 수집한 일화, 체크리스트, 평정 척도, 사진, 영유아의 작품 사진 삽입함

관련 척도

- 누리과정 유아관찰 척도(서술 평정 척도)와의 관련성
  Ⅱ. 의사소통 영역〉 문항 16(만 3세); 문항 17~18(만 4세); 문항 19~20(만 5세)

* 이 연령의 영유아가 알아야 된다고 생각하는 것 또는 교사가 주로 소개한 것을 나열

** 어떤 기준으로 관찰하고 평가할지 미리 결정(예 일반적 발달 경향에 비추어/내가 지도한 경험이 있는 이 연령 영유아의 발달 경향에 비추어/올해 지도하는 이 학급 영유아의 발달 경향에 비추어

연습 6-12

- 언어와 문해 발달〉 쓰기를 평가할 수 있는 영유아의 행동을 관찰한 후 종합하여 정리하는 서식을 제작한다.
- 위의 예시에 제시된 것 이외에 중요하다고 생각하는 준거나 항목을 추가하여 제작한다.
- 두 명 또는 소집단을 구성하여 제작하거나 독립적으로 제작한 후 다른 사람과 비교하고 공통점과 차이점에 대해 토론한다.

3 사회 · 정서 및 사회과 지식 영역

사회 · 정서 및 사회과 지식 영역은 사회, 정서, 사회과 지식의 3개 하위 영역으로 구성되어 있다. 영유아기의 정서 표현은 사회적 맥락에서 나타나기 때문에 사회 영역과 함께 제시하였다. 사회과 지식은 그 사회의 구성원으로 살아가는 데 필요한 지식의 학습에 관한 내용이다.

| 표 6-16 | 사회 · 정서 및 사회과 지식 영역(하위 영역, 하위 영역별 내용 및 기본 개념)

하위 영역	하위 영역별 내용	기본 개념
사회	자아에 대한 인식과 존중	• 자신에 대한 이해, 자신에 대한 긍정적 시각, 자신이 가진 욕구의 적절한 조절
	사회적 관계 형성 및 공동체에서의 역할 수행	• 성인/또래/가족과의 긍정적 관계 형성, 친사회적 행동, 자신이 속한 집단에서의 역할 수행과 규범 준수
정서	자신과 타인의 감정 인식 및 자신의 감정 표현과 조절	• 자신과 타인의 정서 인식, 자신이 가진 정서의 적절한 표현과 조절, 타인의 감정에 대한 관심과 공감
사회과 지식	사회 · 심리적, 역사적, 지리적, 경제적 지식	• 유아의 수준에서 학습할 수 있는 다양한 학문 분야의 사회과 지식

각 하위 영역과 하위 영역별 내용에 대한 기본 개념, 내용별 하위 요소, 각 요소의 일반적 진보 양상, 각 요소를 관찰할 시기와 맥락에 대한 계획, 관찰할 때 사용할 수 있는 척도에 대한 계획, 평가할 때 초점을 두어야 할 점이나 주의할 점을 자세히 살펴보면 다음과 같다. 먼저, 사회 · 정서 및 사회과 지식〉 사회〉 자아에 대한 인식과 존중에 대해 살펴보자.

| 표 6-17 | 사회 · 정서 및 사회과 지식〉 사회〉 자아에 대한 인식과 존중

영역	사회 · 정서 및 사회과 지식
하위 영역	• 사회
하위 영역별 내용	• 자아에 대한 인식과 존중
기본 개념	• 자신에 대한 이해(자아 인식/자아 정체감), 자신에 대한 긍정적 시각(긍정적 자아 개념), 자신의 욕구에 대한 적절한 조절(자기 조절 및 자기 규제)
내용별 하위 요소	• 자아에 대한 이해를 통한 자아 정체감 • 자신에 대한 긍정적 개념 • 자기 조절 및 자기 규제
일반적 진보 양상	❶ 자아 인식/정체감 • 영아기: - 자신이 세상과 분리된 존재라는 인식을 갖기 시작함 - 신체에 대한 인식이 생기면서 물리적으로도 분리된 존재라는 것 인식하기 시작함(예 거울에 비친 자신의 이미지 인식) - 성인이 이름을 불러주고, 적절히 반응해 주고, 웃어주는 것을 통해 자신에 대한 이미지를 갖기 시작함 - 개인적 선호 보이기 시작함(예 특정 인형이나 자동차, 또는 음식) • 걸음마기-유아기: - 다양한 타인과 상호작용하면서 비교를 통해 자신의 이름, 성별, 생김새, 다니는 기관이나 학급 명칭, 좋아하거나 싫어하는 것, 잘하거나 못하는 것에 대해 더 구체적으로 알게 되어 세분화된 자아 정체감 형성함 - 하나 또는 그 이상의 집단에 동시에 소속되었다는 것을 인식함(예 가족의 일원이면서 ○○반 소속) - 타인의 특성도 인식하면서 자신의 특성에 대한 이해가 더욱 깊어짐 ❷ 긍정적 자아 개념 • 영아기: - 자신의 능력에 대한 초기 인식 보임(예 모빌을 움직이게 하기 같이 어떤 일이 반복적으로 발생하도록 환경에 영향을 가함) - 자신의 능력에 대한 인정을 받고자 하는 행동 보임(예 성공한 후 성인 쳐다보기) - 원하는 결과를 얻어 냈을 때 성인의 긍정적 반응을 보고 자신에 대한 긍정적 인식 갖기 시작

▼ 〈계속〉

| 표 6-17 | 〈계속〉

영역	사회 · 정서 및 사회과 지식
일반적 진보 양상 (계속)	• 걸음마기-유아기: - 성공을 많이 경험하거나 자신의 다양한 측면(예 기질, 능력, 외모 등)에 대한 다양한 타인(예 가족, 또래, 교사)의 긍정적인 반응을 보면서 자신에 대한 긍정적 시각이 점차 확고해짐 - 자신의 능력을 인식하고 타인에게 발휘했을 때 특히 만족감과 긍정적 시각 가짐 ❸ 자기 조절 및 자기 규제 • 영아기: 성인이 영아의 욕구를 즉각적이고 적절히 해결해 줌으로써 자기 조절 및 규제의 기초가 형성됨 • 걸음마기-유아기: - 자신의 욕구가 즉각적으로 충족되지 않는 경우가 많아지고 성인에 의한 외부 통제가 시작됨(걸음마기 초기) → 성인이 설정한 한계/통제에 긍정적으로 반응하고 내면화하기 시작(걸음마기) → 논리적 설명이 수반되는 적절한 통제를 통해 자발적인 자기 규제의 기초가 형성됨/최소한의 성인 도움으로 감정, 생각, 욕구를 조절할 수 있음(유아기) - 흥분하거나 화난 경우가 아니면 유아 스스로 조절하고 규제하는 것이 가능해짐 - 욕구에 대한 조절과 규제 능력은 학급 규칙과 일과 준수의 행동으로도 나타남
계획: 시기 및 맥락	• 영아기: 일상생활과 놀이 등 모든 상황(영아에 대한 성인의 반응도 관찰) • 걸음마기-유아기: - 자신의 특성에 대한 인식을 나타내는 말이나 행동을 하는 모든 상황 - 자신에 대한 긍정적/부정적 인식을 나타내는 말이나 행동을 하는 모든 상황 - 하고 싶으나 제한이 설정된 행동에 대한 반응이 나타나는 모든 상황(예 또래와의 갈등, 학급 규칙 준수, 하루 일과를 위해 설정된 약속 등)
계획: 관찰 방법	• 모든 항목: 일화 기록 • 자아 정체감, 긍정적 자아 개념, 자기 조절 및 규제 능력: 평정 척도
평가 주안점	• 만 1세 이하의 영아에게 자아 정체감, 긍정적 자아 개념이 있는지 평가하는 것은 실질적으로 불가능하므로 부모나 교사 같은 성인의 상호작용 방식이 긍정적인지 관찰함/영아가 잘 달래지는지, 잘 웃는지, 적극적으로 노는지 등을 통해서도 간접적으로 파악할 수는 있으나 정확한 증거는 아님 • 유아가 성공한 경우나 자신에 대해 긍정적인 표현을 했을 때뿐만 아니라 실패한 경우, 자신에 대해 부정적인 표현을 한 경우, 그리고 실패했을 때의 태도 등도 관찰함 • 교사가 영유아에게 제시하거나 영유아가 스스로 선택한 과업이나 과제가 그들의 수준에 너무 어려워서 실패를 유도한 것은 아닌지도 함께 점검할 필요 있음

위의 준거를 관찰한다고 가정했을 때 사용할 수 있는 서식의 예는 다음과 같다. 예에 제시된 항목은 일부에 불과하므로 | 표 6-17 | 의 '일반적 진보 양상'과 교사가 중점적으로 지도한 내용을 고려하여 항목을 추가할 수 있다.

| 예 6-13 | 사회 · 정서 및 사회과 지식〉 사회〉 자아에 대한 인식과 존중을 관찰한 후 종합하여 정리하는 서식

관찰기간 20○○년 ○월 ○일~○월 ○일

내용 자아에 대한 인식과 존중

항목 *

- 자아 인식 및 정체감
- 긍정적 자아 개념
- 자기 조절 및 자기 규제

기록방법 **

- 체크리스트:
  - 모든 연령: 자아 인식 및 정체감, 긍정적 자아 개념, 자기 조절 및 자기 규제를 나타내는 행동이 관찰되는지 여부를 V로 표시(구체적인 항목은 연령에 맞게 기입)

예

구분	항목	V
자아 인식 및 정체감	영아기에 자신의 신체를 가지고 놀고 적극적으로 탐색함	
	거울에 비친 상이 자신이라는 것을 이해함	
	이름, 성, 학급 명, 사는 곳 등 자신을 규정하는 것에 대해 알고 있음	
	자신을 규정하는 더 많은 요소에 대한 인식이 생김	
	자신의 특성을 말할 때 눈에 보이는 요소(예 남자)를 중심으로 말함	
	자신의 특성을 말할 때 눈에 보이지 않는 요소(예 수줍음)를 포함시킴	
	자신이 잘하는 것과 부족한 것을 말할 수 있음	
	자신이 좋아하는 것과 좋아하지 않는 것을 말할 수 있음	
	(교사가 중요하다고 생각하는 항목 추가 기입)	

▼ 〈계속〉

구분	항목	V
긍정적 자아 개념	전반적으로 표정이 밝음	
	사람이나 환경에 영향을 주는 행동(예 모빌 흔들기)을 반복적으로 함	
	다양한 활동에 적극적으로 참여함	
	새로운 활동에 적극적으로 참여함	
	활동 중에 어려움 겪으면 포기하기보다는 '할 수 있다.'는 태도 보임	
	자신에 대해 긍정적인 말(예 나는 ㅇㅇ를 잘 해요!)을 함	
	자신이 한 일에 만족감을 표현(예 얼굴 표정, 말, 몸짓)함	
	자신이 한 일이나 성공한 결과를 성인이나 주변에 보여주길 원함	
	(교사가 중요하다고 생각하는 항목 추가 기입)	
자기 조절 및 자기 규제 (걸음마기 이후)	성인이 영아의 욕구를 신속하고 반응적으로 만족시켜 줌	
	성인이 욕구를 금지시키거나 지연시키기 위해 말이나 행동으로 안내했을 때 따름	
	성인이 욕구를 금지시키거나 지연시키기 위해 말로 안내해도 따름	
	성인의 규제를 단기적으로 기억함	
	성인이 규제할 때 이유를 말하면 더 잘 따름	
	성인이 없어도 내면화하여 규제를 따름	
	성인의 규제가 없는 분야도 스스로 판단하여 조절하고 규제함	
	흥분하거나 화난 상황에서도 스스로 조절하고 규제함	
	(교사가 중요하다고 생각하는 항목 추가 기입)	

- 평정 척도:
  - 모든 연령: 각 연령대에서 자아 인식 및 정체감, 긍정적 자아 개념, 자기 조절 및 자기 규제 수준을 파악할 수 있는 다양한 상황과 조건(위의 체크리스트 참조)을 관찰한 후 [매우 낮은 수준]-[매우 높은 수준]으로 이어지는 5점 평정 척도로 평정

예

항목	1	2	3	4	5
전반적인 자아 인식 및 정체감 수준					
다양한 분야에서 자신에 대한 긍정적 인식 수준					
연령에 적합한 자기 조절 및 자기 규제 수준					

▼ 〈계속〉

기초자료

- 기초 관찰 시 수집한 일화, 체크리스트, 평정 척도, 사진, 영유아의 작품 사진 삽입함

관련 척도

- 누리과정 유아관찰 척도(서술 평정 척도)와의 관련성
  III. 사회관계 영역〉 문항 17(만 3세); 문항 19(만 4세); 문항 21(만 5세)

* 이 연령의 영유아가 알아야 된다고 생각하는 것 또는 교사가 주로 소개한 것을 나열

** 어떤 기준으로 관찰하고 평가할지 미리 결정(예 일반적 발달 경향에 비추어/내가 지도한 경험이 있는 이 연령 영유아의 발달 경향에 비추어/올해 지도하는 이 학급 영유아의 발달 경향에 비추어)

연습 6-13

- 사회 · 정서 및 사회과 지식〉 사회〉 자아에 대한 인식과 존중을 평가할 수 있는 영유아의 행동을 관찰한 후 종합하여 정리하는 서식을 제작한다.
- 위의 예시에 제시된 것 이외에 중요하다고 생각하는 준거나 항목을 추가하여 제작한다.
- 두 명 또는 소집단을 구성하여 제작하거나 독립적으로 제작한 후 다른 사람과 비교하고 공통점과 차이점에 대해 토론한다.

다음으로 사회 · 정서 및 사회과 지식〉 사회〉 사회적 관계 형성 및 공동체에서의 역할 수행에 대한 기본 개념, 내용별 하위 요소, 각 요소의 일반적 진보 양상, 각 요소를 관찰할 시기와 맥락에 대한 계획, 관찰할 때 사용할 수 있는 척도에 대한 계획, 평가할 때 초점을 두어야 할 점이나 주의할 점을 자세히 살펴보면 다음 | 표 6-18 | 과 같다.

| 표 6-18 | 사회 · 정서 및 사회과 지식〉 사회〉 사회적 관계 형성 및 공동체에서의 역할 수행

영역	사회 · 정서 및 사회과 지식
하위 영역	• 사회
하위 영역별 내용	• 사회적 관계 형성 및 공동체에서의 역할 수행
기본 개념	• 성인/또래/가족과의 긍정적 관계 형성, 친사회적 행동, 자신이 속한 집단에서의 역할 수행과 규범 준수
내용별 하위 요소	• 성인(부모와 교사)과의 안정적이고 신뢰로운 관계 형성 • 또래와의 우호적 관계 형성 • 친사회적 행동 • 공동체에서의 역할 수행 및 규범 준수
일반적 진보 양상	❶ 주양육자/교사와의 신뢰롭고 안정된 관계 형성 • 영아기: - 영아의 다양한 욕구를 지속적으로 돌봐주는 성인이 신속하고 반응적으로 충족시킴 - 스트레스 상황에서 신뢰하는 성인이 달래주면 금방 안정됨 - 신뢰하는 성인 옆에서 환경을 적극적으로 탐색함 - 친숙한 성인에게 상호작용을 먼저 시도하기도 하고, 성인의 시도에 적극적으로 반응함 • 걸음마기-유아기: - 신뢰하는 성인이 가까이 있으면 더 멀리까지 나아가 적극적으로 환경을 탐색함 - 스트레스 상황에서 신뢰하는 성인에게 다가가 안정을 구함 - 신뢰하는 성인이 설정한 한계나 지시를 잘 수용함 ❷ 또래와의 우호적 관계 형성 • 영아기: - 또래를 쳐다보거나 만지거나 웃는 등 관심을 보임 - 또래에 대한 관심은 일시적임(예 특정한 또래에 대한 지속적인 관심은 없음) - 또래에게 사회적 반응을 유도하는 행동을 함(예 웃기, 만지기) • 걸음마기-유아기: - 혼자 놀지만 다른 또래의 옆에서 놀이함 → 다른 또래의 옆에서 놀면서 가끔 관심을 보임 → 짧은 시간이지만 또래와 놀이함 → 혼자 놀다 함께 놀다를 반복함 → 함께 같은 주제로 놀지만 놀이가 조직적이지 않음(연합 놀이) → 함께 같은 주제로 조직적으로 놀이함(협동 놀이) - 특정 또래에 대한 선호(우정)가 점차 나타나고 함께 놀이하는 집단이 형성됨(유아기 후반) - 또래와 상호작용하는 데 필요한 사회적 기술(예 묻기, 부탁하기, 의견 조율하기, 아이디어 내기, 양보하기 등)이 점차 발달함

▼ 〈계속〉

| 표 6-18 | 〈계속〉

영역	사회 · 정서 및 사회과 지식
일반적 진보 양상 (계속)	- 성인의 지원과 시범을 통해 우호적 상호작용이 증가하고 적대적 상호작용(예 갈등)을 조절하거나 통제하게 됨 ❸ 친사회적 행동 • 걸음마기-유아기: - 돕기, 나누기, 협동하기, 달래 주기 등의 친사회적 행동이 시켜서 하는 것에서 스스로 하는 것(자발성)으로 점차 발전함 - 성인의 시범, 또래나 자신이 한 친사회적 행동에 대한 성인의 긍정적 반응으로 점차 친사회적 행동을 하게 됨 - 친사회적 행동은 타인의 감정을 공감하고 관점을 이해하는 능력의 발달과 함께 진행됨 ❹ 공동체에서의 역할 수행 및 규범 준수 • 걸음마기-유아기: - 자신이 속한 공동체(예 가정, 자신의 학급, 함께 노는 또래 집단)에서 각 구성원이 맡은 역할에 대한 이해가 유아기 중반 이후 생김 - 자기 조절 및 자기 규제력의 발달과 공동체에서 지켜야 할 규범을 준수하는 능력의 발달이 함께 진행됨
계획: 시기 및 맥락	• 영아기: 일상생활과 놀이 등 모든 상황에서 성인이나 또래와 상호작용할 때 • 걸음마기-유아기: - 성인과 긍정적 또는 부정적 상호작용하는 모든 상황(개인 또는 대 · 소집단으로) - 또래와 긍정적 또는 부정적 상호작용하는 모든 상황(개인 또는 대 · 소집단으로) - 또래나 성인에게 자발적으로 친사회적 행동을 하는 상황 - 또래나 성인과 갈등이 발생한 상황 - 학급에서 맡아서 수행해야 하는 역할을 수행하거나 수행하지 못한 상황
계획: 관찰 방법	• 모든 항목: 일화 기록 • 성인과의 상호작용, 또래와의 상호작용, 친사회적 행동, 역할 수행 및 규범 준수: 평정 척도
평가 주안점	• 성인과 또래와의 긍정적 상호작용뿐만 아니라 부정적 상호작용도 관찰하여 평가함 • 유아교육 또는 보육기관에서 대부분의 시간 동안 영유아는 또래나 성인과 상호작용하므로 모든 상황을 개별적으로 관찰하는 것은 불가능함 • 관찰이 가능한 다양한 상황을 염두에 두고 관찰한 후 전체적으로 종합하여 평가하는 방법을 사용할 수 있음

위의 준거를 관찰한다고 가정했을 때 사용할 수 있는 서식의 예는 다음과 같다. 예에 제시된 항목은 일부에 불과하므로 | 표 6-18 | 의 '일반적 진보 양상'과 교사가 중점적으로 지도한 내용을 고려하여 항목을 추가할 수 있다.

| 예 6-14 | 사회 · 정서 및 사회과 지식〉 사회〉 사회적 관계 형성 및 공동체에서의 역할 수행을 관찰한 후 종합하여 정리하는 서식

관찰기간 20○○년 ○월 ○일~○월 ○일

내용 사회적 관계 형성 및 공동체에서의 역할 수행

항목 *

- 성인, 또래, 그리고 가족과의 긍정적 관계 형성
- 친사회적 행동의 실천
- 공동체에서의 역할 수행과 규범 준수

기록방법 **

- 체크리스트:
  - 모든 연령: 연령에 적합한 방식으로 성인, 또래, 그리고 가족과의 긍정적 관계, 친사회적 행동, 공동체에서의 역할 수행과 규범을 준수하는 행동이 관찰되는지 여부를 V로 표시(구체적인 항목은 연령에 맞게 기입)

예

구분	항목	V
주양육자나 교사와의 신뢰로운 관계 형성	성인이 영아가 보내는 다양한 신호에 신속하고 반응적으로 대응함	
	신뢰하는 성인에게 다른 방식으로 반응함(예 더 잦은 옹알이)	
	신뢰하는 성인이 달래주면 더 잘 달래짐	
	신뢰하는 성인에게 더 적극적으로 상호작용함	
	신뢰하는 성인이 곁에 있으면 더 적극적으로 환경을 탐색함	
	신뢰하는 성인과 헤어진 후 짧은 시간 안에 안정되고, 만나면 반가워함	
	스트레스 상황에서는 신뢰하는 성인으로부터 안정 찾음	
	신뢰하는 성인이 제시한 한계, 지시, 요구를 더 잘 수용함	
	신뢰하는 성인과 긍정적인 상호작용을 더 많이 함	
	어려운 일이 있을 때 신뢰하는 성인에게 기꺼이 도움을 청함	
	자신이 한 활동의 긍정적 결과를 신뢰하는 성인에게 인정받고자 함	
	신뢰하는 성인이 지원하면 새롭거나 어려운 활동을 적극적으로 시도함	
	(교사가 중요하다고 생각하는 항목 추가 기입)	

▼ 〈계속〉

예

구분	항목	V
또래와의 관계 형성	또래에게 관심 보임(예 보기, 만지기, 웃기, 옹알이하기, 가까이 가기)	
	또래가 하는 활동에 관심을 보임	
	또래가 출석했는지 관심을 보이고 등원하면 다가감	
	또래에게 상호작용을 시도하고, 또래가 시도했을 때 반응함	
	또래의 옆에서 놀이하면서 관심을 보임	
	또래의 옆에서 유사한 놀이를 함	
	또래와 짧은 시간 동안 같이 놀이함	
	또래와 같은 놀이를 하나 역할이 조직적으로 조정되지는 않음	
	또래와 같은 놀이를 하고 각자 맡은 역할도 어느 정도 상호 조정됨	
	또래와의 놀이 시작을 유연하게 함	
	또래가 놀이하는 중간에도 유연하게 끼어들어 놀이함	
	또래와의 놀이에서 아이디어를 많이 냄	
	또래와의 놀이에서 주도적인 역할을 함	
	또래와의 갈등을 자주 일으키지 않음	
	또래와의 상호작용에 필요한 사회적 기술(예 부탁, 의견 조율)이 있음	
	또래와 주로 우호적인 상호작용을 함	
	일관되게 함께 노는 친구(한 명 · 여러 명)가 생김	
	친구와 놀잇감을 더 잘 공유함	
	친구와 싸우기도 하나 더 쉽게 화해함	
	(교사가 중요하다고 생각하는 항목 추가 기입)	
친사회적 행동	타인(예 또래와 성인)이 어려움을 겪을 때 자발적으로 도움	
	요청받았을 때 도움	
	자신에게도 필요한 것을 타인에게 기꺼이 양보하거나 줌	
	요청받았을 때 기꺼이 양보하거나줌	
	타인이 정서적으로 스트레스를 받거나 다쳤을 때 자발적으로 달래줌	
	요청받았을 때 기꺼이 달래줌	
	타인과 자발적으로 협력해서 과업을 수행함	
	요청받았을 때 기꺼이 협력함	
	타인의 생각에 공감함	
	타인의 정서나 느낌에 공감함	
	(교사가 중요하다고 생각하는 항목 추가 기입)	

▼ 〈계속〉

예

구분	항목	V
역할수행과 규범 준수	가족에서 자신이 맡은 역할을 수행함 (참고: 유아의 발표, 또래나 교사와의 대화, 그린 그림, 부모와의 대화 등을 통해 교사가 파악할 수 있음)	
	학급에서 자신이 맡은 역할(예 당번, 자신의 꽃에 물주기)을 수행함	
	학급의 일반적 규칙(예 뛰지 않기, 친구에게 친절히 말하기)을 준수함	
	각 활동 시 정해지는 약속(예 특정 게임할 때의 약속)을 준수함	
	해야 하는 역할을 교사가 상기시켜야 수행함	
	해야 하는 역할을 교사가 상기시키지 않아도 수행함	
	학급의 규칙을 교사가 상기시켜야 지킴	
	학급의 규칙을 교사가 상기시키지 않아도 지킴	
	(교사가 중요하다고 생각하는 항목 추가 기입)	

- 평정 척도:
  - 모든 연령: 성인(주양육자와 교사)이나 또래와의 관계 형성, 친사회적 행동, 역할수행 및 규범 준수의 정도를 파악할 수 있는 다양한 상황과 조건(위의 체크리스트 참조)을 관찰한 후 [매우 낮은 수준]-[매우 높은 수준], 또는 [매우 부정적]-[매우 긍정적]으로 이어지는 5점 평정 척도로 평정

예

항목	1	2	3	4	5
성인과의 관계(전반적 평가)					
- 주양육자					
- 교사(한 학급에 여러 명의 교사가 있을 때 추가 가능)					
- 새로운, 낯선 또는 어려운 활동 시 성인의 지지 요구 정도					
- 스트레스 받는 상황에서의 성인의 돌봄이나 지지 요구 정도					
- 신뢰하는 성인이 제시한 한계, 지시, 요구 수용 정도					
(교사가 중요하다고 생각하는 항목 추가 기입)					

▼ 〈계속〉

| 예 6-14 | 〈계속〉

항목	1	2	3	4	5
또래와의 관계(전반적 평가)					
- 또래에 대한 관심					
- 또래와의 긍정적 상호작용					
- 또래와의 원만한 놀이					
- 친구 관계 형성					
(교사가 중요하다고 생각하는 항목 추가 기입)					
친사회적 행동(전반적 평가)					
- 돕기					
- 나누기/양보하기					
- 협동하기					
- 달래기					
- 친사회적 행동의 자발성					
(교사가 중요하다고 생각하는 항목 추가 기입)					

기초자료

- 기초 관찰 시 수집한 일화, 체크리스트, 평정 척도, 사진, 영유아의 작품 사진 삽입함

관련 척도

- 누리과정 유아관찰 척도(서술 평정 척도)와의 관련성
  III. 사회관계 영역〉 문항 20~22(만 3세); 문항 23~25(만 4세); 문항 25~27(만 5세)

* 이 연령의 영유아가 알아야 된다고 생각하는 것 또는 교사가 주로 소개한 것을 나열

** 어떤 기준으로 관찰하고 평가할지 미리 결정(예 일반적 발달 경향에 비추어/내가 지도한 경험이 있는 이 연령 영유아의 발달 경향에 비추어/올해 지도하는 이 학급 영유아의 발달 경향에 비추어)

연습 6-14

- 사회 · 정서 및 사회과 지식〉 사회〉 사회적 관계 형성 및 공동체에서의 역할 수행을 평가할 수 있는 영유아의 행동을 관찰한 후 종합하여 정리하는 서식을 제작한다.
- 위의 예시에 제시된 것 이외에 중요하다고 생각하는 준거나 항목을 추가하여 제작한다.
- 두 명 또는 소집단을 구성하여 제작하거나 독립적으로 제작한 후 다른 사람과 비교하고 공통점과 차이점에 대해 토론한다.

다음으로 사회 · 정서 및 사회과 지식〉 정서〉 자신과 타인의 감정 인식 및 자신의 감정 표현과 조절에 대한 기본 개념, 내용별 하위 요소, 각 요소의 일반적 진보 양상, 각 요소를 관찰할 시기와 맥락에 대한 계획, 관찰할 때 사용할 수 있는 척도에 대한 계획, 평가할 때 초점을 두어야 할 점이나 주의할 점을 자세히 살펴보면 다음 | 표 6-19 | 와 같다.

| 표 6-19 | 사회 · 정서 및 사회과 지식〉 정서〉 자신과 타인의 감정 인식 및 자신의 감정 표현과 조절

영역	사회 · 정서 및 사회과 지식
하위 영역	• 정서
하위 영역별 내용	• 자신과 타인의 감정 인식 및 자신의 감정 표현과 조절
기본 개념	• 자신과 타인의 정서 인식, 자신의 정서에 대한 적절한 표현과 조절, 타인의 감정에 대한 관심과 공감
내용별 하위 요소	• 자신 및 타인의 정서 인식 및 공감 • 정서 표현 • 정서 조절
일반적 진보 양상	❶ 정서 인식과 공감 • 걸음마기-유아기: - 자신과 타인의 정서를 인식(예 울면 쳐다봄)하고 어떤 정서인지 구별하기 시작함 - 정서를 유발하는 상황과 표현이 분명한 정서(예 웃음, 울음)부터 인식하고 구별하기 시작하여 점차 복합적인 정서를 인식하게 됨 - 타인의 정서를 인식하고 민감성을 보임(예 또래가 울면 교사에게 이유 질문) - 타인의 정서에 진심으로 공감하는 능력은 조망수용 능력의 발달과 관련 있기 때문에 유아기 중반 이후에 나타나기 시작함(특정 상황에서 관습적으로 '속상하겠어요.', '슬프겠어요.', '미안해요.' 라고 말하는 것은 진정한 의미의 공감으로 보지 않음) ❷ 정서 표현 • 영아기: - 웃기, 울기 등 생존에 필수적인 기본 정서를 가지고 태어남 - 약 1개월이 되면 주 양육자에게 긍정적 반응을 유발하는 사회적 미소를 표현함 - 얼굴 표정, 몸짓, 움직임, 소리 같은 비언어적 수단을 함께 사용하여 다양한 기본 정서를 표현함 - 타인의 감정에 공감한 경우는 자발적으로 축하하거나 자신이 하던 일을 기꺼이 멈추고 도와주거나 얼굴 표정에서도 공감함을 느낄 수 있음

▼ 〈계속〉

| 표 6-19 | 〈계속〉

영역	사회 · 정서 및 사회과 지식
일반적 진보 양상 (계속)	• 걸음마기-유아기: - 놀람, 행복, 슬픔 같은 복합적인 2차적 정서를 비언어적 수단을 함께 사용하여 표현함 - 자아 개념이나 도덕적 의식이 생기면서 수치심, 자부심, 죄책감 같은 복합적인 2차적 정서를 표현함 - 자신이나 상대가 표현하는 정서에 명칭을 부여하는 것은 만 2세부터 시작되나 몇 개의 정서에 한정됨(예 웃다, 울다, 화내다, 속상하다) → 점차 유사한 정서를 구별할 수 있음(예 화남과 속상함) ❸ 정서 조절 • 걸음마기-유아기: - 성인의 충분한 지원이 있을 때 정서를 통제하기 시작함 - 극도로 화나거나 스트레스 받은 상황이 아니면 부정적 정서를 사회에서 용인되는 방식으로 조절하기 시작함 - 긍정적 정서도 적절히 표현할 수 있게 됨(예 타인에게 방해될 정도의 표현 자제)
계획: 시기 및 맥락	• 영아기: 일상생활과 놀이 등 모든 상황에서 성인이나 또래와 상호작용하면서 정서를 인식, 표현, 조절할 때 • 걸음마기-유아기: 일상생활, 놀이, 대 · 소집단 활동 등 모든 상황에서 성인이나 또래와 상호작용하면서 정서를 인식, 표현, 조절할 때
계획: 관찰 방법	• 모든 항목: 일화 기록 • 특정 정서의 인식과 표현: 체크리스트 • 전반적인 정서 인식, 표현, 조절: 평정 척도
평가 주안점	• 유아교육 또는 보육기관에서 대부분의 시간 동안 정서 표현이 관찰되므로 정서 표현이 관찰되므로 모든 정서를 개별적으로 관찰하는 것은 불가능함 • 관찰이 가능한 다양한 상황을 염두에 두고 관찰한 후 전체적으로 종합하여 평가하는 방법을 사용할 수 있음

위의 준거를 관찰한다고 가정했을 때 사용할 수 있는 서식의 예는 다음과 같다. 예에 제시된 항목은 일부에 불과하므로 | 표 6-19 | 의 '일반적 진보 양상'과 교사가 중점적으로 지도한 내용을 고려하여 항목을 추가할 수 있다.

| 예 6-15 | 사회 · 정서 및 사회과 지식〉 정서〉 자신과 타인의 감정 인식 및 자신의 감정 표현과 조절을 관찰한 후 종합하여 정리하는 서식

관찰기간 20○○년 ○월 ○일~○월 ○일

내용 자신과 타인의 감정 인식 및 자신의 감정 표현과 조절

항목*

- 자신 및 타인의 정서 인식 및 공감
- 정서 표현
- 정서 조절

기록방법**

- 체크리스트:
  - 모든 연령: 연령에 적합한 방식으로 자신의 정서를 인식하고 표현하고 조절하는 행동과 타인의 정서를 인식하고 공감하는 행동이 관찰되는지 여부를 ∨로 표시(구체적인 항목은 연령에 맞게 기입)

예

구분	항목	∨
자신의 정서 인식, 표현 및 조절	생존과 관련 있는 기본 정서를 표현함	
	'웃기' 같이 사회적 상호작용을 촉진하는 정서를 표현함	
	표정, 몸짓 등을 함께 사용하여 자신의 정서를 더 명확히 표현함	
	인지와 도덕성 발달과 함께 2차적 정서를 표현함(예 수치심, 자부심)	
	자신의 정서를 인지함을 나타내는 어휘를 사용함(예 웃겨요, 화났어요)	
	유사한 정서를 구별하는 어휘를 사용함(예 화남과 속상함)	
	맥락에 맞는 방식으로 정서 표현(예 웃을 상황이 아닌 때는 웃지 않음)	
	신뢰하는 성인의 지원을 받아 부정적 정서를 조절함	
	심한 스트레스를 받거나 화난 상황이 아닐 때 스스로 정서를 조절함	
	(교사가 중요하다고 생각하는 항목 추가 기입)	

▼ 〈계속〉

예

구분	항목	V
타인의 정서 인식 및 공감	또래가 정서를 표현하면 쳐다 봄	
	표현이 분명한 정서(예 우는 것이 분명하게 운 경우)를 인식함	
	표현이 분명하지 않은 경우(예 울먹임)도 인식함	
	또래가 정서를 표현하면 유사한 정서를 표현함(예 따라서 울기나 웃기)	
	또래가 표현하는 정서에 공감하는 말을 함(예 속상할 것 같아요)	
	또래가 표현하는 정서의 유형에 따라 적절한 반응을 함(예 속상해 하면 달래주기, 기뻐하면 함께 기뻐해 주기)	
	(교사가 중요하다고 생각하는 항목 추가 기입)	

- 평정 척도:
  - 모든 연령: 자신의 정서를 인식하고 표현하고 조절하는 행동과 타인의 정서를 인식하고 공감하는 행동의 정도를 파악할 수 있는 다양한 상황에서 관찰한 후 [매우 낮은 수준]-[매우 높은 수준]으로 이어지는 5점 평정 척도로 평정

예

항목	1	2	3	4	5
자신의 정서 인식, 표현과 조절(전반적 평가)					
- 1차적인 정서를 표현함					
- 2차적인 정서를 표현함					
- 자신의 정서를 나타내는 어휘나 말을 사용하여 표현함					
- 비언어적 의사소통 수단을 사용하여 정서 표현을 정교화함					
- 맥락과 상황에 맞는 방식으로 정서를 표현함					
- 성인의 지원을 받아 정서를 조절함					
- 성인의 지원 없이도 대부분의 경우 정서를 조절함					
(교사가 중요하다고 생각하는 항목 추가 기입)					
타인의 정서 인식과 공감(전반적 평가)					
- 타인의 정서를 인식했다는 것을 반영하는 말이나 행동을 함					
- 타인의 정서를 공감함을 반영하는 말을 함					
- 타인의 정서를 공감함을 반영하는 행동을 함					
(교사가 중요하다고 생각하는 항목 추가 기입)					

▼ 〈계속〉

| 예 6-15 | 〈계속〉

기초자료

- 기초 관찰 시 수집한 일화, 체크리스트, 평정 척도, 사진, 영유아의 작품 사진 삽입함

관련 척도

- 누리과정 유아관찰 척도(서술 평정 척도)와의 관련성
  III. 사회관계 영역〉 문항 19(만 3세); 문항 21~22(만 4세); 문항 23~24(만 5세)

* 이 연령의 영유아가 알아야 된다고 생각하는 것 또는 교사가 주로 소개한 것을 나열

** 어떤 기준으로 관찰하고 평가할지 미리 결정(예 일반적 발달 경향에 비추어/내가 지도한 경험이 있는 이 연령 영유아의 발달 경향에 비추어/올해 지도하는 이 학급 영유아의 발달 경향에 비추어)

연습 6-15

- 사회 · 정서 및 사회과 지식〉 정서〉 자신과 타인의 감정 인식 및 자신의 감정 표현과 조절을 평가할 수 있는 영유아의 행동을 관찰한 후 종합하여 정리하는 서식을 제작한다.
- 위의 예시에 제시된 것 이외에 중요하다고 생각하는 준거나 항목을 추가하여 제작한다.
- 두 명 또는 소집단을 구성하여 제작하거나 독립적으로 제작한 후 다른 사람과 비교하고 공통점과 차이점에 대해 토론한다.

다음으로 사회 · 정서 및 사회과 지식〉 사회과 지식에 대한 기본 개념, 내용별 하위 요소, 각 요소의 일반적 진보 양상, 각 요소를 관찰할 시기와 맥락에 대한 계획, 관찰할 때 사용할 수 있는 척도에 대한 계획, 평가할 때 초점을 두어야 할 점이나 주의할 점을 자세히 살펴보면 다음 | 표 6-20 | 과 같다.

| 표 6-20 | 사회 · 정서 및 사회과 지식〉 사회과 지식

영역	사회 · 정서 및 사회과 지식
하위 영역	• 사회과 지식(유아기에만 해당; 일부 개념은 만 3세에게 해당되지 않음)
하위 영역별 내용	• 사회 · 심리적, 역사적, 지리적, 경제적 지식
기본 개념	• 유아의 수준에서 학습할 수 있는 다양한 학문 분야의 사회과 지식
내용별 하위 요소	❶ 사회 · 심리적 지식 • 개인의 권리와 타인 또는 집단의 권리 간의 균형을 이루기 위한 기준 학습(규칙, 법) - 학습 내용의 예: 옳고 그름에 대한 판단 시 고려할 사항, 사회 규칙(예 횡단보도 건너기, 길에 쓰레기 버리지 않기 등) 준수와 학급 규칙 만들기(예 뛰지 않고 걷기, 활동실을 떠날 때 교사에게 말하기 등) 및 준수 • 개인 간 유사성 및 차이점 인식 및 존중 - 학습 내용의 예: 타인의 관점과 기호 존중/타문화와 인종 존중 • 집단 구성원의 역할 분담과 책임 완수를 통한 공동체에의 기여(예 역할, 권리, 책임) - 학습 내용의 예: 가족이나 학급의 구성원이 맡은 역할에 대한 이해와 책임 완수를 위한 노력 ❷ 역사적 지식 • 역사적 사건은 과거–현재–미래로 이어짐 - 학습 내용의 예: 시간의 순서에 따른 매일의 일과 진행/어제, 오늘, 미래 간의 관계 탐구(즉, 과거의 사건이 현재에, 과거 사건의 영향을 받은 현재의 사건이 미래에 영향을 미침)/자신의 출생으로부터 시작된 개인적 역사와 발달 과정 탐구 • 과거의 역사적 유산은 현재–미래로 이어짐 - 학습 내용의 예: 가족의 전통이나 조상의 전통/문화/유산에 대한 탐구 ❸ 지리적 지식 • 각 지역은 지리적으로 경계 지어짐 - 학습 내용의 예: 재원하는 유아교육 또는 보육기관이나 거주하는 지역사회의 범주 • 지역사회 주민의 욕구를 충족하기 위한 지역사회 내 편의시설 - 학습 내용의 예: 주민을 위한 지역사회 내 다양한 기관 및 시설의 종류와 역할 • 지역사회 내의 주요 기관 간의 이동을 가능하게 해주는 길 - 학습 내용의 예: 집, 유아교육 또는 보육기관, 유아가 자주 다니는 기관을 이어주는 길

▼ 〈계속〉

| 표 6-20 | 〈계속〉

영역	사회 · 정서 및 사회과 지식
내용별 하위 요소 (계속)	• 각 지역사회의 기관, 도로, 지형의 실제적 표상인 지도에 대한 이해 - 학습 내용의 예: 유아의 활동 반경을 중심으로 한 2차원(그리기) 또는 3차원(적목, 모형, 다양한 미술 자료를 이용해 만들기)적인 지역사회 지도 만들기 ❹ 경제적 지식 • 재화와 서비스를 생산하고 다양한 형태(예 돈, 물건, 서비스)로 교환하거나 지불함 - 학습 내용의 예: 화폐의 역할, 물건을 사고파는 데 필요한 것 • 지역사회를 유지하는 데 필요한 역할 수행을 위한 기술 • 수요와 공급 간의 관계 - 학습 내용의 예: 가격의 결정, 절약, 환경보호 등
일반적 진보 양상	• 해당 없음
계획: 시기 및 맥락	• 해당 주제에 대한 이야기 나누기뿐만 아니라 다양한 맥락과 활동에서 평가하도록 노력해야 함(예 참여 열의, 가정에서 정보 알아오기 할 때의 적극성, 읽기 영역에서 관련 도서 읽기, 주말 지낸 후 발표한 내용, 자신에게 주어진 역할이나 책임 완수 정도 등)
계획: 관찰 방법	• 모든 항목: 일화 기록, 체크리스트, 평정 척도
기타	• 각 연령에서 교사가 지도한 내용에 따라 평가의 내용도 결정됨 • 초등학교에서 다루는 것보다 더 많은 내용을 다루거나 높은 수준으로 다루지 않도록 주의함 • 학습지 형태로 된 일일 학습장을 푼 내용으로 평가하지 않음

위의 준거를 관찰한다고 가정했을 때 사용할 수 있는 서식의 예는 다음과 같다. 예에 제시된 항목은 일부에 불과하므로 | 표 6-20 | 의 '내용별 하위 요소'와 교사가 중점적으로 지도한 내용을 고려하여 항목을 추가할 수 있다.

| 예 6-16 | 사회 · 정서 및 사회과 지식〉 사회과 지식을 관찰 후 종합하여 정리하는 서식

관찰기간 20○○년 ○월 ○일~○월 ○일

내용 사회과 지식(유아기에만 해당; 일부 개념은 만 3세에게 해당되지 않음)

항목*

- 사회 · 심리적 지식의 예: 규칙과 약속, 개인의 고유함에 대한 이해와 고유성 존중, 집단 구성원으로서의 역할과 책임 등
- 역사적 지식의 예: 과거-현재-미래로의 시간 흐름과 연속성, 가족과 국가의 문화 전통과 보존 등
- 지리적 지식의 예: 지역사회의 개념, 지역사회 구성원을 위한 시설과 종사자 역할, 지역 사회 지도 만들기 등
- 경제적 지식의 예: 물물 교환과 화폐의 역할, 수요와 공급, 절약, 환경 보호 등

기록방법**

- 사회과 지식에 대한 평가는 교사가 어떤 것을 지도했는지에 따라 달라지므로 예를 제시하기 어려움
  - 평가의 내용은 교사의 교육 목표와 내용에 따라 정해짐
  - 교사가 유아에게 지도하는 사회과 지식은 유아의 수준에 적절해야 함. (예 유아기에 그리게 하는 지도는 유아가 중요하게 생각하는 건물과 길을 그리는 수준이어야 함. 반면 초등학교에서 지도를 그리게 할 때는 건물이나 도로를 가능한 실제와 유사하게 배치하게 하고, 지도에서 사용하는 몇 가지 기호도 다룸)
  - 다음의 예는 유아 수준에서 지도할 수 있는 내용에 대한 평가 문항임

예

구분	항목	V
사회 · 심리적 지식	함께 생활하기 위해서 지켜야 할 약속이 있음을 이해함	
	학급에 필요한 약속이나 규칙을 만드는 데 참여함	
	학급에 필요한 약속이나 규칙을 만드는 데 합리적인 안을 제시함	
	학급의 약속이나 규칙을 준수하려 노력함	
	사회에서도 통용되는 약속(예 교통 규칙, 쓰레기 버리지 않기, 줄서기 등)이 있음을 이해함	
	유아 수준에서 지킬 수 있는 사회적 약속(예 손들고 횡단보도 건너기, 쓰레기 버리지 않기)을 준수하려 노력함	
	모든 사람은 고유의 특성(예 생김새, 기호, 능력)이 있다는 것 이해함	
	인종이나 문화 측면에서 다양함(예 생김새, 음식, 의복, 주거)을 인식함	

▼ 〈계속〉

구분	항목	V
사회 · 심리적 지식 (계속)	자신과 타인의 공통점과 차이점을 비교함	
	개인의 특성이나 인종/문화적 특성을 존중해야 한다는 것 이해함	
	가정에서 자신이 맡은 역할과 책임 있음을 이해함	
	가정에서 각 구성원이 맡은 역할과 책임이 있음을 이해함	
	학급에서 자신이 맡은 역할과 책임이 있음을 이해함	
	학급에서 자신이 맡은 역할과 책임을 충실히 수행함	
	(교사가 설정한 교육 목표와 내용에 따라 항목 추가 기입)	
역사적 지식	자신이 변화해온 모습(예 성장해온 모습)을 보면서 시간의 연속성 이해	
	학급에서 자신과 또래가 생활한 것을 돌아보면서 시간의 연속성 이해	
	앞으로의 일(예 내일 할 일, 성장해서 싶은 일)을 생각하면서 현재와 미래가 연속됨을 이해	
	하루 일과가 안정적으로 반복됨을 경험하면서 시간의 연속성 이해	
	과거와 현재의 사람이 사는 모습의 공통점과 차이점을 통해 시간의 연속성 이해	
	가족의 전통을 통한 시간의 연속성 이해	
	지역 사회나 현 시대의 문화/관습을 통해 현 시점의 특성 이해	
	(교사가 설정한 교육 목표와 내용에 따라 항목 추가 기입)	
지리적 지식	자신이 사는 지역이나 동네의 이름을 말함	
	자신이 사는 지역에서 자주 보는 기관이나 시설을 말함	
	지역 사회 주민을 돕는 몇 가지 기관을 말함	
	지역 사회 몇 가지 기관이나 그곳에서 일하는 사람의 역할을 이해함	
	유아가 자주 다니는 지역사회 지역과 길을 2차원적인 지도로 표상함	
	유아가 자주 다니는 지역사회 지역과 길을 3차원적인 지도로 표상함	
	유아에게 친숙하거나 관련 있는 몇 다른 나라의 간단한 특성을 이해함	
	(교사가 설정한 교육 목표와 내용에 따라 항목 추가 기입)	
경제적 지식	개인이 필요한 것을 모두 스스로 만들지 못함을 이해함	
	다른 사람이 만든 것을 사용해야 한다는 것을 이해함	
	필요한 것을 얻기 위해 물건끼리 교환할 수 있음을 이해함	
	필요한 것을 얻기 위해 돈을 지불할 수 있음을 이해함	
	필요한 것을 얻기 위해 일해서 돈 벌거나 만들어서 교환해야 함을 이해함	

▼ 〈계속〉

구분	항목	V
경제적 지식 (계속)	다양한 직업이 있음을 이해함	
	몇 가지 직업을 가진 사람들이 하는 일 이해함	
	다양한 종류의 돈이 있음을 이해함	
	돈의 종류에 따라 가치가 다름을 이해함	
	돈을 단순히 교환하거나 구입하는 수단으로 이해함	
	물건의 가치에 따라 지불하는 돈이 달라진다는 것 이해함	
	물건의 가치(예 시장 놀이 때 파는 물건)에 따라 적절한 금액을 정함	
	물건이나 자원이 무한정 있지 않음을 이해함	
	물건이나 자원을 절약해야 하는 이유를 이해함	
	자연과 환경을 보호해야 하는 이유(예 자원을 환경에서 얻음)를 이해함	
	(교사가 설정한 교육 목표와 내용에 따라 항목 추가 기입)	

- 평정 척도:
  - 유아기 이후: 교사가 지도한 내용 중 중요하다고 생각하는 일부 내용을 얼마나 이해했는지 평가하기를 원하면 [이해도 매우 낮음]-[이해도 매우 높음]으로 이어지는 5점 평정 척도로 평정

예

항목	1	2	3	4	5
사회 · 심리적 지식(전반적 평가)					
- 약속과 규칙의 필요성 이해 정도					
- 약속과 규칙 준수 정도					
(교사가 설정한 교육 목표와 내용에 따라 항목 추가 기입)					
역사적 지식(전반적 평가)					
- 시간의 연속성에 대한 이해					
- 가족의 전통 이해					
(교사가 설정한 교육 목표와 내용에 따라 항목 추가 기입)					
지리적 지식(전반적 평가)					
- 지역사회 기관의 역할에 대한 이해					
- 지역사회의 지리에 대한 이해					
(교사가 설정한 교육 목표와 내용에 따라 항목 추가 기입)					

▼ 〈계속〉

| 예 6-16 | 〈계속〉

항목	1	2	3	4	5
경제적 지식(전반적 평가)					
- 수요와 공급 간의 관계에 대한 이해(교환 및 지불)					
- 화폐의 개념에 대한 이해					
(교사가 설정한 교육 목표와 내용에 따라 항목 추가 기입)					

- 사회과 지식 학습 상황에서의 관심과 태도:

예

항목	1	2	3	4	5
자신이 아는 것을 적극적으로 발표함					
또래나 교사의 이야기를 주의 집중해서 들음					
가정에서 알아와야 하는 것이 있을 때 적극적으로 알아옴					
주제와 관련된 질문을 많이 함					
관련 주제의 책을 즐겨 읽음					
관련된 자신의 경험을 또래나 교사와 적극적으로 나눔					
이야기 나누기 외의 다양한 활동이나 프로젝트에 적극 참여함					
자유선택 활동 시의 놀이에 학습한 사회과 지식이 반영됨 (예 쌓기 놀이 영역에서 우리 동네 만들기)					
(교사가 중요하다고 생각하는 항목 추가 기입)					

기초자료

- 기초 관찰 시 수집한 일화, 체크리스트, 평정 척도, 사진, 영유아의 작품 사진 삽입함

관련 척도

- 누리과정 유아관찰 척도(서술 평정 척도)와의 관련성
  III. 사회관계 영역〉 문항 23~24(만 3세); 문항 26~27(만 4세); 문항 28~30(만 5세)

* 이 연령의 영유아가 알아야 된다고 생각하는 것 또는 교사가 주로 소개한 것을 나열

** 어떤 기준으로 관찰하고 평가할지 미리 결정(예 일반적 발달 경향에 비추어/내가 지도한 경험이 있는 이 연령 영유아의 발달 경향에 비추어/올해 지도하는 이 학급 영유아의 발달 경향에 비추어)

연습 6-16

- 사회 · 정서 및 사회과 지식> 사회과 지식을 평가할 수 있는 영유아의 행동을 관찰한 후 종합하여 정리하는 서식을 제작한다.
- 위의 예시에 제시된 것 이외에 중요하다고 생각하는 준거나 항목을 추가하여 제작한다.
- 두 명 또는 소집단을 구성하여 제작하거나 독립적으로 제작한 후 다른 사람과 비교하고 공통점과 차이점에 대해 토론한다.

4 학습에 필요한 인지적 성향 및 수 · 과학 지식 영역

학습에 필요한 인지적 성향 및 수 · 과학 지식 영역은 학습 성향, 수학, 과학의 3개 하위 영역으로 구성되어 있다. 수학 지식과 과학 지식은 유아기에 학습할 수 있는 수학 및 과학 교과 내용과 관련이 있다.

| 표 6-21 | 학습에 필요한 인지적 성향 및 수 · 과학 지식 영역(하위 영역, 하위 영역별 내용 및 기본 개념)

하위 영역	하위 영역별 내용	기본 개념
학습 성향	–	• 학습에 필요한 기본적인 성향(호기심, 관찰력, 주도성, 주의 집중, 끈기, 계획-실행-점검하는 능력)과 문제해결에 필요한 창의력
수학	수학 지식	• 수와 연산, 기하(공간관계, 도형), 대수(집단/범주화, 패턴), 측정과 자료 분석 중 유아의 수준에서 학습할 수 있는 수학 지식
과학	과학적 기술과 지식	• 과학적 활동을 하는 데 필요한 다양한 기술과 지구와 우주 과학, 물리 과학, 생명 과학 분야 중 유아의 수준에서 학습할 수 있는 과학 지식

각 하위 영역과 하위 영역별 내용에 대한 기본 개념, 내용별 하위 요소, 각 요소의 일반적 진보 양상, 각 요소를 관찰할 시기와 맥락에 대한 계획, 관찰할 때 사용할 수 있는 척도에 대한 계획, 평가할 때 초점을 두어야 할 점이나 주의할 점을 자세히 살펴보면 다음 | 표 6-22 | 와 같다. 먼저, 학습에 필요한 인지적 성향 및 수 · 과학 지식〉 학습 성향에 대해 살펴보자.

| 표 6-22 | 학습에 필요한 인지적 성향 및 수 · 과학 지식〉 학습 성향

영역	학습에 필요한 인지적 성향 및 수 · 과학 지식
하위 영역	• 학습 성향
하위 영역별 내용	• 호기심, 관찰력, 주도성, 주의 집중력, 끈기, 계획–실행–점검 능력과 같은 학습에 필요한 성향과 인지적 문제에 대한 창의적 접근
기본 개념	• 학습에 필요한 기본적인 성향과 문제해결에 필요한 창의력
내용별 하위 요소	❶ 학습에 필요한 기본적 성향 • 호기심: 새로이 접하는 사람, 사물, 환경, 활동에 관심을 보이는 성향 • 관찰력: 사람, 사물, 현상을 주의 깊게 살펴보고 특성이나 패턴을 감지하는 성향 • 주도성: 인지적 노력이 필요한 다양한 활동에 스스로 적극적으로 참여하는 성향 • 주의 집중: 산만하게 하는 요인이 있어도 진행하는 활동에 주의를 집중하는 성향 • 끈기: 활동이 오래 걸리거나 어려움이 있어도 지속하려는 성향 • 계획–실행–점검 단계의 연계: 활동 시작 전에 인지적으로 계획을 세우고, 실행하고, 종료 후에는 점검 및 반성하는 단계를 연계하는 성향 ❷ 문제에 대한 창의적 접근을 통한 해결 • 유창성: 일정한 시간 내에 보이는 다양한 반응 • 융통성: 다양한 관점에서 보이는 반응 • 민감성: 관련 없는 것을 배제하고 핵심에 대해서만 보이는 반응 • 독창성: 전에 없었던 새롭고 특이한 반응 • 정교성: 문제를 세분화하거나 의미를 명백히 하는 반응 • 재구성력: 관련 요인 간의 논리적, 조직적, 기능적인 관련을 짓는 반응
일반적 진보 양상	• 학습에 필요한 기본적 성향과 창의력은 유전적 요인과 외부의 지원을 통해 학습하는 환경적 요인이 함께 작용하여 진보함 • 발달 단계마다 기본적 성향과 창의력이 다른 양상으로 나타나는 것이 아님(반면, 대근육 발달은 목가누기부터 뛰기까지 다른 양상을 보임) - 예: 끈기 있는 영아는 원하는 놀잇감을 얻을 때까지 포기하지 않고 끈기 있게 시도하고, 끈기 있는 유아는 블록으로 원하는 것을 만들 때까지 끈기 있게 시도함 - 예: 연령이 증가함에 따라 주의집중 능력이 전반적으로 증가하나 주의집중을 잘하는 영아는 책을 읽어줄 때 오래 응시하는 경향이 있고, 주의집중을 잘하는 유아는 대 · 소집단 활동에서 교사나 발표하는 또래의 이야기에 더 주의를 집중하는 경향이 있음

▼ 〈계속〉

| 표 6-22 | 〈계속〉

영역	학습에 필요한 인지적 성향 및 수 · 과학 지식
계획: 시기 및 맥락	• 다양한 맥락(예 일상생활, 놀이, 대 · 소집단 활동)에서의 활동, 다양한 사람(예 개별적 활동, 또래 또는 교사)과 하는 활동
계획: 관찰 방법	• 모든 항목: 일화 기록, 체크리스트, 평정 척도
평가 주안점	• 학습 중심의 활동뿐만 아니라 유아교육 또는 보육기관에서 영유아가 참여하는 모든 활동에서의 성향을 관찰하여 평가함 • 학습에 필요한 기본적인 6가지 성향을 모두 평가함 • 독창성 중심의 평가가 아닌 창의력의 모든 요소에 대해 평가함
기타	• 영아기에는 학습 성향과 창의력을 평가할 만한 자료를 관찰하기 쉽지 않으나 유아기 후반으로 갈수록 자료를 확보하기 쉬워짐 • 영아기-걸음마기의 학습 성향과 창의력에 대한 평가는 교사의 판단에 따라 제외할 수 있음

위의 준거를 관찰한다고 가정했을 때 사용할 수 있는 서식의 예는 다음과 같다. 예에 제시된 항목은 일부에 불과하므로 | 표 6-22 | 의 '일반적 진보 양상'과 교사가 중점적으로 지도한 내용을 고려하여 항목을 추가할 수 있다.

| 예 6-17 | 학습에 필요한 인지적 성향 및 수 · 과학 지식〉 학습 성향을 관찰한 후 종합하여 정리하는 서식

관찰기간 20ㅇㅇ년 ㅇ월 ㅇ일~ㅇ월 ㅇ일

내용 학습 성향

항목 *

- 학습에 필요한 기본 성향의 예: 호기심, 관찰력, 주도성, 주의 집중력, 끈기, 계획-실행-점검 능력
- 문제해결에 필요한 창의력의 예: 유창성, 융통성, 민감성, 독창성, 정교성, 재구성력

기록방법 **

- 체크리스트:
  - 모든 연령: 연령에 적합한 방식으로 학습에 필요한 기본 성향과 문제해결에 필요한 창의력이 관찰되는지 여부를 V로 표시
  - 다양한 활동, 상황, 맥락에서의 관찰: 학습과 관련된 다양한 활동, 상황, 맥락에서 관찰한 후 판단하여야함. 하나의 과제나 문제를 해결하는 것을 보고 판단해서는 안 됨

예

구분	항목	V
학습에 필요한 기본 성향	호기심	
	관찰력	
	주도성	
	주의 집중력	
	끈기	
	계획-실행-점검	
	(교사가 중요하다고 생각하는 항목 추가 기입)	

▼ 〈계속〉

구분	항목	V
문제해결에 필요한 창의력	유창성	
	융통성	
	민감성	
	독창성	
	정교성	
	재구성력	
	(교사가 중요하다고 생각하는 항목 추가 기입)	

- 평정 척도:
  - 모든 연령: 다양한 활동, 상황, 맥락에서 학습에 필요한 기본 성향과 문제해결에 필요한 창의력의 정도를 관찰한 후 [매우 낮은 수준]-[매우 높은 수준]으로 이어지는 5점 평정 척도로 평정

예

항목	1	2	3	4	5
학습에 필요한 기본 성향(전반적 평가)					
- 호기심					
- 관찰력					
- 주도성					
- 주의 집중력					
- 끈기					
- 계획-실행-점검					
(교사가 중요하다고 생각하는 항목 추가 기입)					
문제해결에 필요한 창의력(전반적 평가)					
- 유창성					
- 융통성					
- 민감성					
- 독창성					
- 정교성					
- 재구성력					
(교사가 중요하다고 생각하는 항목 추가 기입)					

▼ 〈계속〉

기초자료

- 기초 관찰 시 수집한 일화, 체크리스트, 평정 척도, 사진, 영유아의 작품 사진 삽입함

관련 척도

- 누리과정 유아관찰 척도(서술 평정 척도)와의 관련성
  Ⅴ. 자연탐구 영역〉 문항 31(만 3세); 문항 35(만 4세); 문항 39(만 5세)

* 이 연령의 영유아가 알아야 된다고 생각하는 것 또는 교사가 주로 소개한 것을 나열
** 어떤 기준으로 관찰하고 평가할지 미리 결정(예 일반적 발달 경향에 비추어/내가 지도한 경험이 있는 이 연령 영유아의 발달 경향에 비추어/올해 지도하는 이 학급 영유아의 발달 경향에 비추어)

연습 6-17

- 학습에 필요한 인지적 성향 및 수 · 과학 지식〉 학습 성향을 평가할 수 있는 영유아의 행동을 관찰한 후 종합하여 정리하는 서식을 제작한다.
- 위의 예시에 제시된 것 이외에 중요하다고 생각하는 준거나 항목을 추가하여 제작한다.
- 두 명 또는 소집단을 구성하여 제작하거나 독립적으로 제작한 후 다른 사람과 비교하고 공통점과 차이점에 대해 토론한다.

다음으로 학습에 필요한 인지적 성향 및 수 · 과학 지식〉 수학에 대한 기본 개념, 내용별 하위 요소, 각 요소의 일반적 진보 양상, 각 요소를 관찰할 시기와 맥락에 대한 계획, 관찰할 때 사용할 수 있는 척도에 대한 계획, 평가할 때 초점을 두어야 할 점이나 주의할 점을 자세히 살펴보면 다음 | 표 6-23 | 과 같다.

| 표 6-23 | 학습에 필요한 인지적 성향 및 수 · 과학 지식〉 수학

영역	학습에 필요한 인지적 성향 및 수 · 과학 지식
하위 영역	• 수학
하위 영역별 내용	• 수학 지식
기본 개념	• 유아의 수준에서 학습할 수 있는 수와 연산, 기하, 대수, 측정, 자료 분석에 관한 수학적 개념
내용별 하위 요소	[참고] 수 이전 단계: 수학의 기초가 되는 개념으로 분류와 순서 짓기가 있음 ❶ 수와 연산: 수 세기, 수의 표상, 수 관계(수의 부분과 전체), 수 연산 ❷ 기하〉 공간관계: 사물의 상대적 위치와 위치를 나타내는 표현(예 위/아래, 안/밖 등)을 이용한 묘사 기하〉 도형: 기본 도형의 특성(모양, 속성 예 사각형은 4개의 선으로 구성) ❸ 대수〉 집단/범주화: 사물의 속성을 기준으로 한 분류 대수〉 패턴: 사물의 속성을 이용한 반복 규칙을 통해 집합 내의 질서 이해 및 창안 ❹ 측정: 사물의 다양한 속성 중 하나를 기준(예 길이)으로 비교하거나 사물의 위치 표시(예 △△cm) ❺ 자료 분석: 수집한 자료의 정리 및 비교
일반적 진보 양상	[참고] 수 이전 단계 • 기준 없이 사물을 나눔 • 논리적 기준은 아니지만 자신만의 기준(예 좋아하는 차)으로 사물을 나눔 • 사물을 의미 없이 늘어놓음 • 자신만의 기준(예 좋아하는 차 순서)으로 사물에 순서를 부여함 ❶ 수와 연산 • 걸음마기: - 사물을 가지고 놀 때 수에 관심을 보임 - 수 개념은 없으나 수를 표현하는 용어(예 하나)를 사용함 - 수 개념 없이 외워서 셀 수 있음(걸음마기 후기) - 변하는 것을 쉽게 볼 수 있는 경우는 양이 변하는 것을 이해함(걸음마기 후기) - 놀이하는 동안 사물을 1:1 대응으로 놓아 봄(걸음마기 후기)

▼ 〈계속〉

| 표 6-23 | 〈계속〉

영역	학습에 필요한 인지적 성향 및 수 · 과학 지식
일반적 진보 양상 (계속)	• 유아기: - 수는 양을 표상한다는 것과 그것을 표현하는 용어가 있다는 것 이해함 - 적은 수를 표현하는 용어를 알고 수 개념도 생김 - 마지막으로 센 숫자가 전체 숫자라는 것 이해함(예 12까지 세면 12개의 사물이 있다는 깃 이해) - 제시된 숫자에 맞는 사물을 가져올 수 있음(예 5를 보고 사과 5개) - 만 4~5세가 되면 20까지 세고 수 이름도 앎 - 적은 수(예 3개)는 세지 않고 알아봄 - 10개 이하로 된 두 더미의 사물이 있을 경우, 세지 않고 어느 쪽이 더 많은지 또는 적은지 알 수 있음 - 서수에 대한 이해를 보임 - 수를 더 많게 하기 위해서는 더하고, 적게 하기 위해서는 빼야 함을 이해함 - 구체적 사물이 있고 10개 이하면 간단한 더하기와 빼기를 할 수 있음 ❷ 기하(공간 관계와 도형) • 걸음마기: - 사물이 공간에 위치한 모습과 움직임에 대한 관심을 가지고 탐색함 - 도형 이름을 개념 없이 사용함 • 유아기: - 위치를 나타내는 용어(예 안/밖, 위/아래, 앞/뒤 등)을 사용해서 사물의 상대적 위치를 표현함 - 비공식적이고 묘사적인 용어를 사용해 도형을 묘사(예 상자, 공)하기 시작해서 점차 공식적인 용어를 사용함(예 세모, 삼각형) - 기본 도형(즉, 삼각형, 사각형, 원)의 이름과 모양을 정확히 이해하나 고유의 속성(예 삼각형은 세 개의 변과 세 개의 꼭지점)을 정확히 이해하지는 못함 ❸ 대수(집단/범주화와 패턴) • 영아기-걸음마기 초기: - 친숙한 사람/사물과 친숙하지 않은 사람/사물에 대해 다른 반응 보임(영아기) - 두 개의 같은 사물을 고를 수 있고, 같은 것을 모아 놓을 수 있음(걸음마기 초기) - 반복되는 움직임을 모방함(영아기) - 성인이 주도하는 패턴 있는 움직임(예 손유희) 따라함(걸음마기 초기)

▼ 〈계속〉

| 표 6-23 | 〈계속〉

영역	학습에 필요한 인지적 성향 및 수 · 과학 지식
일반적 진보 양상 (계속)	• 걸음마기-유아기: - 사물의 속성을 기준으로 사물을 2~3집단으로 나눔(유아기 초기) - 하나 또는 그 이상의 속성을 기준으로 사물을 나누고 범주화함(유아기 후기) - 스스로 준거를 정해 사물을 범주화함(유아기 후기) - 반복되는 패턴을 복사하거나 예상함(유아기 초기) - 간단한 속성(예 색, 모양, 크기)을 이용한 패턴을 인식하고 계속 이어감(유아기 후기) - 간단한 속성으로 구성된 패턴을 창안함 ❹ 측정 • 영아기-걸음마기 초기: - 사물의 특성을 오감각으로 탐색함 - 사물의 크기를 인식함 • 걸음마기-유아기: - 사물은 여러 가지 속성(예 크기, 무게, 길이)으로 비교할 수 있다는 것을 인식함(걸음마기) - 더 긴, 더 큰 같은 비교하는 용어를 사용하기 시작함(유아기 초기) - 측정 가능한 속성을 사용해서 사물을 묘사하고 비교함(유아기 초기) - 활동이나 하루 일과로 시간의 순서 이해함(유아기 초기) - 측정 가능한 속성을 기준으로 사물을 순서대로 놓음(유아기) - 비표준 또는 표준화된 도구를 사용해 길이, 무게, 부피부터 측정함(유아기 후기) - 시계 바늘의 움직임으로 시간의 경과 이해함(유아기 후기) ❺ 자료 분석 • 유아기: - 측정한 자료를 특정 기준으로 모아 정리하고 비교함(유아기 후기)
계획: 시기 및 맥락	• 다양한 맥락(예 일상생활, 놀이, 대 · 소집단 활동)에서의 활동에서 수학 지식이 활용되는 상황
계획: 관찰 방법	• 모든 항목: 일화 기록, 체크리스트, 평정 척도
평가 주안점	• 명백한 수학적 활동 이외에도 수학 지식이 사용되는 모든 활동에서 관찰하여 평가함

위의 준거를 관찰한다고 가정했을 때 사용할 수 있는 서식의 예는 다음과 같다. 예에 제시된 항목은 일부에 불과하므로 | 표 6-23 | 의 '일반적 진보 양상'과 교사가 중점적으로 지도한 내용을 고려하여 항목을 추가할 수 있다.

| 예 6-18 | 학습에 필요한 인지적 성향 및 수 · 과학 지식〉 수학을 관찰한 후 종합하여 정리하는 서식

관찰기간 20○○년 ○월 ○일~○월 ○일

내용

- 수학 지식(걸음마기 이후에만 해당)(영아도 수 개념이 있으나 교사가 관찰하여 평가하기 어렵기 때문에 제외)

항목 *

- 수와 연산의 예: 수세기, 수의 표상, 수 관계, 수 조작(연산)
- 기하의 예: 공간 관계와 도형
- 대수의 예: 집단/범주화, 패턴
- 측정의 예: 비표준화 및 표준화된 측정 도구를 사용한 측정
- 자료 분석의 예: 수집한 자료의 정리와 비교

기록방법 **

- 수 개념에 대한 평가는 영유아 개인의 인지적 능력, 경험, 교사의 지도에 따라 달라지므로 구체적 예를 제시하기 어려움
  - 교사가 요구하는 수학적 개념은 유아의 수준에 적절해야함(예 기하에서 기본 도형인 삼각형을 다룰 때 정삼각형이나 이등변 삼각형 같은 삼각형의 이름, 모양, 특성까지 다루는 것은 유아기에 적절하지 않음)
  - 유아의 수준에 적절한 것을 기대하고 평가하는지 반드시 점검할 필요가 있음
  - 학습지 형태로 된 일일 학습장을 푼 내용으로 평가해서는 절대로 안 됨
  - 다음의 예는 유아 수준에서 평가할 수 있는 문항임

▼ 〈계속〉

예

구분	항목	V
수 이전 단계: 분류와 순서 짓기	기준 없이 사물을 나눔	
	자신만의 (비논리적) 기준으로 사물을 나눔	
	몇 개의 사물을 늘어놓음	
	자신만의 (비논리적) 기준으로 몇 개의 사물을 순서대로 놓음	
수와 연산	수에 대한 초기 개념 보임(예 우유를 다 마신 후 "없어!"라고 말함/간식 시간에 "더!" 또는 "많이"라고 말함)	
	수 개념 없이 수를 나타내는 용어를 사용함(예 하나, 둘, 일곱, 천)	
	수 개념 없이 사물을 수에 따라 나눔(예 놀잇감을 자신의 앞에 많이 놓고 또래 앞에 적게 놓음)	
	두 종류의 사물을 1:1 대응해서 놓음(예 계란 판에 장난감 계란 하나씩 넣기/동물 인형 앞에 먹이 하나씩 놓아 주기)	
	수 개념은 없으나 수를 나타내는 용어를 순서대로 말함(예 일, 이, 삼 또는 하나, 둘, 셋) 몇 까지 순서대로 세는지 기입: ______________________	
	수는 양을 표시하는 것이라는 개념이 생김(예 물건과 세는 것을 일치시켜서, 세 개의 사과를 셀 때 하나씩 짚으면서 하나, 둘, 셋을 셈) 몇까지 수 개념 있는지 기입: ______________________	
	수를 기호나 단어 같은 다양한 방법으로 표상할 수 있음을 이해함(예 1, 2, 3/하나, 둘, 셋/일, 이, 삼/빗금)	
	마지막 사물을 센 숫자가 그 사물 집합의 전체 양이라는 것을 이해함(예 10까지 센 후 "몇 개 있니?"라는 질문에 "10개"라고 답함)	
	수의 부분과 전체의 개념을 이해함(예 3은 5의 부분이라는 것 이해)	
	직접 세지 않고 두 개로 나눈 사물 집합 중 어떤 집합이 더 많은지 말할 수 있음(즉, 10개 이하의 사물로 된 집합이고 두 집합의 차이가 확연하면 짐작 가능함)	
	사물의 집합에서 사물을 빼내거나 추가하면 양이 변함을 이해함(예 사과 5개에서 하나를 빼면 더 적어졌다고 말하거나 4개가 됨을 말함)	
	몇 가지 간단한 수 조작 기호를 이해함(예 추가할 때는 + 로 표시하고 뺄 때는 – 로 표시함)	
	구체적인 사물이 있으면 더하기와 빼기를 함 몇 이하의 수까지 더하기와 빼기가 가능한지 기입: ______________	
	구체적 사물이 없어도 10 이하의 수(즉, 더한 결과나 뺀 결과가 10 이하인 경우)를 이용한 더하기와 빼기를 함	
	서수에 대한 이해를 보임 몇 번째까지 이해하는지 기입: ______________________	
	(교사가 설정한 교육 목표와 내용에 따라 항목 추가 기입)	

▼ 〈계속〉

구분		항목	V
기하	공간 관계	놀이하면서 사물을 다양한 위치에 놓거나 활동하면서 자신이 다양한 위치에 위치함	
		놀이하면서 공간 관계에 대한 용어(예 여기, 저기, 위)를 사용함	
		자주 사용하는 공간 관계 용어의 이해(예 위를 쳐다보며 '위' 라고 말하거나 옆에 앉으라는 뜻으로 옆을 두드리며 '여기' 라고 말함)를 보임	
		가까이(또는 옆)와 멀리의 개념을 이해함	
		위와 아래의 개념을 이해함	
		안과 밖(또는 겉과 속)의 개념을 이해함	
		열림과 닫힘의 개념을 이해함	
		자신을 중심으로 왼쪽과 오른쪽을 이해함	
		상대방의 입장에서도 왼쪽과 오른쪽을 이해함	
	도형	도형과 유사한 모양을 끄적거림	
		닫힌 도형을 따라 그림	
		도형 개념 없이 세모, 네모, 동그라미 용어를 사용함	
		도형을 나타내는 두 가지 방식의 용어 간 관련성을 이해함(즉, 동그라미는 원, 네모는 사각형, 세모는 삼각형)	
		기본 도형 중 원의 기본적 특성(즉, 끊기지 않고 시작한 곳에서 다시 만나고, 중간에 뾰족한 곳이 없는 부드러운 선으로 된 것)(참고: 평면 상의 한 점에서 일정한 거리에 있는 평면 상의 점으로 이루어진 곡선이 정확한 정의이나 유아기에는 이해하기 어려운 정의임)을 이해함	
		기본 도형 중 사각형의 기본적 특성(즉, 닫힌 네 개의 직선과 네 개의 뾰족한 점으로 구성)을 이해함(변과 꼭짓점이라는 용어는 유아가 이해하기 어려울 수 있음)	
		기본 도형 중 삼각형의 기본적 특성(즉, 닫힌 세 개의 직선과 세 개의 뾰족한 점으로 구성)을 이해함(변과 꼭짓점이라는 용어는 유아가 이해하기 어려울 수 있음)	
		(교사가 설정한 교육 목표와 내용에 따라 항목 추가 기입)	
대수	집단/범주화	두 개의 같은 사물을 고를 수 있음	
		같은 것끼리 모아 놓을 수 있음	
		사물의 한 가지 속성을 기준으로 2개의 집단으로 나눌 수 있음	
		사물의 한 가지 속성을 기준으로 2개 이상의 집단으로 나눌 수 있음	
		한 가지 이상의 속성으로 집단을 나눌 수 있음 몇 가지 속성을 동시에 고려할 수 있는지 기록: ______________	
		같은 집단에 속한 사물은 같은 특성을 갖는다는 것을 이해함	
		(교사가 설정한 교육 목표와 내용에 따라 항목 추가 기입)	

▼ 〈계속〉

구분		항목	V
대수 (계속)	패턴	패턴이 나타나지는 않으나 사물을 원하는 방식으로 늘어놓음	
		가장 쉬운 형태(즉, 빨강-노랑-빨강-노랑 같은 1:1 반복)의 패턴 인식함	
		가장 쉬운 형태의 패턴을 이어갈 수 있음	
		가장 쉬운 형태의 패턴을 창안할 수 있음	
		좀 더 어려운 수준의 패턴을 인식함 각 유아가 인식한 가장 어려운 패턴 기록: ______________	
		좀 더 어려운 수준의 패턴을 이어갈 수 있음 각 유아가 이어간 가장 어려운 패턴 기록: ______________	
		좀 더 어려운 수준의 패턴을 창안함 각 유아가 창안한 가장 어려운 패턴 기록: ______________	
		입체로 된 사물 또는 신체의 움직임이나 소리(예 손뼉 치기)를 이용한 패턴을 인식함. 사례 기록: ______________	
		입체로 된 사물 또는 신체의 움직임이나 소리(예 손뼉 치기)를 이용한 패턴을 이어감. 사례 기록: ______________	
		입체로 된 사물 또는 신체의 움직임이나 소리(예 손뼉 치기)를 이용한 패턴을 창안함. 사례 기록: ______________	
		(교사가 설정한 교육 목표와 내용에 따라 항목 추가 기입)	
측정		측정의 의도 없이 사물을 대어 봄	
		측정과 관계 된 용어를 정확한 개념 없이 사용함(예 되게 멀어요! 엄청 길어요!)	
		측정의 개념 없이 다양한 분야의 측정과 관련된 행동을 함(예 큰 블록 위에 작은 블록 놓기/작은 그릇에 모래를 담아 큰 그릇에 붓기)	
		측정 후 비교와 관련된 용어(예 더 멀어요. 더 가까워요. 더 많아요. 더 적어요 등)를 정확한 개념 없이 사용함	
		두 가지 사물을 대보고 비교하여 말할 수 있음	
		두 가지 이상의 사물을 대보고 순서대로 말하거나 늘어놓을 수 있음	
		일정한 양(또는 길이)만큼 잴 수 있음(예 컵에 금 그어 주고 금까지 물 담아 오기/요리할 때 설탕 세 숟가락 넣기)	
		비표준 단위의 측정 도구(예 손바닥)를 사용해 측정할 수 있음	
		측정할 때 끝난 곳에서 다시 시작한다는 것(예 클립의 끝 지점에 다시 클립을 놓거나 자가 끝난 지점에 다시 자를 놓고 측정함)을 이해함	
		표준 단위의 측정 도구(예 자)를 사용해 측정할 수 있음	
		길이에 대한 측정 가능함(표준/비표준 단위 중 이용한 것 기록)	
		무게에 대한 측정 가능함(표준/비표준 단위 중 이용한 것 기록)	
		넓이에 대한 측정 가능함(표준/비표준 단위 중 이용한 것 기록)	
		부피에 대한 측정 가능함(표준/비표준 단위 중 이용한 것 기록)	
		깊이에 대한 측정 가능함(표준/비표준 단위 중 이용한 것 기록)	
		시간에 대한 측정 가능함(표준/비표준 단위 중 이용한 것 기록)	
		(교사가 설정한 교육 목표와 내용에 따라 항목 추가 기입)	

▼ 〈계속〉

| 예 6-18 | 〈계속〉

구분	항목	V
자료분석	특정한 속성에 의해 분류된 각 집단에 속한 사물을 세서 기록함(예 단추를 색깔별로 4집단으로 분류했을 때 각 색의 집단에 속한 단추의 개수를 셈)	
	각 집단의 특성을 설명할 수 있음(예 4개의 단추 색 집단의 개수)	
	2개 이상의 집단 특성을 비교할 수 있음(예 4개의 단추 색 집단의 개수 비교)	
	(교사가 설정한 교육 목표와 내용에 따라 항목 추가 기입)	

- 평정 척도:
  - 걸음마기 이후: 분류와 순서 짓기, 수와 연산, 기하, 대수, 측정, 자료 분석의 전반적 수준을 평가하기를 원하면 [매우 낮음]-[매우 높음]으로 이어지는 5점 평정 척도로 평정
  - 위의 체크리스트에 기술된 대다수의 항목은 수행의 정도를 평가하기 어려움. 예를 들면, [두 개의 같은 사물을 고르기]는 고를 수 '있다'와 '없다'로만 표시가 가능하고 정도로 표시하는 것은 불가능함

예

항목	1	2	3	4	5
분류와 순서 짓기(전반적 평가)					
- 수와 연산					
- 기하					
- 대수					
- 측정					
- 자료 분석					
(교사가 설정한 교육 목표와 내용에 따라 항목 추가 기입)					

기초자료

- 기초 관찰 시 수집한 일화, 체크리스트, 평정 척도, 사진, 영유아의 작품 사진 삽입함

관련 척도

- 누리과정 유아관찰 척도(서술 평정 척도)와의 관련성
  Ⅴ. 자연탐구 영역〉 문항 32~35(만 3세); 문항 36~40(만 4세); 문항 40~45(만 5세)

* 이 연령의 영유아가 알아야 된다고 생각하는 것 또는 교사가 주로 소개한 것을 나열

** 어떤 기준으로 관찰하고 평가할지 미리 결정(예 일반적 발달 경향에 비추어/내가 지도한 경험이 있는 이 연령 영유아의 발달 경향에 비추어/올해 지도하는 이 학급 영유아의 발달 경향에 비추어)

연습 6-18

- 학습에 필요한 인지적 성향 및 수 · 과학 지식〉 수학을 평가할 수 있는 영유아의 행동을 관찰한 후 종합하여 정리하는 서식을 제작한다.
- 위의 예시에 제시된 것 이외에 중요하다고 생각하는 준거나 항목을 추가하여 제작한다.
- 두 명 또는 소집단을 구성하여 제작하거나 독립적으로 제작한 후 다른 사람과 비교하고 공통점과 차이점에 대해 토론한다.

다음으로 학습에 필요한 인지적 성향 및 수 · 과학 지식〉 과학적 기술과 지식에 대한 기본 개념, 내용별 하위 요소, 각 요소의 일반적 진보 양상, 각 요소를 관찰할 시기와 맥락에 대한 계획, 관찰할 때 사용할 수 있는 척도에 대한 계획, 평가할 때 초점을 두어야 할 점이나 주의할 점을 자세히 살펴보면 다음 | 표 6-24 | 와 같다.

| 표 6-24 | 학습에 필요한 인지적 성향 및 수 · 과학 지식〉 과학적 기술과 지식

영역	학습에 필요한 인지적 성향 및 수 · 과학 지식
하위 영역	• 과학
하위 영역별 내용	• 과학적 기술과 지식
기본 개념	• 과학적 활동을 하는 데 필요한 다양한 기술의 습득 및 지구와 우주 과학, 물리 과학, 생명 과학 분야 중 유아의 수준에서 학습할 수 있는 과학 지식
내용별 하위 요소	❶ 과학적 기술: 과학적 활동을 하는 데 필요한 다양한 기술 • 알아보고 싶은 것에 대한 결정: 궁금한 것이나 알아보고 싶은 것을 구체화함 • 자세한 관찰과 탐색: 알아보고 싶은 것을 자세히 살펴보거나 특정 현상이 일어나도록 조작함 • 탐구 도구의 사용: 관찰과 탐색에 필요한 다양한 도구를 적절히 사용함 • 정보의 수집, 정리, 기록: 알아낸 것을 체계적으로 정리 및 기록함 • 원인과 결과에 대한 추론: 수집된 자료에 근거해 결과를 야기한 이유 설명함 • 탐구결과의 공유: 언어 또는 다양한 형태의 기록(글, 그림, 표)으로 타인과 공유함 ❷ 과학적 지식: 유아 수준에 적절한 지구와 우주 과학, 물리 과학, 생명 과학 지식 • 지구와 우주 과학: 토양, 암석, 해, 달, 별, 날씨, 계절 등 자연 환경의 친숙한 요소에 대한 이해 • 물리 과학: 물체(물질: 예 빛, 소리, 자력, 물)의 고유한 특성과 물체의 위치와 움직이게 하는 힘에 대한 이해 • 생명 과학: 생물(생명체)의 특성에 대한 탐구

▼ 〈계속〉

| 표 6-24 | 〈계속〉

영역	학습에 필요한 인지적 성향 및 수 · 과학 지식
일반적 진보 양상	❶ 과학적 기술 • 영아기–걸음마기: - 입과 혀로 사물을 탐색함 - 사물을 관찰하고 잡고 만지고 흔들며 조작함 - 간단한 행동을 해서 반복적인 결과를 얻음(예 딸랑이를 흔들어 소리 냄) - 자신이 얻은 결과 공유(예 딸랑이 흔들어 소리 낸 후 성인 쳐다 봄) - 같은 사물을 다양한 방법으로 사용해 다양한 결과가 생기게 함(예 딸랑이를 흔들거나 던짐) - 의도적으로 몇 가지 행동을 결합해 특정 결과가 생기게 함(예 공을 잡아 굴려서 오뚝이를 맞힘) - 주변의 더 다양한 물리적, 자연적 환경을 관찰함 • 유아기: - 사물을 오랫동안 구체적으로 조작하고 변화를 관찰함 - 언어를 사용하여 관찰한 것 묘사함 - 주변의 변화나 관찰한 것에 대해 '왜' 라는 질문을 많이 함 - 간단한 도구를 사용해서 관찰하고 탐색함 - 어떤 결과를 얻을 것인가에 대한 간단한 예측을 함 - 관찰하면서 알게 된 변화를 그림이나 간단한 글로 기록함 - 논리적인 원인–결과에 대한 추론은 아닌 경우가 많지만, 결과에 대해 생각한 나름의 이유(예 원인)를 제시하고 일반화함 - 측정과 자료 분석을 가능하게 하는 수학 지식이 발달함에 따라 수행한 과학적 과정과 결과를 언어, 그림, 차트 등을 활용해 교사나 또래와 공유함 ❷ 과학적 지식 • 유아기 후기: - 지구와 우주 과학: 성인의 지원으로 · 육지, 바다, 대기, 우주에 있는 자연 환경의 친숙한 요소를 인식하고 시간이 지남에 따라 변한다는 것 이해(예 토양, 암석, 물, 공기, 해, 달, 별, 날씨, 계절) · 자연의 변화가 인간에게 미치는 영향을 이해(예 날씨와 거주 형태/계절과 의복) - 물리 과학: 성인의 지원으로 · 물체(물질: 예 빛, 소리, 자력, 물)의 고유한 특성 이해 · 물체의 위치와 움직이게 하는 힘에 대한 이해(예 자동차를 굴러가게 하는 힘) · 물체의 특성을 변하게 하는 힘에 대한 이해(예 액체인 계란을 고체로 익게 하는 힘)

▼ 〈계속〉

| 표 6-24 | 〈계속〉

영역	학습에 필요한 인지적 성향 및 수 · 과학 지식
일반적 진보 양상 (계속)	- 생명 과학: 성인의 지원으로 · 사람과 다른 생물(동 · 식물과 미생물)의 공통점과 차이점 이해 · 사람과 다른 생물과의 관계 이해 · 모든 생물의 고유한 특성에 대한 이해(예 생명 주기, 모양, 먹이, 거주지, 각 부분의 모양과 기능, 생존에 필수적인 조건 등)
계획: 시기 및 맥락	• 다양한 맥락(예 일상생활, 놀이, 대 · 소집단 활동)에서의 활동에서 과학적인 지식이 활용되는 상황
계획: 관찰 방법	• 모든 항목: 일화 기록, 체크리스트, 평정 척도
평가 주안점	• 명백한 과학적 활동이나 과학 영역에서의 놀이가 아니더라도 과학 지식이 사용되는 모든 활동에서 관찰하여 평가함
기타	• 교사가 정확한 과학 지식을 가지고 있어야함 예 물체가 물에 뜨고 가라앉는 것은 물체의 질량, 무게, 모양, 물체가 담길 액체의 밀도에 따라 결정되는데 유아가 이해하기 어려운 개념임 - 걸음마기 영아를 대상으로 물에 뜨고 가라앉는 실험을 하면서 '무거운 것은 가라앉고 가벼운 것은 뜬다.' 라고 설명하는 것은 잘못된 과학 지식을 주입하는 것임. 걸음마기-유아기 초기에는 수학적 분류 활동으로 실시할 수 있음 - 유아기 후반에 특히 관심을 갖는 일부 유아가 있다면 같은 무게이나 다양한 모양의 사물 띄워보기, 물 이외의 액체에 띄워보기, 같은 크기이나 속이 꽉 찬 물체와 속이 꽉 차지 않은 물체 띄워보기 등 다양한 방식으로 실험해 보게 할 수 있음. 유아들이 같은 무게의 사물이라도 모양이나 액체에 따라 뜨거나 가라앉을 수 있다는 결론을 내는 것으로 충분함 • 교사가 과학적 원리나 개념을 설명하는 수준은 지도하는 유아의 연령이나 과학적 관심에 따라 민감하고 신중하게 결정해야 함 예 유아기 초기에는 달의 모양이 자주 변한다는 것을 관찰하게 하는 것으로 충분하고, 유아기 후반에 관심을 보이거나 이해할 수 있다고 판단되는 일부 유아에 국한해서 달의 특성(스스로 빛을 내지 못함)과 지구와 달의 위치에 따라 달라진다는 것을 설명하거나 동영상을 활용해서 설명할 수 있음. 따라서 대집단으로 이야기 나누기를 하는 방식으로 접근하는 것은 부적절함

위의 준거를 관찰한다고 가정했을 때 사용할 수 있는 서식의 예는 다음과 같다. 예에 제시된 항목은 일부에 불과하므로 | 표 6-24 | 의 '일반적 진보 양상' 과 교사가 중점적으로 지도한 내용을 고려하여 항목을 추가할 수 있다.

| 예 6-19 | 학습에 필요한 인지적 성향 및 수 · 과학 지식〉 과학적 기술과 지식을 관찰한 후 종합하여 정리하는 서식

관찰기간 20○○년 ○월 ○일~○월 ○일

내용

- 과학적 기술과 지식(여기서는 유아기 이후로 한정)(유아기 이전에도 태생적인 과학적 개념이 있으나 교사가 관찰하여 평가하기 어렵기 때문에 제외)

항목 *

- 과학적 기술의 예: 탐구 문제 설정, 관찰과 탐색, 탐구 도구의 사용, 정보의 수집/정리/기록, 원인과 결과에 대한 추론, 탐구 결과의 공유

- 과학적 개념
  - 지구와 우주 과학의 예: 토양, 암석, 해, 달, 별, 날씨, 계절 등 자연 환경의 친숙한 요소
  - 물리 과학의 예: 빛, 소리, 자력, 물 같은 물체의 고유한 특성, 위치, 움직이게 하는 힘
  - 생명 과학의 예: 생물(생명체)의 특성

기록방법 **

- 과학적 개념에 대한 평가는 유아 개인의 인지적 능력, 경험, 교사가 지도한 내용에 따라 달라지므로 구체적 예를 제시하기 어려움
  - 교사가 지도하고 평가하는 과학적 개념은 유아의 수준에 적절해야함(예 우주 과학을 다룰 때 지구의 자전과 공전, 지구와 달의 관계, 태양계의 행성의 이름과 거리를 다루는 것은 유아기에 적절하지 않음)
  - 유아 수준에 적절한 것을 기대하고 평가하는지 반드시 점검할 필요가 있음
  - 학습지 형태로 된 일일 학습장을 푼 내용으로 평가해서는 절대로 안 됨

▼ 〈계속〉

예

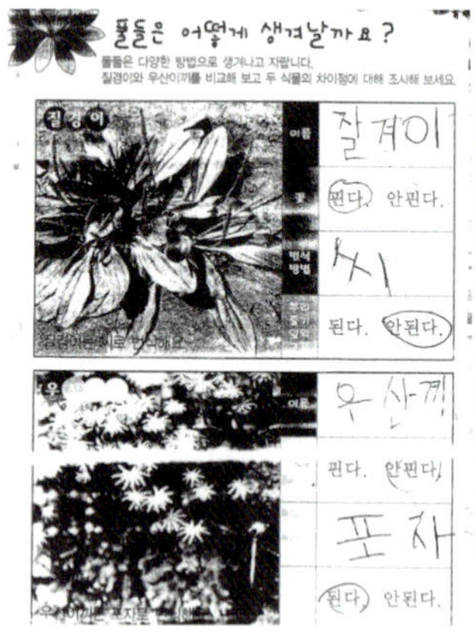

- 질경이 프로젝트를 한 후 학습지 형식의 학습장을 푼 것을 포트폴리오에 넣은 것임
- 학습지에 기록하는 형식으로 진행되는 프로젝트는 진정한 의미의 프로젝트가 아님
- 질경이나 우산이끼의 꽃이 피는지 여부, 번식방법(씨나 포자), 뿌리, 줄기, 잎의 구분 여부를 다루는 것은 유아기 생명 과학 내용 지식의 범위를 훨씬 넘어서는 것임

- 다음의 예는 유아 수준에서 평가할 수 있는 문항임

예

구분		항목	V
과학적 기술		탐구 목적의 명료화(즉, 알아보고 싶은 것을 분명히 알거나 말함)	
		자세한 관찰(즉, 주의 깊게 살펴봄)	
		의도적 조작(즉, 특정 현상이 일어나도록 함; 예 싹틔우기 실험에서 물을 주거나 주지 않기)	
		탐구 도구의 바른 사용(즉, 필요한 도구를 바른 방식으로 사용함)	
		정보의 수집 및 기록(즉, 알아낸 것을 그림, 글, 표시 등으로 기록함)	
		원인과 결과에 대한 추론(즉, 특정 결과가 나타난 이유를 추론함)	
		탐구 결과의 공유(즉, 자신이 알아낸 것을 다른 사람에게 잘 설명함)	
		(교사가 중요하다고 생각하는 항목 추가 기입)	
과학적 지식	지구와 우주과학	계절에 따라 기온이 달라짐을 이해함	
		계절에 따라 사람의 생활(예 의복, 음식, 활동, 냉/난방 등)이 달라짐을 이해함	
		계절에 따라 동물의 생활이 달라짐을 이해함	
		계절에 따라 식물(꽃, 나무, 농작물 포함)이 달라짐을 이해함	
		다양한 날씨(예 비, 눈, 안개, 흐림, 맑음 등)가 있음을 이해함	
		매일의 날씨와 계절의 날씨는 사람, 동물, 식물에 영향을 미침을 이해함	
		다양한 종류의 돌(암석)과 흙(토양)이 있음을 이해함(참고: 암석의 이름, 구별과 생성 배경에 대한 이해가 아님)	

▼ 〈계속〉

구분		항목	V
과학적 지식(계속)	지구와 우주과학(계속)	돌과 흙의 대표적인 용도를 이해함(예 단단한 돌은 무엇인가를 지을 때 사용하고 영양이 많은 흙은 농사할 때 사용함)	
		우주(하늘)에 태양, 지구, 달, 별이 있음을 이해함(참고: 태양계의 행성을 언급하기보다는 유아가 직접 하늘에서 볼 수 있는 해, 달, 별, 지구의 개념으로 접근하는 것이 유아기에는 더 적절함)	
		태양 때문에 낮과 밤이 생김을 이해함	
		태양과 지구의 위치로 인해 낮과 밤이 생김을 이해함	
		달의 모양이 변함을 이해함	
		지구와 달의 위치로 인해 달의 모양이 변함을 이해함	
		우주에는 많은 별이 있음을 이해함	
		(교사가 중요하다고 생각하는 항목 추가 기입)	
	물리과학	물체를 움직이기 위해서는 힘이 필요함을 이해함	
		물체를 움직이는 몇 가지(예 사람이나 동물의 힘, 바람, 물) 힘을 이해함	
		물체를 움직이는 데 도움이 되는 몇 가지 도구(예 바퀴, 도르래)를 이해함	
		물체가 움직이는 속도, 방향, 거리를 바꿀 수 있음을 이해함	
		물체가 움직이는 속도, 방향, 거리에 영향을 주는 몇 가지 요인(예 경사, 힘의 강도나 방향, 바닥의 모양)을 이해함	
		다양한 종류의 물질이 있음을 이해함	
		유사한 특성(예 물에 녹지 않는 것) 또는 기능(예 필기 도구 종류)을 가진 물질을 함께 모을 수 있음	
		자주 접하는 물질 몇 가지의 특성(예 물, 자석 등)을 이해하고 비교함	
		물질을 변화시키는 몇 가지 방법(예 끓이기, 섞기, 녹이기)을 이해함	
		물질의 상태(예 고체, 액체, 기체)가 있고 온도 변화로 상태를 바꿀 수 있는 물질(예 물)이 있음을 이해함	
		물의 대표적 특성(예 용기에 따라 모양 변함/힘을 가하지 않으면 위에서 아래로 흐름/녹이거나 섞일 수 있는 물질 있음/띄울 수 있는 물질 있음 등)을 몇 가지를 이해함	
		일상생활에서의 물의 쓰임새 몇 가지를 이해함	
		자석의 대표적 특성(예 잡아당길 수 있거나 없는 물질 있음/자석에 따라 잡아 당기는 힘이 다양함 등) 몇 가지를 이해함	
		자석의 힘을 어떤 것은 통과(예 종이)한다는 것 이해함	
		일상생활에서의 자석의 쓰임새 몇 가지를 이해함	
		다양한 소리(예 말소리, 음악 소리, 새소리 등)가 있음을 이해함	
		소리를 나게 하는 다양한 방법 중 몇 가지(예 치기, 흔들기, 문지르기 등)를 이해함	
		소리는 되돌아오기도 한다는 것을 이해함	

▼ 〈계속〉

| 예 6-19 | 〈계속〉

구분		항목	V
과학적 지식(계속)	물리과학(계속)	소리는 크기, 고저, 울림 측면에서 다양하다는 것을 이해함	
		소리의 크기, 고저, 울림을 변화시킬 수 있는 몇 가지 방법(예 세게 치기, 가는 것으로 치기, 목욕탕에서 치기 등)을 이해함	
		일상생활에서의 소리의 쓰임새 몇 가지를 이해함	
		빛의 다양한 근원 중 몇 가지(예 태양, 전등, 난로)를 이해함	
		대부분의 경우 빛은 열의 근원이라는 것을 이해함	
		빛을 반사시킬 수 있는 물질 몇 가지(예 거울)를 이해함	
		그림자를 만드는 방법(예 빛과 물체 사이의 불투명 물체)을 이해함	
		빛의 위치에 따라 그림자의 방향이 바뀜을 이해함	
		빛과 물체와의 거리에 따라 그림자의 크기/길이/모양이 바뀜을 이해함	
		바람을 만들 수 있는 몇 가지 방법(예 입으로 불기, 부채질)이 있음을 이해함	
		바람은 불어오는 방향과 세기가 다양함을 이해함	
		바람의 방향과 세기를 바꿀 수 있는 몇 가지 방법을 이해함	
		바람은 물체를 움직일 수 있음을 이해함	
		바람을 이용하는 몇 가지 방법(예 선풍기, 풍력 발전, 배)을 이해함	
		(교사가 중요하다고 생각하는 항목 추가 기입)	
	생명과학	생물(살아있는 것)과 무생물(살아있지 않은 것)을 구별함	
		대표적인 생물(예 사람, 동물, 꽃, 나무, 곤충 등)을 제시함	
		가까이 접하는 대표적인 동물 몇 가지의 특성(예 생김새, 새끼, 사는 곳, 먹이, 먹이 구하는 방법 등)을 이해하고 유사점과 차이점을 비교함	
		동물이 사는 곳을 크게 땅, 하늘, 물로 나눌 수 있음을 이해하고, 대표적인 동물을 제시할 수 있음	
		동물이 먹는 것을 크게 육식, 초식, 잡식으로 나눌 수 있음을 이해하고, 먹이별로 대표적인 동물을 제시할 수 있음	
		인간이 동물을 활용하는 몇 가지 방식(예 반려 동물, 음식으로 섭취, 사냥 또는 농사일 도움 등)을 이해함	
		가까이 접하는 대표적인 식물(예 꽃, 나무, 농작물) 몇 가지의 특성(예 모양, 물이나 빛과 같은 생존에 필요한 것, 성장 방식이나 주기 등)을 이해하고 유사점과 차이점을 비교함	
		인간이 식물을 활용하는 몇 가지 방식(예 꽃 보기, 열매나 농작물 먹기, 건물 짓기, 바람 막기 등)을 이해함	
		사람과 동물과의 대표적인 공통점과 차이점을 몇 가지 비교함	
		살아있는 것을 보존하고 보호해야 하는 몇 가지 이유를 이해함	
		(교사가 중요하다고 생각하는 항목 추가 기입)	

▼ 〈계속〉

구분	항목	V
환경 및 자원 보존	보존 및 보호해야 하는 대표적인 것을 제시함	
	보존 및 보호해야 하는 필요성 몇 가지를 이해함	
	보존 및 보호하는 대표적인 방법 몇 가지를 이해함	

- 평정 척도:
  - 걸음마기 이후: 과학적 기술과 지식의 전반적 수준을 평가하기를 원하면 [매우 낮음]–[매우 높음]으로 이어지는 5점 평정 척도로 평정

예

구분	항목	1	2	3	4	5
과학적 기술	과학적 기술(전반적 평가)					
	- 탐구 목적의 명확성					
	- 자세한 관찰					
	- 의도적 조작					
	- 탐구 도구의 바른 사용					
	- 정보의 수집 및 기록					
	- 원인과 결과에 대한 추론					
	- 탐구 결과의 공유					
	(교사가 중요하다고 생각하는 항목 추가 기입)					
과학적 지식	지구와 우주 과학(전반적 평가)					
	- 계절					
	- 암석과 토양					
	- 우주					
	(교사가 중요하다고 생각하는 항목 추가 기입)					
	물리 과학(전반적 평가)					
	- 힘					
	- 물질의 일반적 특성					
	- 물					
	- 자석					
	- 소리					
	- 빛					
	- 바람					
	(교사가 설정한 교육 목표와 내용에 따라 항목 추가 기입)					

▼ 〈계속〉

구분	항목	1	2	3	4	5
과학적 지식 (계속)	생명 과학(전반적 평가)					
	- 생물의 특성과 종류					
	- 동물					
	- 식물					
	- 사람과 동물의 공통점과 차이점					
	(교사가 설정한 교육 목표와 내용에 따라 항목 추가 기입)					
보존/보호	동 · 식물에 대한 보존과 보호					
	환경과 물질에 대한 보존과 보호					

- 평정 척도: 과학과 지식과 관련된 학습 상황에서의 관심과 태도를 [매우 낮음]–[매우 높음]으로 이어지는 5점 평정 척도로 평가

예

항목	1	2	3	4	5
사물, 동 · 식물, 환경의 특성이나 변화에 대해 호기심을 보임					
사물, 동 · 식물, 환경의 특성이나 변화에 대해 질문을 함					
오감각을 활용하여 적극적으로 관찰하고 탐색함					
다양한 종류의 과학적 활동에 적극적으로 참여함					
알고 싶은 것을 알아낼 수 있는 다양한 방법을 모색함					
과학적 활동의 과정에서 주도성과 끈기를 보임					
과학 관련 주제에 관한 책을 즐겨 읽음					
과학과 관련된 자신의 경험을 또래나 교사와 적극적으로 나눔					

기초자료

- 기초 관찰 시 수집한 일화, 체크리스트, 평정 척도, 사진, 영유아의 작품 사진 삽입함

관련 척도

- 누리과정 유아관찰 척도(서술 평정 척도)와의 관련성
  Ⅴ. 자연탐구 영역〉 문항 36~38(만 3세); 문항 41~43(만 4세); 문항 46~48(만 5세)

* 이 연령의 영유아가 알아야 된다고 생각하는 것 또는 교사가 주로 소개한 것을 나열

** 어떤 기준으로 관찰하고 평가할지 미리 결정(예 일반적 발달 경향에 비추어/내가 지도한 경험이 있는 이 연령 영유아의 발달 경향에 비추어/올해 지도하는 이 학급 영유아의 발달 경향에 비추어)

연습 6-19

- 학습에 필요한 인지적 성향 및 수 · 과학 지식〉 과학적 기술과 지식을 평가할 수 있는 영유아의 행동을 관찰한 후 종합하여 정리하는 서식을 제작한다.
- 위의 예시에 제시된 것 이외에 중요하다고 생각하는 준거나 항목을 추가하여 제작한다.
- 두 명 또는 소집단을 구성하여 제작하거나 독립적으로 제작한 후 다른 사람과 비교하고 공통점과 차이점에 대해 토론한다.

5 기타: 예술적 활동에의 참여와 창의성

유아교육 또는 보육기관에서 유아가 경험하는 예술적 활동에는 음악, 동작, 미술, 동시 및 이야기 짓기, 동극 또는 극놀이가 있다. 영유아의 예술적 활동은 발달의 다양한 영역(특히, 정서 및 인지 발달 영역)과 창의성의 영향을 받기 때문에 본 서에서 제시한 평가 준거의 특정 영역에 포함시키기 어렵다. 따라서 예술적 활동에의 참여와 창의성을 따로 분리하여 제시하고자 한다.

예술적 활동에의 적극적 참여(또는 선호)는 예술적 활동에 적극적으로 참여하는지 또는 참여하는 것을 선호하는지와 관련이 있으므로 창의성 자체와는 무관하다. 창의성은 주로 두 가지 상황에서 발현된다. 첫째는 일상생활의 모든 영역에서 인지적 또는 대인적 문제를 해결하기 위해 창의력이 발현되는 상황이고, 둘째는 음악 및 동작, 미술, 동시 및 이야기 짓기와 극화 활동에서 예술적 창의력이 발현되는 상황이다. 창의력은 기본적으로 인지적 속성의 구인이기 때문에 영유아 발달 교재에서는 인지 발달 영역에 포함시켜 서술하고 있다. 따라서 누리과정이나 표준보육과정에서 창의성을 포함시킨다면 자연탐구 영역이 가장 적절할 것이다. 그러나 교사가 영유아의 창의성을 평가할 때는 예술적 창의력에 초점을 두는 경우가 더 많기 때문에 예술경험 영역에서 평가하게 된다.

창의성에 대한 기본 개념, 내용별 하위 요소, 각 요소의 일반적 진보 양상, 각 요소를 관찰할 시기와 맥락에 대한 계획, 관찰할 때 사용할 수 있는 척도에 대한 계획, 평가할 때 초점을 두어야 할 점이나 주의할 점을 자세히 살펴보면 다음 | 표 6-25 | 와 같다.

| 표 6-25 | 창의성

기타	창의성
하위 영역	• 유창성, 융통성, 독창성, 정교성, 민감성, 재구성력
하위 영역별 내용	• 일상생활 및 문제해결에서의 창의성(인지 및 수 · 과학 지식〉 학습 성향에 제시됨) • 예술적 창의성
기본 개념	• 예술적 분야에서 유창성, 융통성, 독창성, 정교성, 민감성, 재구성력 있게 접근하여 탐색, 표현, 감상하는 능력
내용별 하위 요소	❶ 음악 및 동작 활동에서의 창의성 • 다양한 종류 또는 다양한 문화권의 음악과 악기를 적극적으로 탐색함 • 감정, 경험, 생각을 악기, 노래, 신체를 활용해 창의적으로 표현함 • 다양한 리듬이나 박자에 맞춰 창의적으로 노래 부르고, 악기로 연주하고, 동작으로 표현함 • 다른 사람의 창의적인 음악이나 동작에 관심을 보이고 감상함 ❷ 미술 활동에서의 창의성 • 자연, 환경, 사물, 사람의 미술적 요소를 탐색함 • 감정, 경험, 생각을 다양한 미술 매체와 도구를 이용해 창의적으로 표현함 • 모양, 색, 질감을 인지하고 창의적으로 활용함 • 다른 사람의 창의적인 미술 작품에 관심을 보이고 감상함 ❸ 동시, 동화 및 극화 활동에서의 창의성 • 감정, 경험, 생각을 동시나 이야기로 창의적으로 표현함 • 감정, 경험, 생각이나 듣거나 만든 이야기를 창의적인 극으로 표현함 • 등장인물의 특성을 창의적으로 표현함 • 도구, 소품, 무대를 사용해서 극에서 표현하고자 하는 것을 창의적으로 표현함 • 다른 사람의 창의적인 극적 표현에 관심을 보이고 감상함
일반적 진보 양상	• 영아기: - 선호하는 것과 싫어하는 것을 분명히 표현함 - 주의 깊게 관찰하는 성향 보임 - 다양한 감각을 통해 경험한 것에 대해 적극적인 반응을 보임 • 걸음마기-유아기: - 예술적 자극과 경험을 선호하고 적극적으로 참여하려고 함 - 다양한 자료나 매체를 가지고 다양하고 독특하고, 생각하지 않던 방식으로 표현함

▼ 〈계속〉

| 표 6-25 | 〈계속〉

기타	창의성
계획: 시기 및 맥락	• 음악, 동작, 미술, 극화, 동시 짓기, 글쓰기 및 구어로 표현하기 등 예술적 창의력을 관찰할 수 있는 자유선택 활동, 대 · 소집단 활동, 야외학습 등의 모든 맥락
계획: 관찰 방법	• 모든 항목: 일화 기록 • 예술적 창의력이 관찰되는 분야 및 각 분야의 정도: 체크리스트 및 평정 척도 • 창의성의 6가지 요소: 평정 척도
평가 주안점	• 독창성 중심의 평가가 아닌 창의력의 모든 요소에 대해 평가함 - 유창성: 일정한 시간 내에 보이는 다양한 반응(예 나뭇잎이 흔들리는 것을 보고 느낀 것을 여러 가지 말함) - 융통성: 다양한 관점에서 보이는 반응(예 나뭇잎이 흔들리는 것을 나무, 바람, 사람이 느낄 때 어떻게 다를지 말함) - 민감성: 관련 없는 것을 배제하고 핵심에 대해서만 보이는 예술적 반응(예 나뭇잎의 잎맥에 대한 인상이 깊었다면 잎맥에만 초점을 둠) - 독창성: 전에 없었던 새롭고 특이한 예술적 반응(예 나뭇잎이 흔들리는 것을 음악, 미술, 동작으로 표현할 때 독특하게 표현) - 정교성: 예술적으로 표현할 때 구체적이고 세부적인 것까지 표현(예 나뭇잎이 흔들리는 것을 음악, 미술, 동작으로 표현할 때 구체적으로 표현) - 재구성력: 자신이 경험한 것을 다른 방식으로 재구성해서 표현(예 나뭇잎이 흔들리는 것을 보고 노래와 동작을 연결시켜 노래극으로 표현) • 음악, 동작, 미술, 극화 활동에 대한 선호와 창의성 수준을 혼돈하지 않도록 주의함 - 예: 악기 연주를 좋아해서 자주 하는 것과 악기(예 탬버린) 흔들기를 포함한 다른 다양한 방법으로 연주하려고 시도하는 것은 다름(유창성) - 예: 동극을 감상한 후 재연하는 것을 즐기는 것이 아니라 등장인물에 대한 자신의 생각, 감상한 느낌, 이야기를 추가하여 다른 극으로 표현함(재구성력)

| 예 6-20 | 예술적 활동에의 참여와 창의성을 관찰한 후 종합하여 정리하는 서식

관찰기간 20○○년 ○월 ○일~○월 ○일

내용

- 음악 및 동작 활동, 미술 활동, 동시, 동화 및 극화 활동

기록방법 **

- 평정 척도:
  - 음악 및 동작 활동, 미술 활동, 동시, 동화 및 극화 활동에 참여하고 즐기는 정도를 각 영유아의 연령을 고려하여 [매우 낮음]-[매우 높음]으로 이어지는 5점 평정 척도로 평정

예

항목	1	2	3	4	5
음악 활동에의 참여와 즐기기					
- 악기					
- 노래					
동작 활동에의 참여와 즐기기					
미술 활동에의 참여와 즐기기					
동시나 이야기 짓기에의 참여와 즐기기					
극화 활동에의 참여와 즐기기					
(교사가 중요하다고 생각하는 항목 추가 기입)					

  - 각 영유아의 연령을 고려하여 창의성 정도를 [매우 낮음]-[매우 높음]으로 이어지는 5점 평정 척도로 평가

예

항목	1	2	3	4	5
음악 활동에서의 창의성					
동작 활동에서의 창의성					
미술 활동에서의 창의성					
동시나 이야기 짓기에서의 창의성					
극화 활동에서의 창의성					
(교사가 중요하다고 생각하는 항목 추가 기입)					

▼ 〈계속〉

| 예 6-20 | 〈계속〉

기초자료

- 기초 관찰 시 수집한 일화, 체크리스트, 평정 척도, 사진, 영유아의 작품 사진 삽입함

관련 척도

- 누리과정 유아관찰 척도(서술 평정 척도)와의 관련성
  Ⅳ. 예술경험 영역〉 문항 25~30(만 3세); 문항 28~34(만 4세); 문항 31~38(만 5세)

* 이 연령의 영유아가 알아야 된다고 생각하는 것 또는 교사가 주로 소개한 것을 나열

** 어떤 기준으로 관찰하고 평가할지 미리 결정(예 일반적 발달 경향에 비추어/내가 지도한 경험이 있는 이 연령 영유아의 발달 경향에 비추어/올해 지도하는 이 학급 영유아의 발달 경향에 비추어)

Chapter 7

수집한 영유아 평가 자료의 분석과 정리

1 평가 목적에 따른 보고서 작성의 유의 사항

2 평가 보고서 서식

영유아를 1년 동안 지도하면서 미리 정한 준거를 가지고 다양한 관찰 방법을 사용하여 수집한 자료의 양은 방대할 것이다. 제4장에서는 자료를 수집하는 동시에 정리하는 다양한 전략을 제시했고 제6장에서는 다양한 활동, 상황, 맥락에서 수집한 기초 자료를 정리하여 종합할 때 사용할 수 있는 서식도 소개하였다.

본 장에서는 자료를 종합한 후 평가의 구체적인 목적에 따라 분석하고 요약하는 데 유의해야 할 사항과 정리할 때 사용할 수 있는 서식을 살펴보고자 한다. 먼저 평가의 목적별로 수집한 자료를 분석하고 요약하는 데 유의할 사항을 알아보자.

1 평가 목적에 따른 보고서 작성의 유의 사항

1) 개인 영유아의 현재 상태를 이해하고 발달과 진보 경향을 알기 위한 목적의 분석과 정리

교사가 개인 영유아를 이해하기 위해서 노력하는 것은 두 가지 목적을 위해서이다. 하나는 개인 영유아에 대한 이해를 바탕으로 담임을 하는 1년 동안 지속적으로 지원하기 위한 목적이다. 이 목적을 위해서는 기초 자료를 수집한 후 그 결과를 즉시 교육적 지원을 하는 데 활용하여야 한다. 예를 들면, 만 5세 유아가 일상적인 생활을 스스로 처리하지 못한다면 학기 말까지 기다리는 것이 아니라 자조성을 길러 줄 수 있는 다양한 교육적 지원을 해야 한다. 또, 만 1세 영아가 환경을 탐색하는 데 적극성을 보이지 않는다면 영아의 기질이나 교사와의 신뢰로운 관계 형성 여부를 살펴보고 지원 계획을 마련해야 한다.

다른 하나는 1년 동안의 성장 과정을 살펴보고 다음 해의 교육적 지원 방안을 수립하기 위한 목적이다. 교육적 지원 방안은 부모와의 면담에서 의논하거나 다음 해 영유아를 담당할 교사와 협의할 수 있다. 1년 동안 수집한 자료를 종합한 후 분석하고 정리하는 데 유의해야 할 사항을 살펴보자.

■ 모든 준거에 대한 자료가 수집되었는지 점검한다.

분석하기 전에 기준으로 삼은 준거의 모든 영역에 대해 적절한 방법을 사용하여 주기적(예 1년에 최소 2회 이상)으로 자료를 수집하고 종합했는지 먼저 점검한다. 본서에서 제시한 절차에 따라 진행하였어도 특히 자료가 충분히 수집되지 않은 준거가 있다면 추측하여 분석하기보다는 추가적으로 자료를 수집한다.

■ 최종 시점보다는 1년 동안의 변화를 파악할 수 있도록 분석하고 정리한다.

한 학기 또는 1년의 마지막에 그동안 수집한 기초 자료를 종합할 때는 발달되고 진보된 상황을 강조하기 위해 최종 시점을 중심으로 분석하고 정리하는 경우가 있다. 그러나 영유아가 발달과 교육을 통해 진보된 과정을 이해해야 미래의 발달과 교육적 진보도 예측할 수 있고 추후 어떤 교육적 지원이 필요한지도 파악할 수 있다. 따라서 학기 초-중반-학년 말로 이어지는 기간 동안 각 평가 준거 영역별로 어떤 변화가 있었는지에 초점을 두어 기록한다.

| 예 7-1 | 만 3세 유아의 의사소통 능력에 대한 분석과 정리

일반적 의사소통 규칙	• 학기 초에는 교사가 어깨를 잡고 마주보고 이야기하는 상황에서만 주의를 집중했고, 소집단의 상황에서는 집중하기 어려웠으나 학기 말에는 흥미 있는 주제일 경우 소집단 상황에서도 짧은 시간 집중함 • 대화의 순서에 대한 개념은 있으나 말하고 싶은 것이 많을 때는 학기 초부터 현재까지 순서를 기다리지 않고 말하는 경향이 있음. 학기 말에는 교사가 상기시켜주면 기다릴 수 있게 됨 • 학기 초에는 교사나 또래가 ㅇㅇ가 하는 이야기의 주제에 맞춰 주면 같은 주제로 이야기할 수 있었으나 현재는 교사가 흥미를 유발시키는 방법으로 말하면 교사가 말하는 주제에 관심을 보임 • 전반적으로 이 연령 유아의 일반적 진보 속도보다 약간 느리게 발전하고 있음

연습 7-1

- 위의 예 | 예 7-1 | 의 [일반적 의사소통 규칙]에 대한 서술을 참고하여 사회 관습적 의사소통 규칙에 대해 기록해 본다.
- 다른 사람이 기록한 것과 비교하고 개선할 점이 있는지 생각해 본다.

■ 평가 준거의 다양한 영역 간의 비교도 가능하도록 분석하고 정리한다.

교사가 기준으로 설정한 평가 준거의 각 영역을 충실히 기술하는 것은 기본적으로 중요하다. 각 영역에 대한 분석과 정리를 한 후, 다른 영역과 비교해 볼 수 있도록 한다면 각 영유아를 전체적으로 이해하는 데 도움이 될 것이다. 다른 영역과 비교할 때는 모든 영역에서 고른 진보를 보이는지와 특정한 영역이 특히 빠르거나 더딘 진보를 보이는지에 대해 간단히 요약한다. 다른 영역과 비교함으로써 추후의 지원에 대한 계획을 세울 수 있다.

| 예 7-2 | 평가 준거의 다양한 영역을 비교하는 분석과 정리

> ㅇㅇ(만 4세/여아)는 4개의 평가 준거 영역 중 신체 영역에서 연령 평균보다 매우 빠른 발달을 보이고 있다. 나머지 3개 영역도 연령 평균 이상의 발달을 보이고 있으므로 전혀 우려할 상황은 아니다. 신체 영역 중에서는 대근육 통제와 협응 능력이 매우 뛰어나고 다양한 신체운동에 관심과 재능을 보인다.

다음의 예는 서울특별시유아교육진흥원(2012, p. 399)에 제시된 것으로 5개 평가 영역의 문항을 1~4수준으로 1년에 2회 평가한 것을 그래프로 정리한 것이다. 아래의 선은 1학기 점수를 위의 선은 2학기 점수를 나타낸다. 그래프를 보면 1학기와 2학기의 진보에 대한 전체적인 비교뿐만 아니라 각 영역별 비교도 가능함을 알 수 있다.

| 예 7-3 | 그래프를 이용한 영역 간 비교

유아이름 황다해 (남)　　학급명 햇빛반 (만 3세)

관찰자(1회) 홍길동　　1회 기록일 2012년 04월 08일

관찰자(2회) 홍길동　　2회 기록일 2012년 10월 08일

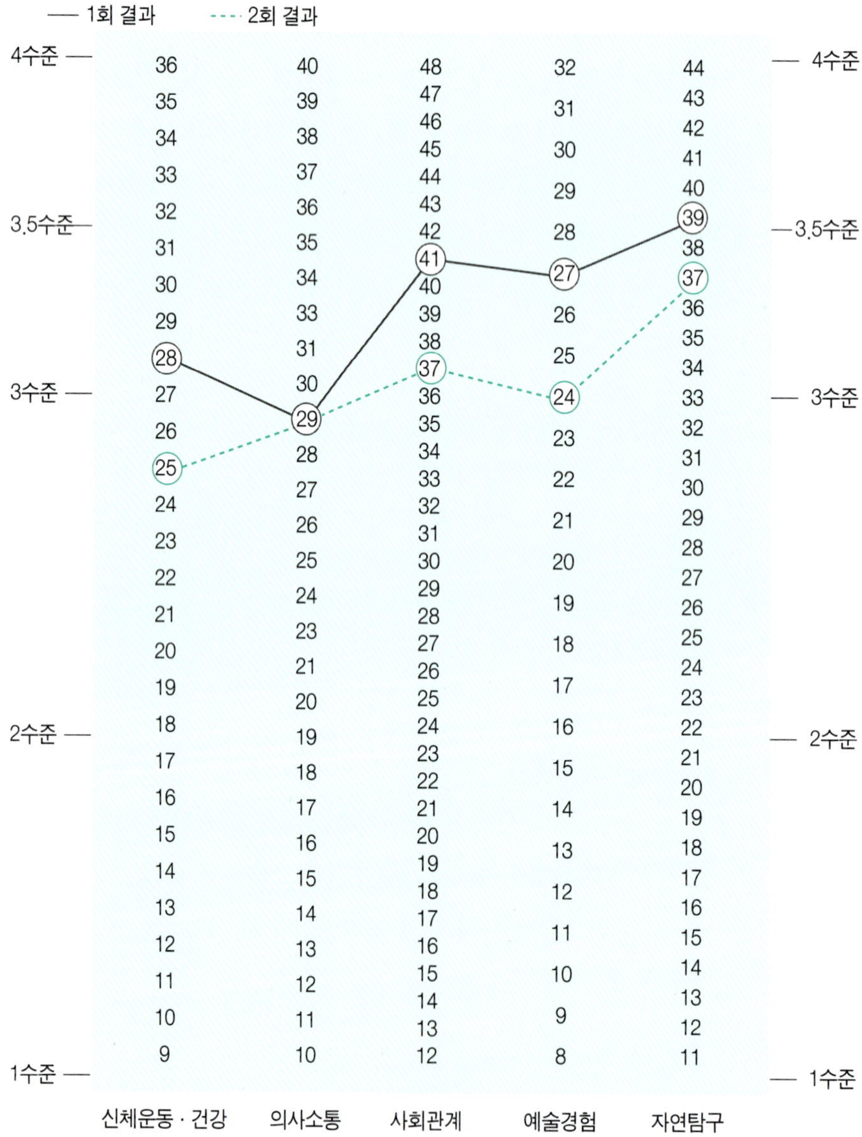

유아관찰척도 점수 비교표

연습 7-2

- 평가 준거의 다양한 영역이 고루 발달하는 상황 또는 한 영역의 발달이 특히 더딘 상황을 가정하고 기록해 본다.
- 같은 상황에 대해 기록한 다른 사람과 비교하고, 개선할 점이 있는지 생각해 본다.

■ 평가 준거의 한 영역 내의 하위 영역 간 비교도 가능하도록 분석하고 정리한다.

교사가 기준으로 설정한 평가 준거의 각 영역 내의 하위 영역이나 내용을 충실히 기술하는 것은 기본적으로 중요하다. 각 하위 영역이나 내용에 대한 분석과 정리를 한 후, 다른 하위 영역이나 내용과 비교해 볼 수 있도록 한다면 각 영유아를 전체적으로 이해하는 데 도움이 될 것이다. 다른 하위 영역이나 내용과 비교할 때는 고른 진보를 보이는지와 특정한 하위 영역이나 내용이 특히 빠르거나 더딘 진보를 보이는지에 대해 간단히 요약한다. 다른 영역과 비교함으로써 추후의 지원에 대한 계획을 세울 수 있다.

| 예 7-4 | 하나의 평가 준거 내의 다양한 영역 영역과 내용을 비교하는 분석과 정리

ㅇㅇ(만 5세/남아)는 사회, 정서, 사회과 지식 중 사회와 정서 영역은 만 5세 유아의 평균적 수준보다 약간 앞선 발달을 보이고 있으나 사회과 지식에는 관심을 거의 보이지 않아 학급 유아보다 낮은 수준의 지식을 가지고 있다. 자신에 대한 인식과 존중 측면에서는 특히 높은 수준의 자신에 대한 긍정적 시각을 가졌고, 사회적 관계 형성 및 공동체에서의 역할 수행 측면에서는 또래 관계가 긍정적이고, 정서 측면에서는 타인의 감정에 대한 공감 능력이 약간 부족한 것을 제외하고는 정상적인 발달 양상을 보인다.

연습 7-3

- 하나의 평가 준거 영역을 선택한 후, 하위 영역과 내용을 비교하는 분석과 정리를 한다.
- 같은 준거 영역에 대해 기록한 다른 사람과 비교하고, 개선할 점이 있는지 생각해 본다.

■ 무의미한 나열식 정리보다는 영유아에 대한 포괄적 이해를 촉진하는 방식으로 분석하고 있다.

각 영유아에 대해 종합하여 분석하고 정리하는 목적은 포괄적 이해를 촉진하기 위함이다. 따라서 기초 자료로 수집된 자료는 예시로 활용하고 각 준거의 영역, 하위 영역, 하위 영역별 내용에 제시된 기본 개념을 중심으로 정리하는 것이 효과적이다. 다음의 두 가지 정리를 비교해 보자. 자조 능력의 각 분야만을 나열한다면 추후 정리된 것을 다른 사람이 볼 때 자조 능력에 대한 평가라는 것을 인식하지 못할 수도 있고, 교사가 지도할 때도 자조 능력의 관점에서 지도(예 어떻게 자조 능력을 키워줄 것인가에 대한 전략 수립)하기보다는 관련이 없는 별개의 사안(예 어떻게 혼자 옷을 입게 할 것인가에 대한 전략 수립)으로 보고 지도할 가능성도 있다.

| 예 7-5 | 자조 능력에 대한 두 가지 방식의 분석과 정리

나열식 정리	개념 중심의 정리
ㅇㅇ(만 4세/여아)는 혼자 먹거나, 씻거나, 화장실을 사용하거나, 옷을 입고 벗거나, 정리 · 정돈하거나, 자기 물건을 간수할 수 있다. 또래보다 매우 잘 한다.	ㅇㅇ(만 4세/여아)는 자조 능력이 필요한 모든 영역(즉, 분야의 다양성)에서 또래 유아보다 매우 우수(즉, 숙련도)하다. [참고] 부모와 면담에서는 자조성이 적용되는 분야를 예로 들어 줌

연습 7-4

- 제3장에 제시된 다양한 준거 영역 중 하나를 임의로 선택한다. 특정 영유아에 대한 자료를 수집했다고 가정하고 해당 영역에 대해 나열식 정리와 개념 중심의 정리를 하거나 한 사람이 나열식으로 정리한 것을 짝이 된 다른 사람이 개념 중심으로 수정하여 정리해 본다.
- 같은 영역을 선택한 다른 사람과 비교하고, 개선할 점이 있는지 생각해 본다.

■ 가능하다면 긍정적인 용어와 발전 지향적인 용어를 사용하여 분석한 것을 정리한다.

영유아를 평가하는 궁극적 목적은 그들을 정확히 이해하고 적절한 도움을 제공하는 데 있다. 따라서 영유아에 대한 평가 결과를 기술할 때도 부정적 용어보다는 긍정적 용어를 사용하고 개선이 필요한 현재의 상황을 묘사할 때도 발전 지향적인 용어를 사용하는 것이 바람직하다. 긍정적 용어와 발전 지향적 용어를 사용하면 추후 어떤 지원을 제공해야 하는지에 대한 시사점을 찾기도 용이하다. 예를 들면, '몸이 둔하다.' 보다는 '신체의 움직임이 민첩하지 않다.', '젓가락질이 서투르다.' 보다는 '아직 젓가락을 능숙하게 사용하지는 못한다.' 로 기술하는 것이 더 적절하다.

| 예 7-6 | 인쇄물의 기능 및 사용법에 대한 분석 및 정리

부정적인 표현을 사용한 정리	긍정적 또는 발전 지향적 표현을 사용한 정리
ㅇㅇ(만 2세/여아)는 또래의 영아들보다 늦게 발달하여 인쇄물의 기능과 사용법을 아직도 이해하지 못한다. 책을 놀잇감처럼 다루고, 책을 바로 들거나, 한 장씩 넘기면서 읽는 시늉을 하거나, 앞에서 뒤로 넘기거나, 위에서 아래로 읽는 것을 이해하지 못한다.	ㅇㅇ(만 2세/여아)는 인쇄물의 기능 및 사용법에 대한 개념이 평균보다 더딘 속도로 발전하고 있다. 인쇄물의 기능 및 사용법에 대한 기본적 이해(예 놀잇감과의 구별, 책을 앞에서 뒤로 한 장씩 넘기며 읽고, 읽을 때는 바로 들고 위에서 아래로 읽음)가 아직은 발달하지 않았다.

연습 7-5

- 제3장에 제시된 다양한 준거 영역 중 하나를 임의로 선택한다. 특정 영유아에 대한 자료를 수집했다고 가정하고 해당 영역에 대해 부정적 표현을 사용한 정리와 긍정적/발전 지향적 표현을 사용한 정리를 해본다. 또는 한 사람이 부정적 표현을 사용하여 정리한 것을 짝이 된 다른 사람이 긍정적/발전 지향적 표현을 사용하여 다시 정리해 본다.
- 같은 영역을 선택한 다른 사람과 비교하고, 개선할 점이 있는지 생각해 본다.

■ 추후 지도 방안

앞서 언급한 바와 같이 영유아 평가의 목적은 현재의 상태를 이해하고 적절한 교

육적 지원을 제공하는 데 있으므로 각 영유아의 발달 과정, 발달 속도, 그리고 강점과 약점에 근거한 추후 지도 방안을 제시하도록 한다. 추후 지도 방안을 제시할 때는 하나의 영역에 대한 분석뿐만 아니라 다른 영역에 대한 분석도 종합적으로 활용하여 각 영유아에게 가장 적절한 지도 방안을 수립할 수 있도록 한다. 다음 | 예 7-7 | 은 자신에 대한 긍정적 인식 수준이 낮은 유아를 위한 지도 방안의 예이다.

| 예 7-7 | 자신에 대한 긍정적 인식이 부족한 유아를 위한 추후 지도 방안

분석 및 정리	추후 지도 방안
• ○○(만 3세/여아)는 자신의 능력에 대해 긍정적으로 인식하지 않는 경향이 있다(예 어떤 일을 하고 난 후 자신 없는 표정으로 교사를 보거나, "나, 안 잘했지요?"라고 묻는 경우가 많음. 새로운 활동을 적극적으로 시작하는 경우가 적고, 또래의 의견을 따르는 경우가 많음)	• 특히 소근육 발달이 뛰어나므로 잘 하는 분야에서 수집한 뛰어난 결과물(예 가위질)을 활용하여 전체 학급 앞에서 격려해 줌 • 또래와의 관계가 좋은 편이므로 친한 또래와 함께 활동하거나 프로젝트를 할 수 있는 기회를 줌 • 처음에는 교사나 또래로부터 약간의 지원을 받아 할 수 있는 정도의 역할을 부여하고, 점차 많은 역할을 담당하도록 함 • 적극적으로 시도한 노력을 인정해 줌 • 부모님께 가정에서도 시도에 대한 격려와 한 일에 대한 인정을 해주도록 부탁함

연습 7-6

- 교사의 추후 지원이 필요한 한 명의 영아 또는 유아가 있다고 가정하고 어떤 측면에서 향상이 필요한지 설정하여 기술한다. 해당 영아 또는 유아의 다양한 준거 영역에서의 발달을 고려하여 짝이 된 2명이 따로 추후 지도 방안을 작성한다.
- 짝이 된 사람이 기술한 추후 지도 방안과 비교하고, 개선할 점이 있는지 생각해 본다.

위에 제시한 전략을 반영하여 분석하고 정리하기 위한 점검표 및 요약 서식의 예는 다음과 같다.

| 예 7-8 | 최종 분석과 정리를 위한 점검 및 요약 서식

분석 및 정리 전 단계

- 평가 준거의 4개 영역 자료를 모두 수집하고 종합하는 서식에 기록하였는지 확인
- 각 영역별 하위 영역의 자료를 모두 수집하고 종합하는 서식에 기록하였는지 확인
- 기타: 자료가 부족하다면 보충할 자료가 있는 영역이나 하위 영역을 기록하고 언제 어떤 방법으로 보충할 지에 대한 계획을 수립함

⬇

분석 및 정리 단계

- 시간의 경과에 따른 진보
  - 평가의 전 기간(예 1학기 말~2학기 말) 동안 진보가 있었는지 서술
  - 진보가 있었다면 전반적으로 많았는지 적었는지 서술
  - 진보가 적었다면 추정되는 이유 서술
  - 해당 영유아의 평균 진보 속도와 비교해서 서술

예

ㅇㅇ(만 2세/남아)는 1년 동안 정상적인 속도로 발전하였으나 그 속도는 1학기에 비해 2학기가 빠른 편이었다. 1학기에 발전 속도가 둔화되었던 것은 동생이 태어났고, 이사해서 어린이집을 옮긴 스트레스 때문이었던 것으로 추정된다. 그러나 1년 동안의 진보는 정상적인 수준이며 이 연령 영아의 평균적인 진보 속도와 유사하다.

[증거] 기초 자료로 수집된 다양한 자료 중 위의 서술을 가장 잘 반영하는 것을 증거로 첨부

⬇

- 평가 준거 4개 영역 간 비교
  - 4개의 영역이 균형적으로 향상되었는지 서술
  - 특정 영역이 따른 영역에 비해 빠르거나 늦게 진보했다면 어떤 영역이었는지 서술
  - 4개 영역의 전반적인 현황, 빠르거나 더디게 진보한 영역의 현황을 해당 영유아의 평균 진보 속도와 비교해서 서술
  - 4개 영역이 1학기와 2학기에 발전한 양상을 비교해서 서술

▼ 〈계속〉

예

- ㅇㅇ(만 4세/여아)는 4개의 평가 영역 중 언어 및 문해 영역이 가장 빠른 속도로 발달하였으나 다른 영역도 이 연령 유아의 평균적인 진보 속도와 유사한 속도로 발달하였다. 언어 및 문해 영역의 진보가 특히 1학기에 빨랐던 것은 초등학교에 입학한 윗 형제의 영향을 받았고, 올해 우리 학급에서 실시했던 문해 관련 프로젝트에 열의를 가지고 지속적으로 참여했기 때문인 것으로 보인다.
- 정상적인 범위이나 4개 영역 중 가장 느리게 발전한 영역은 사회 · 정서 및 사회과 지식 영역이다. 특히 사회적 지식에 관련된 다양한 활동에 흥미를 보이지 않았다.

[증거] 기초 자료로 수집된 다양한 자료 중 위의 서술을 가장 잘 반영하는 것을 증거로 첨부

⬇

- 각 영역의 하위 영역, 영역별 내용 간 비교
  - 평가 준거의 각 영역별로 자세히 기술
  - 각 영역의 하위 영역이나 하위 영역별 내용 중 특정 분야가 다른 분야에 비해 빠르거나 늦게 진보했다면 어떤 영역이었는지 서술
  - 각 분야의 발달 양상이 해당 영유아의 평균과 비교해서 어떤지 서술
  - 특히 뛰어나거나 부족한 분야를 기록하고, 추후 지원 계획 서술

예

신체 영역	• ㅇㅇ(만 5세/남아)는 운동기능 발달과 신체적 안녕의 하위 영역 모두 만 5세 유아 평균보다 우수하다. 특히 대근육의 통제와 협응 능력과 신체 활동에의 참여는 상위 5% 이내에 속한다. 다양한 신체기관의 기능에 관심을 보이고 관련 활동에도 적극적으로 참여한다. 소근육 통제와 협응은 1학기까지는 약간의 어려움이 있어 자조 능력에도 영향을 미쳤으나 2학기에 자조 능력과 관련된 활동을 적극적으로 하도록 격려하고 유아들 간에 젓가락으로 급식 먹기 경쟁이 생기면서 많이 향상되었다. 건강과 영양에 대한 이해와 실천은 평균 이상의 수준으로 우리 학급에서 정해진 약속(예 놀이 후나 식사 전 손 씻기, 급식 후 바로 양치질하기, 먹을 만큼 덜어가기, 고루 먹기 등)을 잘 지키고 있다. 다만 운동기능 발달이 우수하고 다양한 신체 활동에 참여하여 활발히 놀기 때문에 놀이기구 사용과 관련된 안전 규칙을 준수하지 않는 경향이 있다. 추후에는 ㅇㅇ의 뛰어난 운동 능력과 모험심을 충족시켜 줄 수 있는 활동을 교사의 감독 하에 참여할 기회를 제공할 필요가 있다.

▼ 〈계속〉

| 예 7-8 | 〈계속〉

언어와 문해 발달 영역	• 듣기와 말하기, 의사소통의 수준은 만 5세 유아 평균 수준이고, 읽기와 쓰기는 평균 약간 이하이다. 남아들 중에서는 말하기, 듣기, 의사소통은 평균 이상의 수준이고 읽기와 쓰기는 평균 수준을 보인다. 일상생활에서의 듣기나 대·소집단 활동에서의 듣기, 교사나 또래와의 대화에서 듣기, 어휘 수준 모두 만 5세 수준에 적절하다. 단어나 문장을 발음할 때 ○○와 ##를 부정확하게 말하나 가정에서 ○○도 사투리를 사용하기 때문인 듯하다. 긴 문장으로 말할 때 말을 끝맺지 않는 습관이 있다. 또래 친구 특히 항상 같이 놀이하는 ○○와 ##와 이야기할 때는 의사소통의 일반적 규칙과 사회 관습적 규칙도 잘 지키나 화가 나거나 급하게 말할 때는 잊기도 한다. 읽기와 쓰기를 할 수 있으나 관심이 적은 편이고 관련 활동에도 자발적으로 참여하지 않는 편이다. 가정에서 학습지를 해서인지 읽기는 어려운 단어가 아니면 띄엄띄엄 읽을 수 있고 쓰기는 소리 나는 대로 쓸 수 있는 수준이다. 1학기 말부터 자신이 좋아하는 로봇이나 공룡 이름은 정확히 읽고 쓰는 것으로 보아 관심을 갖는다면 급속히 발전할 것으로 보인다. • 추후에는 천천히 말하면서 문장을 끝마치는 언어 습관, 화가 났을 때도 상대의 이야기를 듣고 말하는 습관을 가지도록 지도할 필요가 있고 좋아하는 주제를 중심으로 한 문장 읽기와 쓰기를 통해 관심을 갖게 할 필요가 있다. [증거] 기초 자료로 수집된 다양한 자료 중 위의 서술을 가장 잘 반영하는 것을 증거로 첨부

연습 7-7

- | 예 7-8 | 에는 '신체 영역'과 '문해와 언어 발달 영역'에 대한 요약만 제시되어 있다. 사회·정서 및 사회과 지식 영역과 학습에 필요한 인지적 성향 및 수·과학 지식 영역에 대한 요약을 가상하여 기술한다.
- 기술할 영아 또는 유아의 연령과 성을 설정한 뒤 요약을 한다.
- 요약할 때는 | 예 7-8 | 의 상단에 제시된 전략이 반영되도록 한다.

2) 학급 전체 영유아를 이해하고, 누리과정 및 표준보육과정의 계획, 실행, 개선을 위한 목적

학급 전체 영유아의 전반적인 수준을 이해하고자 하는 것은 교사가 그들의 수준에 맞는 교육 내용을 설정하고, 환경을 구성하고, 교육 활동을 계획하고, 교수 전략을 수립하기 위함이다. 따라서 1년 동안 각 영유아가 성장하고 발달한 추이보다는 특정 시점에서 특정 분야에 대한 모든 영유아의 현황을 중심으로 분석하고 정리하는 것이 중요하다.

교사가 사회 · 정서 및 사회과 지식 영역 중 경제적 지식에 관한 교육을 계획하는 데 평가 결과를 반영한 예를 들어 보자. 평가를 통해 지도하는 만 4세 유아 대부분이 돈을 내거나 물건을 교환하여 필요한 것을 구할 수 있다는 것은 이해하고 있지만 돈의 단위가 다양하다는 개념이나 가치가 있는 물건은 상응하는 가치가 있는 물건이나 서비스로 교환해야 한다는 개념은 아직 없다는 것을 알았다고 가정해 보자. 이 경우 교사는 환경 구성(예 역할 놀이 소품으로 다양한 금액의 화폐나 동전 모형 제공)이나 다양한 활동을 통해 유사한 가치를 가진 물건이나 서비스로 교환하거나 가치에 상응하는 돈을 내고 구입한다는 것을 이해하도록 하는 교육을 전개할 수 있다. 또 다른 예는 '제1장 영유아 평가의 정의와 목적' | 표 1-4 | ~ | 표 1-7 | (p. 22~26)에서 찾을 수 있다.

3) 추가적인 지원이 필요한 영유아를 선별하기 위한 목적

추가적인 교육적 지원은 두 가지 방향이 있을 수 있는데, 하나는 특수교육이 필요한 영유아를 선별하여 지원을 받을 수 있게 하는 것이고, 다른 하나는 특별한 재능이 있는 영유아를 선별하여 지원을 받을 수 있게 하는 것이다. 두 경우 모두 또래 영유아의 평균적 수준보다 월등히 높은 수준의 발달 양상이나 매우 지체된 발달 양상을 보이는 영유아를 중심으로 분석하고 정리한다. 평가 준거의 4개 영역 모두 우수하거나 지체된 경우도 있지만, 평가 준거의 특정한 한 개 영역만 매우 우수하거나 매우 지체된 경우도 있을 수 있다. 어떤 경우이든 추가적인 지원이 필요한 영유아를 선발하기 위해 분석하고 정리할 때는 예외적인 경우를 중심으로 살펴본다.

4) 가족과의 연대와 협력을 강화하기 위한 목적의 분석과 정리

가족과의 연대와 협력을 강화하는 목적으로 사용하기 위해서 평가 자료를 별도의 방식으로 분석하고 정리할 필요는 없다. 각 개인 영유아의 현재 상태를 이해하고 발달과 진보 경향을 알기 위한 목적으로 분석하고 정리한 것을 그대로 사용한다. 그러나 20분 내외의 짧은 시간 동안 유아교육을 전공하지 않았고 자녀에 대한 정서적 몰입 수준이 높은 부모에게 효과적으로 전달하기 위해서는 몇 가지 사항에 유의할 필요가 있다.

첫째, 쉬운 용어를 사용한다. 교사가 일상적으로 쓰는 용어라 할지라도 비전공자인 부모는 이해하기 어려울 수 있다. 예를 들면, 눈과 손의 협응, 자조 능력, 애착, 문해 발달 등의 용어는 추가적인 설명을 하거나 쉬운 용어(예 자조 능력 → 먹기, 씻기, 옷 입고 벗기 같은 일상생활을 도움 없이 스스로 하는 능력)를 사용해서 설명한다.

둘째, 평가 준거의 4개 영역과 다양한 하위 영역에 대해 정리한 것을 하나씩 모두 설명하기보다는 부모가 궁금해 하는 사항을 중심으로 요약해서 설명한다. 부모들은 자녀가 정상적으로 발달하고 있는지, 또래 영유아와 비교해서는 어떤지, 꾸준한 속도로 발달하고 있는지, 특히 뛰어난 분야나 부족한 분야가 없는지에 더 관심이 있다. 따라서 | 예 7-8 | 최종 분석과 정리를 위한 점검 및 요약 서식에 제시된 순서대로 설명하여 자녀에 대한 전체적이고 종합적인 이해가 가능하도록 한다.

셋째, 자녀의 발달과 진보에 대한 교사의 설명을 쉽게 이해할 수 있도록 시청각 자료를 활용한다. | 예 7-8 | 에 요약된 것을 그대로 읽는다면 부모는 이해하기도 어렵고 흥미도 못 느낄 것이다. 각 영역마다 교사가 강조하는 것을 쉽게 이해할 수 있도록 사진, 일화, 영유아의 작품을 활용한다. 다음의 | 예 7-9 | 는 영아의 자기중심성, 수학 개념, 사회 · 정서 발달의 경향을 설명할 때 사용할 수 있는 사진증거이다.

| 예 7-9 | 부모 면담 시 교사의 설명을 보충하는 자료로 쓸 수 있는 사진

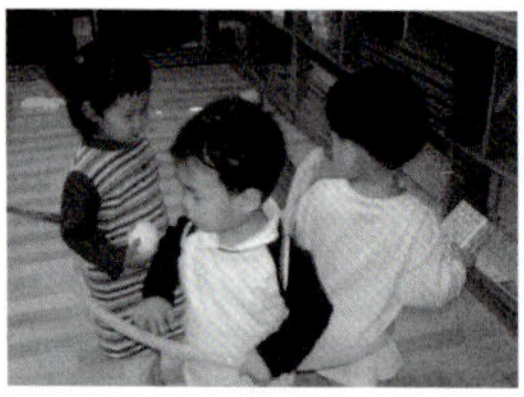		
❶ 영아의 자기중심성(타인의 인지적 관점에 대한 이해 부족: 기차 놀이를 시도하나 각자 앞으로만 가려고 함)	❶ 분류 가능(그릇과 공룡) ❷ 1:1 대응에 대한 개념이 아직 없으나 시도함(공룡 밥그릇인 그릇 수와 공룡의 수가 맞지 않음)	❶ 친사회적 행동(달래주기) ❷ 타인의 정서에 대한 공감

넷째, 부족한 분야를 언급할 때는 부모와의 협력을 통해 개선할 수 있는 것을 중심으로 설명한다. 교사로서 지도하는 영유아의 부족한 점을 기록하는 것은 영유아가 바람직한 방향으로 발달하고 성장하길 바라는 좋은 의도 때문이다. 왜냐하면 개선할 분야에 대한 기록이 명확해야 추후 지도 방안도 명확해지기 때문이다. 그러나 부모와 면담할 때는 유아교육 또는 보육기관에서 교사가 지도해야 하는 분야는 생략하고 부모와 협력해서 개선할 수 있는 분야 1~2개를 중심으로 언급한다. 개선할 분야를 많이 언급하는 것은 부모를 지나치게 걱정하게 만들고, 실망하게 만들고, 자녀를 지나치게 강압적인 방법으로 지도하게 할 가능성이 있기 때문이다.

2 평가 보고서 서식

마지막으로 평가의 목적과 무관하게 평가 자료를 분석하고 최종적으로 정리할 때 사용할 수 있는 서식으로 생활기록부를 살펴보고자 한다. 생활기록부(교육과학기술부, 육아정책연구소, 2013)는 전자기록시스템을 통해 전자적으로 생산하고 관리함으로써 유아의 인적 사항, 학적 사항, 출결 상황, 신체 발달 상황, 유아 발달 상황의 변화를 보존하는 체제이다.

평가의 관점에서 보면, 학기 초에는 과거 이 유아를 담당했던 교사의 평가를 기반으로 유아를 이해하고 적절한 교육 및 생활 지도 계획을 세울 수 있고, 학기 말에는 다음 해 이 유아를 담당할 교사에게 정보를 제공함으로써 교육의 연속성을 높일 수 있다.

| 예 7-10 | 유치원생활기록부

〔별지 제1호〕

유치원생활기록부

구분 \ 연령	만 3세	만 4세	만 5세
수료졸업 · 대장번호	20 -	20 -	20 -
반			
담임 성명			

사진 (3 X 4)

1. 인적 사항

성명		성별		주민등록번호	
주소					

가족 상황	구분 \ 관계	부	모	특기사항
	성명			
	생년월일			

2. 학적 사항

		특기사항
20 년 월 일	유치원 만 세 입학	
20 년 월 일	유치원 만 세 전출	
20 년 월 일	유치원 만 세 전입	
20 년 월 일	유치원 만 세 퇴학	
20 년 월 일	유치원 만 세 수료	
20 년 월 일	유치원 만 세 졸업	
졸업후의 상황	초등학교 진학, 기타	

3. 출결 상황

연령 \ 구분	수업일수	결석일수	특기사항
만 3세			
만 4세			
만 5세			

4. 신체 발달 상황

구분 \ 연령	1학기			2학기			특기사항
	검사일	키	몸무게	검사일	키	몸무게	
만 3세	20. . .	cm	kg	20. . .	cm	kg	
만 4세	20. . .	cm	kg	20. . .	cm	kg	
만 5세	20. . .	cm	kg	20. . .	cm	kg	

5. 유아 발달 상황

연령	영역별	발달 상황
만 3세	신체운동 · 건강	
	의사소통	
	사회관계	
	예술경험	
	자연탐구	
	종합 발달 상황	
만 4세	신체운동 · 건강	
	의사소통	
	사회관계	
	예술경험	
	자연탐구	
	종합 발달 상황	
만 5세	신체운동 · 건강	
	의사소통	
	사회관계	
	예술경험	
	자연탐구	
	종합 발달 상황	

교육과학기술부 · 육아정책연구소(2013, p. 105)에서 개발한 유치원생활기록부 기재요령에는 연령별로 5개 영역에서 '상', '중상', '중', '중하', '하' 수준일 경우에 사용될 수 있는 평가 예시문과 종합 발달 상황에 대한 예시문이 제시되어 교사가 생활기록부를 작성하는 데 도움을 주고 있다. 다음은 만 5세 신체운동 · 건강 영역의 5개 수준을 표현할 수 있는 평가 예시문의 일부(p. 76~82)와 종합 발달 상황에 대한 예시문의 일부(p. 105)이다.

| 예 7-11 | 만 5세의 신체운동 · 건강 영역의 5개 수준을 표현하는 평가 예시문과 종합 발달 상황 예시문의 일부

영역	수준	평가 예시문
신체운동 · 건강	상	• 여러 감각 능력을 동시에 사용하여 사물을 다각적인 측면으로 탐색하며, 자신이 사용한 물건과 활동 공간, 공공시설을 깨끗하게 사용해야 한다는 것을 알고 실천함 • 신체 각 부분의 특성을 이해하고 이를 활용하여 움직이는 활동에 즐겁게 참여하며, 안전한 장소에서 놀이하고 위험한 장소에서 놀이하는 사람들에게 위험성을 알릴 수 있음 • 신체를 조정하거나 균형을 유지할 수 있으며, 자신이 사용한 물건은 물론 자신이 활동하는 공간이나 주변을 스스로 깨끗이 함
	중상	• 몸을 깨끗이 씻어야 할 때를 잘 알고 있어서 어린 동생들에게 모범을 보이기도 하며, 여러 사람이 함께 이용하는 교통수단을 안전하게 이용함 • 여러 감각 능력 간의 원활한 협응으로 대상이나 사물의 특징을 인식하고 그 차이를 구분하며, 교통안전 규칙을 지켜 안전하게 보행함 • 자신의 신체에 대한 관심과 탐색을 실행하고 자신의 신체와 운동 능력에 대해 인식하며, 비상구와 대피장소를 알고 비상시 대피장소로 대피할 수 있음

▼ 〈계속〉

| 예 7-11 | 〈계속〉

영역	수준	평가 예시문
신체운동·건강(계속)	중	• 여러 감각 능력을 동시에 협응하는 활동을 할 수 있으며, 몸을 깨끗이 씻어야 할 때를 알고 있으며 스스로 깨끗이 씻음 • 신체의 명칭과 구조, 기능에 관심을 나타내고 자신의 운동 능력을 인식하며 놀이기구나 놀잇감, 도구의 사용법을 알고 안전규칙을 지켜 사용함 • 전자미디어의 유익성과 유해성을 알고 바르게 사용하며, 횡단보도를 건널 때 주의할 점 등 교통안전 규칙을 알고 실천함
	중하	• 몸을 청결하게 해야 하는 이유는 알고 있으나 실천에 옮기지 못하는 경우가 종종 있으므로 지도가 필요함 • 신체 각 부분의 특성을 활용하여 움직이는 신체 활동에 참여하고, 자기가 좋아하는 놀잇감만 사용하면서 놀이함 • 평균대 위에서 팔을 벌려 신체균형을 유지할 수 있고, 횡단보도를 보행할 때 기존적인 교통신호를 지킬 수 있음
	하	• 여러 감각 능력을 협응해야 하는 활동을 어려워하며, 교사의 지도가 있어야 손씻기와 이 닦기를 함 • 신체의 움직임과 특징을 인식하고 다양한 신체 활동을 하여 자신의 신체를 인식하는 활동에 어려움이 있으며, 손과 이를 깨끗이 하는 습관이 요구됨 • 제시된 조건에 따라 속도와 방향, 힘에 변화를 주어 움직이는 것을 어려워하고 놀잇감, 도구, 시설을 안전하게 사용하는 데 도움이 필요함
종합 발달 상황		• 다양한 활동에 의욕적으로 참여하고, 침착하고 안정감 있게 행동하며, 사교성이 좋아 친구가 많고, 규칙 지키기와 같은 기본생활습관이 잘 형성되어 있음 • 정적인 활동보다 동적인 활동을 좋아하며 집중력이 뛰어나고, 여러 친구들과 원만히 어울리며 물건을 아껴 쓰는 습관이 잘 형성되어 있음 • 책읽기를 즐기며 친구의 생각과 표현을 존중할 줄 알며, 유머 감각이 있어서 친구들이 좋아하며 새로운 놀이를 생각하고 놀이를 주도하는 리더십이 있음

| 출처 | 교육과학기술부 · 육아정책연구소(2013). 유치원생활기록부 기재요령. p. 105.

교육과학기술부(2008). 1주기(2008~2010) 유치원 평가계획(매뉴얼 포함). http://www.mest.go.kr/web/992/ko/board/view.do?bbsId=71&boardSeq=25054(2014. 5. 1. 검색)

교육과학기술부 · 보건복지부(2012). 5세 누리과정 교사용 지침서. 저자.

교육과학기술부 · 육아정책연구소(2013). 유치원생활기록부 기재요령. 교육부.

김희진(2006). 유아교육기관에서의 부모 교육과 지원. 서울: 파란마음.

김희진 · 박은혜 · 신은수 · 이지현(2010). 미래지향적 유치원 교육과정 개발 방향 설정을 위한 소고. 육아지원연구, 5(1), 109-128.

김희진 · 박은혜 · 이지현(2011). 영유아교육기관에서의 관찰(개정판). 서울: 창지사.

다음 국어사전. http://dic.daum.net/index.do?dic=kor(2014. 5. 1. 검색)

두산동아 사서편집국(1997). 두산세계대백과사전. 서울: 두산동아.

보건복지부(2013). 제3차 어린이집 표준보육과정. 저자.

서울특별시유아교육진흥원(2012). 유치원교육과정 내실화를 위한 5세 누리과정 평가도구. 저자.

서울특별시유아교육진흥원(2014). 3, 4, 5세 연령별 누리과정 평가 도구: 연령별 누리과정 평가 도구. 저자.

영어 사전. http://dictionary.reference.com/(2014. 5. 1. 검색)

제주특별자치도 교육청(2008). 영유아 기본학습 능력 발달 지원 사업: 발달지도 프로그램. 교육과학기술부.

한국보육진흥원. https://www.kcpi.or.kr(2014. 5. 1. 검색)

Archbald, D. (1991). Authentic assessment: Principles, practices, and issues. *School Psychology Quarterly, 6(4)*, 279-293.

Bagnato, S. (2007). *Authentic assessment for early childhood intervention.* NY: The Guilford Press.

Bagnato, S., McLean, M., Macy, M., & Neisworth, J. (2011). Identifying instructional targets for early childhood via authentic assessment: Alignment of professional standards and practice-based evidence. *Journal of Early Intervention, 33(4)*, 243-253.

Bagnato, S., Neisworth, J., & Munson, S. (1997). *Linking assessment and early intervention: An authentic curriculum-based approach.* Baltimore: Paul H. Brookes.

Bagnato, S., & Yeh-Ho. H. (2006). High-stakes testing of preschool children.

International Journal of Korean Educational Policy, 3, 23-43.

Berk, L. (2009). 생애발달 1: 영유아기에서 아동기까지(이옥경 · 박영신 · 이현진 공역). 서울: 시그마프레스. (원서 2007년 출판)

Billman, J., & Sherman, J. (2008). *Observation and participation in early childhood settings: A practicum guide*(2nd ed.). NJ: Prentice Hall.

Carr, M. (2001). *Assessment in early childhood settings: Learning stories*. London: Paul Chapman Publishing.

Chen, J., & McNamee, G. (2007). *Bridging Assessment for teaching and learning in early childhood assessment classrooms, pre K-3*. CA: Corwin Press.

Copple, C., & Bredekamp, S. (2009). *Developmentally appropriate practice in early childhood programs serving children from birth through age 8*(3rd ed.). Washington, DC: NAEYC.

Dichtelmiller, M., & Ensler, L. (2004, January). *Infant/toddler assessment: One program's experience*. http://www.naeyc.org/files/yc/file/200401/dichtel.pdf (2014. 5. 1. 검색)

Doralek, D. (Ed.) (2004). *Spotlight on young children and assessment*. Washington, DC: NAEYC.

Fiore, L, (2012). *Assessment of young children: A collaborative approach*. NY: Routledge.

Genishi, C. (1992). *Ways of assessing children and curriculum*. NY: Teachers College Press.

Greenspan, S. (1996). Assessing the emotional and social functioning of infants and young children. In S. Meisels & E. Fenichel (Eds.). *New visions for the developmental assessment of infants and young children* (pp. 231-266). Washington, DC: Zero to Three/National Center for Infants, Toddlers and Families.

Gronlund, G. (2012). *Planning for play, observation, and learning in preschool and kindergarten*. St. Paul, MN: Redleaf Press.

Gullo, D. (2004). *Understanding assessment and evaluation in early childhood education*. NY: Teachers College Press.

Harnisch, D. (1994). Performance assessment in review: New directions for assessing students' understanding. *International Journal of Educational Research, 21(3)*, 341-350.

Hart, D. (1994). *Authentic assessment: A handbook for educators*. Menlo Park, CA: Addison-Wesley Pub. Co.

Highscope Infant-Toddler COR(the Child Observation Record for Infants and Toddlers). http://www.highscope.org/Content.asp?ContentId=85(2014. 5. 1. 검색)

Highscope Preschool COR(the Child Observation Record for Preschoolers). http://www.highscope.org/Content.asp?ContentId=113(2014. 5. 1. 검색)

Jeffrey, G., & Peggy, P. (1996). A model for portfolio in early childhood education programs. *Early Childhood Education Journal, 24(1)*, 5-10.

Kagan,S., Moore, E., & Bredkamp, S. (Eds.). (1995). *National Education Goal Panel. Reconsidering children's early development and learning: Toward common views and vocabulary*. Washington, DC: U.S. Government Printing Office.

Kim, J., & Suen, H. K. (2003). Predicting children's academic achievement from early assessment scores: A validity generation study. *Early Childhood Research Quarterly, 18(4)*, 547-566.

Marion, M. (2003). *Using observation in early childhood education*. NJ: Pearson Education Inc.

Martin, S. (2010). *Take a look: Observation and portfolio assessment in early childhood* (5th ed.). NJ: Pearson Education Canada.

McAfee, O. (2004). *Basics of assessment: Primer of early childhood educators*. Washington, DC: NAEYC.

McDevitt, T., & Ormrod, J. (2012). *Child development and education*(5th ed.). Kindle edition.

Meisels, S. (2001). Fusing assessment and intervention: Changing parents' and providers' views of young children. *Zero to Three, 21(4)*, 4-10.

Meisels, S. J., Wen, X., & Beachy-Quick, K. (2010). Authentic assessment for infants and toddlers: Exploring the reliability and validity of the Ounce Scale. *Applied Developmental Science, 14(2)*, 55-71.

Moreno, A., & Klute, M. (2011). Infant-toddler teachers can successfully employ authentic assessment: The "learning through relating" system. *Early Childhood Research Quarterly, 26(4)*, 484-496.

Mortimer, H. (2001). *The observation and assessment of children in the early years*. QEd.

National Science Teachers Association (NSTA). http://ngss.nsta.org(2014. 5. 1. 검색)

National Council for Social Studies (NSSS).http://www.socialstudies.org/standards (2014. 5. 1. 검색)

National Council of Teachers of Mathmatics(NCRTM). www.nctm.org(2014. 5. 1. 검색)

Ohio Early Learning and Development Standards. http://education.ohio.gov/Topics/Early-Learning/Early-Learning-Content-Standards(2014. 5. 1. 검색)

Pollman, M. (2002). An amazing way to deal with performance-based assessment in early childhood education. *Journal of Early Childhood Teacher Education, 23*(3), 283-186.

Puckett, M., & Black, J. (2008). *Meaningful assessments of the young child: Celebrating development and learning*. Upper Saddle River, NJ: Pearson/Merrill Prentice Hall.

Quinn, H., Scheweingruber, H., Keller, T., & Committee on Conceptual Framework for the New K-12 Science Education Standards. (2013). A framwork for k-12 science education: Practices, crosscutting concepts, and core ideas. http://ngss.nsta.org(2014. 5. 1. 검색)

Sandholtz, J., & Shea, L. (2012). Predicting performance. *Journal of Teacher Education, 63(1)*, 39-50.

Schwartz, S., & Copeland, S. (2013). 발현적 유아교육과정과 표준의 연계: 교육 내용과 교수 실제 강화하기(박은혜 · 신은수 · 김희진 · 이지현 공역). 서울: 학지사. (원서 2010년 출판)

Sternberg, E., & Williams, W. (Eds.) (1998). *Intelligence, instruction, and assessment: Theory and practice*. NY: Routledge.

The Early Childhood Direction Center (2006). Developmental checklists: Birth to five. ECDC. Buffalo, NY: http://www.preschoollearningcenter.org/images/upload/developmental_checklist. pdf(2014. 5. 1. 검색)

Wittmer, S., & Petersen, S. (2011). 영아 발달과 반응적 교육: 관계중심 접근법(이승연 · 김은영 · 강재희 · 문혜련 · 이성희 공역). 서울: 학지사. (원서 2009년 출판)

Wortham, S. (2011). *Assessment in early childhood education* (6th ed.). Pearson College Division.

Wright, R. (2009). *Multifaceted assessment for early childhood education*. CA: Sage Publications.

김 희 진

이화여자대학교 사범대학 교육학과(학령전교육 전공) 학사
University of Illinois at Urbana-Champaign 유아교육전공 석사
Purdue University 유아교육전공 박사
이화여자대학교 사범대학 부속 이화유치원 교사
현, 이화여자대학교 사범대학 유아교육과 교수
관심 분야: 부모교육과 지원, 부모-유아 상호작용, 유아의 사회적 관계,
영아교육프로그램, 영유아 평가

유아교육기관에서의 영유아 평가: 발달과 교육적 지원을 위한 첫걸음

초판 1쇄 인쇄 2014년 7월 3일
초판 2쇄 발행 2018년 8월 27일

지은이_ 김희진
펴낸이_ 황호철
펴낸곳_ 도서출판 파란마음

주소_ 04315 서울시 용산구 백범로90라길 47 | 전화_ (02) 3275-2110~1 | 팩스_ (02) 3275-2199
홈페이지_ http://paranmaum.co.kr/

등 록_ 2006년 4월 24일 · 제302-2006-00024호

ISBN 978-89-97982-24-0 93370
값 18,000원